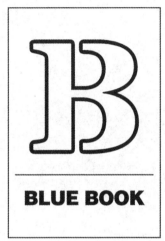

BLUE BOOK

智 库 成 果 出 版 与 传 播 平 台

长江经济带蓝皮书

BLUE BOOK OF YANGTZE RIVER ECONOMIC BELT

总 编／权 衡 干春晖

长江经济带发展报告

（2023~2024）

ANNUAL REPORT ON THE DEVELOPMENT OF YANGTZE
RIVER ECONOMIC BELT (2023-2024)

主 编／王 振 杨 昕
副主编／王晓娟 尚勇敏

社会科学文献出版社
SOCIAL SCIENCES ACADEMIC PRESS (CHINA)

图书在版编目（CIP）数据

长江经济带发展报告.2023-2024／王振，杨昕主编；
王晓娟，尚勇敏副主编.--北京：社会科学文献出版社，
2025.4.--（长江经济带蓝皮书）.--ISBN 978-7
-5228-5177-8

Ⅰ.F127.5

中国国家版本馆 CIP 数据核字第 20258AL525 号

长江经济带蓝皮书

长江经济带发展报告（2023~2024）

主　　编／王　振　杨　昕
副 主 编／王晓娟　尚勇敏

出 版 人／冀祥德
责任编辑／侯曦轩
责任印制／岳　阳

出　　版／社会科学文献出版社·皮书分社（010）59367127
　　　　　地址：北京市北三环中路甲 29 号院华龙大厦　邮编：100029
　　　　　网址：www.ssap.com.cn
发　　行／社会科学文献出版社（010）59367028
印　　装／天津千鹤文化传播有限公司

规　　格／开　本：787mm×1092mm　1/16
　　　　　印　张：21.75　字　数：323 千字
版　　次／2025 年 4 月第 1 版　2025 年 4 月第 1 次印刷
书　　号／ISBN 978-7-5228-5177-8
定　　价／128.00 元

读者服务电话：4008918866

长江经济带蓝皮书
编 委 会

主　任　王　振

副主任　杨　昕

委　员　（按姓氏拼音排序）

　　　　戴伟娟　海骏娇　乐　菡　马　双　尚勇敏

　　　　王晓娟　徐丽梅　杨　凡　于秋阳　张美星

主要编撰者简介

王　振　上海社会科学院副院长，兼任信息研究所所长、绿色数字化发展研究中心主任、长三角与长江经济带研究中心常务副主任，区域经济学博士生导师。"长江经济带蓝皮书""长三角经济蓝皮书""数字经济蓝皮书"主编。毕业于日本京都大学，获博士学位，荣获全国留学回国成就奖、上海市领军人才等荣誉，享受国务院政府特殊津贴。上海市第十五届人大代表、主席团成员。近年出版多部著作，主要有《长三角共建世界级产业集群研究》《长三角地区协同发展战略研究》《上海2050发展愿景》《新产业革命与上海的转型发展》《全面创新改革：上海建设全球影响力科技创新中心的体制机制问题》《长江经济带创新驱动发展的协同战略研究》《构建人才全球战略与人才发展新格局》等。

杨　昕　博士，上海社会科学院信息研究所长江经济带研究室主任，研究员，中国老年学和老年医学学会理事，中国人口学会会员，上海老年学会理事。研究方向为人口发展与公共政策、人口老龄化、人口迁移。主持2项全国哲学社会科学基金课题、2项国家社会科学基金重大项目子课题、1项国家自然科学基金重大项目子课题、2项上海市哲学社会科学基金项目，主持或作为主要参与者完成多项上海市政府决策咨询课题、数十项省市委办局委托课题项目，获得多次省部级以上奖励。

王晓娟　上海社会科学院应用经济研究所副研究员。浙江大学博士，上海社会科学院应用经济学博士后，主要研究方向为产业网络和区域经济发展等，近年来主持或参与多项国家及省部级课题。主要学术成果有：专著《知识网络与企业竞争优势：浙江产业集群的经验研究》，论文《企业跨区域发展视角下的产业集群转型》《知识网络与集群企业创新绩效——浙江黄岩产业集群的实证研究》《上海服务业发展特征及其与经济增长的关系研究》《网络视角下企业跨区域发展与产业集群升级研究》《长江三角洲地区产业一体化的内涵、主体与途径》《跨国公司与产业集群的融合：从地理接近到关系嵌入》《三大都市圈的汽车产业集群》《工业城市转型升级的两种国际模式及对上海的启示》等。

尚勇敏　区域经济学博士，产业经济学博士后，上海社会科学院生态与可持续发展研究所副研究员、长三角与长江经济带研究中心副秘书长。主要从事区域创新与区域可持续发展研究，主持国家自然科学基金等国家级、省部级、委托课题 10 余项，出版著作 4 部，发表 SSCI、CSSCI 论文 20 余篇，曾获上海市哲学社会科学优秀成果奖二等奖、上海市决策咨询研究成果奖二等奖等荣誉，相关研究多次获上海市政府领导肯定性批示。

摘　要

《长江经济带发展报告（2023~2024）》以长江经济带区域整体发展为研究对象，分为总报告、指数篇和产业篇三部分。

总报告围绕经济、社会和生态三个角度展开。2023年，全流域经济产出规模保持增长，区域经济规模占全国比重保持稳定，产业结构进一步优化，出口增长强劲，但投资增幅下降，甚至有一定程度萎缩。同年各省市社会事业发展保持了稳中有进的局面，城乡人民生活水平差异缩小，教育医疗等公共服务资源增加，社会保障水平整体平稳。在生态方面，全流域环境质量保持改善态势，生态环境修复推进顺利，资源利用效率得到提升，污染防治工作逐步深入。

指数篇围绕构建绿色发展、科技创新驱动力、产业转型、社会发展和共同富裕水平等五项发展指数展开，对126个地级市的发展状况进行分析，从城市空间维度上对区域五个方面发展水平进行刻画。总体而言，上海、江苏和浙江等省市地级以上城市表现较好，大多数城市五项指数均较高，直辖市、省会城市及个别区域节点城市与普通城市之间差距巨大。

产业篇聚焦农业、工业、数字经济、旅游业和交通运输业的最新发展态势，梳理过去一年的行业数据，分析总结产业特点、态势和面临的问题，并对未来发展方向进行展望。

关键词： 长江经济带　经济发展　社会发展　产业发展　发展指数

目 录 ➤

Ⅰ 总报告

Ⅱ 指数篇

Ⅲ 产业篇

皮书数据库阅读使用指南

总 报 告

B.1

长江经济带经济发展报告
（2023~2024）

王振 马双*

摘 要： 长江经济带是我国纵深最长、覆盖面最广、影响最大的黄金经济带，在我国区域发展格局中具有极其重要的地位和作用。2023年，长江经济带地区经济继续保持增长态势，占全国的经济比重保持稳定，区域内省际协调发展取得成效。产业结构进一步优化，服务业发展较快，工业经济增速稳定，战略性新兴产业加速成长，重点行业表现突出。投资、消费、出口三大经济发展动能对经济增长的拉动作用仍然显著，三大动能处于动态调整变化阶段且存在较明显的地区结构差异，其中投资继续增加，内需消费较快恢复，对外出口总体保持平稳。

关键词： 经济发展 产业结构 经济动能 长江经济带

---

* 王振，上海社会科学院原副院长，研究员；马双，上海社会科学院信息研究所副研究员。

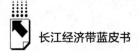

长江经济带在我国区域发展格局中具有极其重要的地位和作用，是我国纵深最长、覆盖面最广、影响最大的黄金经济带，是事关国家可持续发展的重要生态安全屏障，更是推动我国形成优势互补、高质量发展的先行区域。

2023 年，长江经济带经济增长继续保持韧性，创新驱动力稳步提升，新旧动能加快转换，经济结构持续优化，充分展示出黄金经济带的活力和潜力。长江经济带 11 省市经济规模总量占全国经济的比重达到 46.3%，继续凸显对全国经济的支撑引领作用。长江经济带发展质量进一步提升，发展态势向好，发展方式发生重大变革，创新驱动发展全面起势，区域融合实现重大提升，区域协同联动不断加强，全方位对内对外开放态势加速形成。

一　2023年长江经济带经济发展概况

2023 年，长江经济带地区经济继续保持增长态势，地区经济总量和人均经济规模持续扩大，在全国经济发展格局中的重要性保持稳定，经济发展质量不断提高，省际经济发展的差距变化较小。

（一）经济规模持续扩大，增长速度有所下降

2023 年，长江经济带 11 省市实现地区生产总值 58.4 万亿元，平均增速达到 5.3%，较上年增速下降 0.3 个百分点，较同期我国国内生产总值增速高出 0.1 个百分点。人均 GDP 达到 99063 元，同比增长 7.5%，高出全国平均水平（89358 元）9705 元。11 个省市中，上海、江西、湖南、贵州、云南 GDP 增速低于全国平均水平，人均 GDP 规模低于全国平均水平的有安徽、江西、湖南、四川、贵州和云南 6 省。总体来看，长江经济带地区经济规模实现了持续稳定增长，经济增速呈现放缓趋势。人均经济规模继续攀升，领先全国同期水平的幅度稍有增加（见表 1）。

表1　2022~2023年长江经济带11省市GDP和人均GDP情况

地区	GDP（亿元）		GDP增速（%）		人均GDP（元）	
	2022年	2023年	2022年	2023年	2022年	2023年
上海	44653	47219	-0.2	5.0	180351	189828
江苏	122876	128222	2.8	5.8	144390	150487
浙江	77715	82553	3.1	6.0	118496	125043
安徽	45045	47051	3.5	5.8	73603	76830
江西	32075	32200	4.7	4.1	70923	71216
湖北	53735	55804	4.3	6.0	92059	95538
湖南	48670	50013	4.5	4.6	73598	75938
重庆	29129	30146	2.6	6.1	90663	94135
四川	56750	60133	2.9	6.0	67777	71835
贵州	20165	20913	1.2	4.9	52321	54172
云南	28954	30021	4.3	4.4	61716	64107
长江经济带	559767	584274	5.6	5.3	92115	99063
全国	1210207	1260582	3.0	5.2	85698	89358

资料来源：2022~2023年《中国统计年鉴》，全国和各省市统计公报。

（二）经济比重保持稳定，省际差距变动较小

2023年，长江经济带11省市地区生产总值占全国的比重达到46.3%，占比较2021年和2022年基本持平，长江经济带地区经济在全国经济总量中的比重保持稳定。

在经济比重保持稳定的情况下，长江经济带内部各省市间的地区经济差距在不断缩小。2023年，东部发达的长三角地区（沪苏浙皖）的经济总量在长江经济带内所占比重有所增加，从2021年的52.1%上升到2023年的52.2%；中部地区的赣鄂湘占比在2021~2023年保持在23.7%，西部地区的云贵川渝的占比从2021年的24.3%下降到2023年的24.2%。总体而言，中部地区的GDP占比保持稳定，西部地区占比略微下降，东部地区略微上升，长江经济带内省际差距变动不大（见表2）。

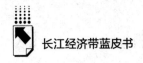

表2 2021~2023年长江经济带11省市GDP情况及其占比

单位：亿元，%

地区	2021年		2022年		2023年	
	GDP规模	GDP占比	GDP规模	GDP占比	GDP规模	GDP占比
上海	43215	8.2	44653	8.0	47219	8.1
江苏	116364	21.9	122876	22.0	128222	21.9
浙江	73516	13.9	77715	13.9	82553	14.1
安徽	42959	8.1	45045	8.0	47051	8.1
江西	29620	5.6	32075	5.7	32200	5.5
湖北	50013	9.4	53735	9.6	55804	9.6
湖南	46063	8.7	48670	8.7	50013	8.6
重庆	27894	5.3	29129	5.2	30146	5.2
四川	53851	10.2	56750	10.1	60133	10.3
贵州	19586	3.7	20165	3.6	20913	3.6
云南	27147	5.1	28954	5.2	30021	5.1
长江经济带	471582	—	559767	—	584274	—
全国	1015986	—	1210207	—	1260582	—
占比	—	46.4	—	46.3	—	46.3

资料来源：2021~2023年全国和各省市统计公报。

二 2023年长江经济带产业发展概况

2023年，长江经济带产业结构进一步优化，除江西外各省市的第三产业占比均超过了50%。其中，服务业发展较快，工业经济增速稳定，战略性新兴产业加速成长，重点行业表现突出，省际产业体系的差异化发展日渐凸显。

（一）产业结构进一步优化，省际差异仍较明显

2023年，长江经济带11省市产业结构进一步优化，三产结构平均值从7.9∶38.7∶53.4调整为7.7∶37.3∶55.0，第一产业比重进一步下降，第二产业比重与之前相比有所下降，下降幅度为1.4个百分点，第三产业比重

增加 1.6 个百分点。分地区看，11 省市的第二产业比重都出现了下降，第三产业比重都出现了上升。除云南外，其余省市第一产业比重均有所下降或保持不变。

从各省市的产业结构比较来看，2023 年，上海第三产业产值占比高出第二产业 50.6 个百分点，第二产业占比已降至 24.6%，第一产业占比微乎其微，服务型经济主导的产业结构特征极为明显；浙江、重庆两地的第一产业占比不足 7%，第三产业占地区生产总值的比重高出第二产业 15 个百分点及以上，形成典型的"三二一"型产业结构；江苏、江西两省的第二产业比重与第三产业比重相差不大，呈现服务业与工业并重的产业格局；安徽、湖北、湖南三省还存在一定规模的第一产业，同时第二产业和第三产业的比重差距也在 10 个百分点以上，产业结构正从服务业和工业并重转向"三二一"；四川、贵州、云南的第一产业比重均在 10% 以上，第二产业比重不足 40%，第三产业占比远超第二产业，产业体系中的农业仍占据一定地位，服务业增长较快（见表 3）。

表 3　2022~2023 年长江经济带 11 省市产业结构变化情况

单位：%

地区	2022 年			2023 年		
	第一产业	第二产业	第三产业	第一产业	第二产业	第三产业
上海	0.2	25.7	74.1	0.2	24.6	75.2
江苏	4.0	45.5	50.5	4.0	44.4	51.6
浙江	3.0	42.7	54.3	2.8	41.1	56.1
安徽	7.8	41.3	50.9	7.4	40.1	52.5
江西	7.6	44.8	47.6	7.6	42.6	49.8
湖北	9.5	37.5	53.0	9.1	36.2	54.7
湖南	9.5	39.4	51.1	9.3	37.6	53.1
重庆	6.9	40.1	53.0	6.9	38.8	54.3
四川	10.5	37.3	52.2	10.1	35.4	54.5
贵州	14.2	35.3	50.5	13.8	35.0	51.2
云南	13.8	36.2	50.0	14.0	34.2	51.8

资料来源：2022~2023 年各省市统计公报。

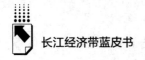

（二）服务业发展较快，工业经济稳定增长

2023 年，长江经济带服务业增加值达 32.1 万亿元，增速达 7.7%，占 GDP 比重为 53.1%，是拉动区域经济发展的主要产业。除江西外，其他 10 省市的服务业产值占比均超过了 GDP 的一半。其中，上海服务业占比超过 75%，远超其他省市的服务业比重。

服务业重点行业发展情况地区差异较大。2023 年，上海金融业增加值达 8646.86 亿元，比上年增长 5.2%。江苏交通运输业恢复常态，货物运输量和旅客运输量分别同比增长 11.1% 和 54.4%，邮政电信业快速发展，全年邮电行业完成业务总量 2636.4 亿元，比上年增长 16.2%。浙江全年服务业增加值 46268 亿元，比上年增长 6.7%，增速比上年提高 3.4 个百分点，拉动全省生产总值增长 3.8 个百分点，对经济增长的贡献率为 63.2%。安徽规模以上服务业企业营业收入增长 8.8%，其中信息传输、软件和信息技术服务业增加值 1223.3 亿元，增长 10.2%。江西全年服务业实现增加值 16043.2 亿元，比上年增长 3.6%，其中，住宿和餐饮业增加值 651.2 亿元，信息传输、软件和信息技术服务业增加值 789.3 亿元，分别增长 13.4% 和 12.9%，是服务业中增长最快的产业门类。湖北全年服务业增加值同比增长 5.8%，其中，住宿和餐饮业增速高达 14.5%。湖南的批发和零售业增加值达到 5126.6 亿元，是产值规模最大的服务行业。重庆规模以上服务业企业营业收入 5874.88 亿元，比上年增长 8.2%。四川邮政业务总量和电信业务总量分别增长 16.5% 和 18.1%。贵州铁路、公路、水运货物运输总量 102678.17 万吨，比上年增长 8.1%。云南多式联运和运输代理业增长 25.6%。

2023 年，长江经济带各省市的工业经济稳定增长。上海全年实现规模以上工业增加值 10846.16 亿元，比上年增长 1.1%。江苏装备制造业增势向好，全年规模以上装备制造业增加值比上年增长 7.6%，占规模以上工业增加值比重达 53.4%，其中汽车、电气机械、铁路船舶行业增加值分别增长 15.9%、15.9%、15.2%。浙江 38 个工业行业大类中，29 个行业增加值比上年增长，6

个行业呈两位数增长，其中，汽车、仪器仪表、电气机械和化学原料等行业分别增长17.8%、15.3%、14.8%和14.6%；数字经济核心产业增加值9867亿元，比上年增长10.1%。安徽41个工业大类行业中有28个行业增加值保持增长，工业产品中的集成电路和液晶显示屏产量分别增长116.3%和21.3%；汽车增长48.1%，其中新能源汽车增长60.5%。江西全年规模以上工业增加值增长5.4%，其中有色金属冶炼和压延加工业增加值同比增长20.0%，电气机械和器材制造业同比增长18.5%，黑色金属冶炼和压延加工业增长17.1%。湖北全年规模以上工业增加值比上年增长5.6%，其中轻工业增长1.4%，重工业增长7.6%，年末全省规模以上工业企业达到19240家。湖南装备制造业增加值增长8.9%，占规模以上工业的比重为31.5%，六大高耗能行业增加值增长7.2%，占规模以上工业的比重为31.3%。重庆新动能不断壮大，新能源汽车产业、新材料产业、节能环保产业、高端装备制造产业增加值分别比上年增长20.6%、17.2%、10.4%和8.8%。四川规模以上工业41个行业大类中有25个行业增加值增长，六大高耗能行业增加值增长9.8%。贵州19个重点监测的工业行业中，15个行业增加值保持增长，其中金属制品业比上年增长22.8%、化学原料和化学制品制造业增长21.7%。云南规模以上工业增加值增长5.2%，其中采矿业下降2.6%，制造业增长6.6%，电力、热力、燃气及水生产和供应业增长3.6%（见表4）。

表4　2021~2023年长江经济带11省市规上工业增加值增速

单位：%

地区	2021年	2022年	2023年
上海	11.0	-1.5	1.1
江苏	12.8	5.1	7.6
浙江	12.9	4.2	6.0
安徽	8.9	6.1	7.5
江西	11.4	5.5	5.4
湖北	14.8	7.0	5.6
湖南	8.4	7.2	5.1
重庆	10.7	2.9	6.6

续表

地区	2021 年	2022 年	2023 年
四川	9.8	3.3	6.1
贵州	12.9	-0.5	5.9
云南	8.8	6.0	5.2

资料来源：2021~2023 年各省市统计公报。

（三）战略性新兴产业加速成长，重点行业表现突出

2023 年，长江经济带 11 省市战略性新兴产业加速成长。上海战略性新兴产业增加值达 11692.50 亿元，比上年增长 6.9%，占上海地区生产总值的比重为 24.8%，比上年上涨 1 个百分点；其中，工业战略性新兴产业增加值增长 1.5%，服务业战略性新兴产业增加值增长 10.0%。江苏工业战略性新兴产业、高新技术产业产值占规模以上工业比重分别达 41.3%、49.9%，比上年分别提高 0.5 个、1.4 个百分点；规模以上服务业战略性新兴产业营业收入比上年增长 9.4%。浙江新产业、新业态、新模式的"三新"经济增加值占全省生产总值约 28.3，其中规模以上数字经济核心产业制造业增加值增长 8.3%，增速比规模以上工业高 2.3 个百分点，拉动规模以上工业增加值增长 1.4 个百分点。安徽高新技术产业增加值和战略性新兴产业产值分别同比增长 11.2% 和 12.2%，分别占规模以上工业增加值和规模以上工业总产值比重的 49.1% 和 42.9%。江西战略性新兴产业、高新技术产业、装备制造业增加值分别增长 9.1%、9.1%、10.0%，占规模以上工业比重分别为 28.1%、39.5%、31.6%。湖北全年高技术制造业增加值比上年增长 5.7%，占规模以上工业增加值的比重达 12.8%，其中计算机、通信和其他电子设备制造业增长 5.1%。湖南高新技术产业增加值增长 8.9%，占地区生产总值的比重为 22.8%，其中高技术制造业增加值增长 3.7%，占规模以上工业增加值的比重为 13.5%。重庆规模以上工业战略性新兴产业增加值和高技术制造业增加值占规模以上工业增加值的比重分别为 32.2% 和

18.3%；高技术产业投资比上年增长 12.7%，占固定资产投资的比重为 10.6%。四川高新技术产业增加值占 GDP 比重达到 17.8%，比上年提高 1.2 个百分点。贵州加速发展战略性新兴产业，全年生产集成电路 31382.88 万块、同比增长 87.5%，智能电视机 333.28 万台、同比增长 23.0%，电子元件 62.23 亿只、同比增长 18.9%。云南聚焦绿色产业，10 个重点产业中产值规模超千亿元的有 8 个，其中，绿色能源、有色金属、烟草、生物医药 4 个产业产值达 3000 亿元以上，装备制造、先进制造 2 个产业产值超过 2000 亿元，绿色铝、硅光伏 2 个产业产值超过 1000 亿元。

三　2023年长江经济带三大经济动能概况

2023 年，长江经济带地区经济增长动力仍处于动态调整转化阶段。三大发展动力中，投资规模仍然处于增长态势，但增幅持续收窄；内需快速恢复，消费大幅增长；出口呈现较为明显的波动变化特征。总体而言，长江经济带三大发展动力对经济增长的拉动作用仍然显著，内部各要素处于动态变化之中，经济增长动力结构存在较明显的地区差异。投资继续实现增长，但增速放缓，消费快速恢复且对全国的影响力进一步提升，出口受国际政治经济格局影响较大，总体保持平稳、微幅增长。

（一）投资规模继续增长，增速仍处下滑轨道

2023 年，长江经济带固定资产投资额继续保持增长，固定资产投资平均增速达 2.5%，低于全国平均值 0.3 个百分点。分地区来看，上海从新冠疫情中快速恢复，固定资产投资增长 18%，其余省市的投资增速则出现放缓迹象。

（二）内需消费快速恢复，全国占比有所上升

2023 年，长江经济带内需消费快速恢复，全社会消费品零售额增速达 7.6%，高出全国平均值 0.4 个百分点。其中，上海全社会消费品零售额增

速超过 10%，达到 12.6%。纵向比较来看，11 省市的消费增速均出现不同程度的上涨，其中上海、贵州、四川、重庆增幅最大，分别相差 21.7 个、10.4 个、9.3 个和 8.9 个百分点。2023 年，长江经济带全社会消费品零售额增至 239542 亿元，占全国的比重达 50.8%，比上年增长 1.0 个百分点，对全国消费的带动作用依旧明显。

（三）对外出口总体平稳，部分地区波动较大

2023 年，受全球政治经济竞争格局的影响，长江经济带 11 省市对外出口平稳增长但增幅极小，全年实现出口额 116529 亿元，同比增长 0.4%，低于全国平均水平（0.6%）0.2 个百分点。其中，云南、江西出口增速出现较大负增长，分别为-39.6%和-17.3%，重庆、四川的出口也出现了负增长的情况。相反，其他省市出口呈现不同程度的正增长，其中贵州、湖南的出口增速超过 20%，分别达到 22.6% 和 21.9%，安徽的出口增速也超过了 10%。在全国地位方面，2023 年长江经济带 11 省市出口规模占比达 49.0%，重要性进一步凸显（见表5）。

表5 2023 年长江经济带 11 省市投资、消费和出口情况

地区	绝对值(亿元)		增速(%)		
	消费	出口	投资	消费	出口
上海	18516	17378	18.0	12.6	1.6
江苏	45548	33719	5.2	6.5	2.5
浙江	32550	35666	6.1	6.8	3.9
安徽	23008	5231	4.0	6.9	11.3
江西	13660	3929	-5.9	6.3	-17.3
湖北	24042	4333	5.0	8.5	4.7
湖南	20203	4009	3.1	6.1	21.9
重庆	15130	4782	4.3	8.6	-6.1
四川	26313	6034	4.4	9.2	-1.3

地区	绝对值（亿元）		增速（%）		
	消费	出口	投资	消费	出口
贵州	9011	521	−5.7	5.9	22.6
云南	11561	927	−10.6	6.7	−39.6
长江经济带	239542	116529	2.5	7.6	0.4
全国	471495	237726	2.8	7.2	0.6
与全国比较	占50.8%	占49.0%	低0.3个百分点	高0.4个百分点	低0.2个百分点

资料来源：2023年全国和各省市统计公报。

B.2
长江经济带社会发展报告（2023~2024）

杨　昕[*]

摘　要： 本报告分析了长江经济带11个省市2021~2023年的社会事业发展数据，对2023年的人口发展、人民生活、公共服务、科技创新、就业保障等维度的社会事业发展现状进行了阐述与概括，特别关注了2022~2023年的年度变化，以及与2021~2022年度变化的差异。通过数据的分析和比较可以看到2023年长江经济带及各省市社会事业发展总体情况与全国趋势保持一致，长江下游地区仍在多数方面保持领先优势。2023年，经济增长有所恢复，长江经济带全流域社会事业发展的速度较上一年度有所提升，中游和上游地区在科技创新、公共服务、就业保障等方面的进步更明显，但由于基础相对较差、与下游地区的差距较大，上中下游之间的绝对差距仍在扩大。在此局面下，流域内各省市应继续发挥本地优势，以保就业、促生产、提科创、稳民生为目标，积极落实党的二十届三中全会精神，以保障全流域的社会事业发展持续向好。

关键词： 长江经济带　社会发展　社会事业

推动长江经济带高质量发展是党中央、国务院部署的国家重大发展战略。自2016年以来，习近平总书记四次主持召开长江经济带发展座谈会，并多次在调研考察时发表重要讲话。他指出，要谋长远之势、行长久之策、建久安之基，进一步推动长江经济带高质量发展，以更好支撑和服务中国式

---

* 杨昕，博士，上海社会科学院信息研究所研究员，主要研究方向为人口发展与社会政策。

现代化。^① 而 2024 年党的二十届三中全会审议通过的《中共中央关于进一步全面深化改革 推进中国式现代化的决定》，也强调要"完善实施区域协调发展战略机制"，并将优化长江经济带发展机制等纳入改革内容，以推动区域重大战略建设为抓手，在打破跨行政区合作发展体制机制、加快完善区域一体化机制、实现以点带面融合发展方面作出成绩。^②

国家统计局数据显示，2023 年长江经济带区域经济持续恢复向好，上下游地区经济实现了较快增长，中游地区经济增长平稳。全流域地区生产总值为 584274.2 亿元，按不变价格计算同比增长 5.5%，占全国 GDP 的比重较上一年进一步提升，达到 46.7%，对全国经济增长的贡献率达到 48.8%。^③ 经济持续恢复向好的同时，长江经济带的各项社会事业有序开展，也呈现整体稳中有升的发展态势。

一 长江经济带各省市社会事业发展基本情况

为保证不同年份之间的可比性与延续性，2023~2024 年度的基本情况仍将从人口发展、人民生活、公共服务、科技创新、就业与社会保障等五个方面展开。

（一）人口发展

中国持续增长的人口态势在 2022 年被打破，人口发展出现逆转，人口规模、人口年龄结构、人口分布等数据都较 2022 年之前有明显变化。这种情况在长江经济带流域也普遍发生，绝大多数省市的常住人口规模、出生人口规模、劳动年龄人口规模等指标都进一步下降，除个别地区外，与全国的发展趋势和特征保持一致。

---

① 《锚定现代化 改革再深化——进一步推动长江经济带高质量发展》，央视新闻，2024 年 10 月 20 日。
② 《以完善实施区域协调发展战略机制推进中国式现代化》，新浪财经，2024 年 8 月 6 日。
③ 《2023 年长江经济带区域拉动全国经济增长 2.6 个百分点》，中国信息报，2024 年 2 月 20 日。

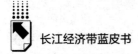

1. 全流域常住人口规模由升转降，但不同口径区域之间的差别明显

2023 年，我国总人口规模为 14.10 亿人，较 2022 年的 14.12 亿人减少了 208 万，降幅为 0.15%。同期，长江经济带全流域常住人口也较上年减少了 27 万人，降幅为 0.04%。分上中下游来看，上游 3 省 1 市常住人口规模较 2022 年下降了 39 万人，中游 3 省下降了 55 万人，仅下游 3 省 1 市增加了 66 万人，上游和中游跌幅分别为 0.19% 和 0.32%，下游涨幅为 0.28%。总体而言，长江经济带全流域常住人口规模下降幅度低于全国平均水平，但这主要得益于长三角 3 省 1 市的人口规模增长，而上游和中游区域的人口下降幅度高于全国平均水平，特别是中游 3 省。

分省市来看，长江流域 9 省 2 市中上海、江苏、浙江、贵州 4 省市的常住人口规模较 2022 年有所增长，其中浙江省增长 50 万人左右，增幅达 0.76%，居首位，上海增长 11 万人，增幅 0.44%，增幅居第 2 位。在其余 7 个省市中，下降规模最大的是湖南省，2022～2023 年常住人口规模减少 36 万，下降幅度最大的是重庆，幅度为 -0.68%。

比较 2020～2022 年和 2022～2023 年不同区域之间的数据变化，从全流域层面看常住人口规模从增转减；分上中下游来看，上游地区常住人口规模继续下降，且下降幅度更大，中游地区常住人口规模从增转减，下游地区常住人口规模虽继续增长，但增长幅度有明显下降；分省来看，安徽、江西、湖北、四川、重庆的常住人口规模均从之前的增长转变为减少，江苏、浙江的常住人口规模持续增长，但增长的幅度明显下降，上海和贵州的常住人口规模由减少转为增加，而湖南、云南两省的常住人口规模持续下降，但 2022～2023 年的下降幅度较之前有略微缩小（见表 1）。

表 1　2020 年、2022 年、2023 年长江经济带各省市常住人口总量及占全国比重

单位：万人，%

地区	2020 年	占比	2022 年	占比	2023 年	占比
上海	2488	1.76	2476	1.75	2487	1.76
江苏	8477	6.00	8515	6.03	8526	6.05

地区	2020年	占比	2022年	占比	2023年	占比
浙江	6468	4.58	6577	4.66	6627	4.70
安徽	6105	4.32	6127	4.34	6121	4.34
江西	4519	3.20	4528	3.21	4515	3.20
湖北	5745	4.07	5844	4.14	5838	4.14
湖南	6645	4.71	6604	4.68	6568	4.66
四川	8371	5.93	8374	5.93	8368	5.94
重庆	3209	2.27	3213	2.28	3191	2.26
贵州	3858	2.73	3856	2.73	3865	2.74
云南	4722	3.34	4693	3.32	4673	3.31
合计	60607	42.92	60807	43.07	60780	43.12
全国	141212	100.00	141175	100.00	140967	100.00

资料来源：2023年各省市国民经济和社会发展统计公报、各省市统计局官方网站。

2. 长江经济带除个别省份外，出生率连年下降，死亡率连年上升，自然增长率下降明显，与全国趋势一致

比较2020年、2022年和2023年的出生率，可以看到除云南2023年较2022年有略微增加外，长江经济带其他各省市的出生率都呈现出逐年下降的趋势，且大多数省市的下降幅度均大于全国平均的0.38个千分点。相对而言，2022~2023年，四川出生率的年度变动仅0.07个千分点，而贵州、安徽、江西的年度下降幅度均超过0.6个千分点，其中贵州的下降幅度最大，为1.52个千分点（见图1）。

比较2020年、2022年和2023年的死亡率，则可以看到除上海和重庆，其他省份的死亡率均呈现出逐年上升的趋势，而上海和重庆虽2023年的死亡率高于2022年，但明显低于2020年（见图2）。

2023年长江经济带全流域人口自然增长率仍为正的省份只有一个贵州，与2020年相比减少了8个省份，较2022年减少了2个省份（见图3）。即使是贵州，人口自然增长率也呈现逐年降低的趋势。这说明长江经济带与全

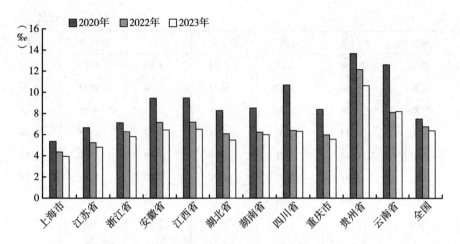

图 1 2020 年、2022 年和 2023 年长江经济带及全国人口出生率

资料来源：2020 年、2022 年数据来自国家统计局、各省市统计年鉴；2023 年省级数据来自各省市国民经济和社会发展统计公报，国家数据来自国家统计局网站。

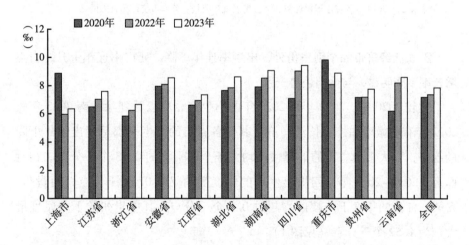

图 2 2020 年、2022 年和 2023 年长江经济带及全国人口死亡率

资料来源：2020 年、2022 年数据来自国家统计局、各省市统计年鉴；2023 年省级数据来自各省市国民经济和社会发展统计公报，国家数据来自国家统计局网站。

国的趋势一样，随着生育水平进一步下降以及人口老龄化带来的死亡水平有所上升，各省市人口自然增长率都逐年下降。

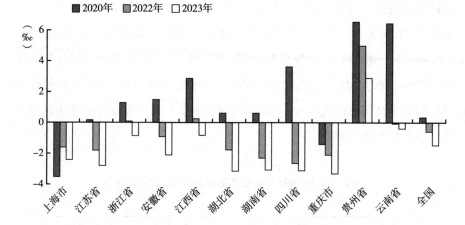

图3 2020年、2022年和2023年长江经济带及全国人口自然增长率

资料来源：2020年、2022年数据来自国家统计局、各省市统计年鉴；2023年省级数据来自各省市国民经济和社会发展统计公报，国家数据来自国家统计局网站。

3. 在总人口下降的同时，城镇化进程继续推进，城镇化率进一步提升

2023年我国城镇常住人口规模为9.33亿人，占全部人口的66.16%，与2022年相比，常住人口规模增长了1000万左右，城镇化率提升了0.94个百分点。在全国总人口规模下降的同时，人口仍向城镇集中，但城镇化的进程有一定程度地放缓。

从长江经济带全流域来看，2023年，全流域的城镇常住人口规模为3.99亿人，城镇化率65.63%，规模较上年增加551万人，城镇化率提升0.93个百分点。分上中下游来看，长江经济带上游3省1市城镇常住人口规模增长194万人，城镇化率较上年提升1.08个百分点，达到59.21%；中游3省城镇常住人口规模增长117万，城镇化率提升了0.89个百分点，达到63.17%；下游3省1市城镇常住人口规模增长240万，城镇化率提升了0.81个百分点，达到72.81%。即长江经济带全流域的城镇化速度与全国持平，其中上游区域的速度高于全流域平均水平，但上中下游地区之间的城镇化率呈现出阶梯状差异。

分省市来看，2023年，11个省级地区有4个省市的城镇化率超过70%，

包括下游的上海（89.30%）、江苏（75.00%）、浙江（74.23%）和上游的重庆（71.67%）；有三个省市的城镇化率仍未超过60%，包括四川（59.49%）、贵州（55.94%）和云南（52.92%），全部位于上游地区；中游的江西（63.13%）、湖北（65.47%）、湖南（61.16%）和下游的安徽（61.51%）城镇化率在61%~66%。总体来看，2021~2023年各省市的城镇化发展保持平稳（见表2）。

表2　2021~2023年长江经济带各省市人口城镇化率

单位：%

地区	2021年	2022年	2023年
上海	89.30	89.33	89.30
江苏	73.94	74.42	75.00
浙江	72.66	73.38	74.23
安徽	59.39	60.15	61.51
江西	61.46	62.07	63.13
湖北	64.09	64.67	65.47
湖南	59.71	60.31	61.16
四川	57.82	58.35	59.49
重庆	70.32	70.96	71.67
贵州	54.33	54.81	55.94
云南	51.05	51.72	52.92
全国	64.72	65.22	66.16

资料来源：各年份全国数据来自国家统计局官方网站，https://data.stats.gov.cn/easyquery.htm? cn=C01；各省市2022年数据来自国家统计局编《中国统计年鉴2023》，中国统计出版社，2023；各省市2023年数据来自各省市国民经济和社会发展统计公报。

城镇化率的提升主要取决于城乡之间的人口流动，随着我国人口总规模的下降，虽然人口仍在从乡村向城镇集中，但各地乡城人口流动的规模和速度均有明显放缓，这一趋势在全国和长江经济带全流域及省级层面表现较为一致。分地区来看，城镇化率水平相对落后的省市进展会更快一些。

（二）人民生活

1. 居民人均可支配收入与人均消费支出

2023年，全国经济稳中有升，长江经济带上游和下游区域实现了较快经济增长，中游区域相对平稳。从收入和消费来看，各省市之间的增长速度差距在1个百分点上下，但由于基数差距较大，各省市之间的绝对规模差距有进一步拉大。

（1）各省市居民人均可支配收入的年均增幅差距不大，但绝对规模的差距仍呈现扩大趋势，从年度增长情况来看2022~2023年度增幅大于2021~2022年度。总体经济的逐渐恢复对人民生活的改善起到正面影响（见图4）。

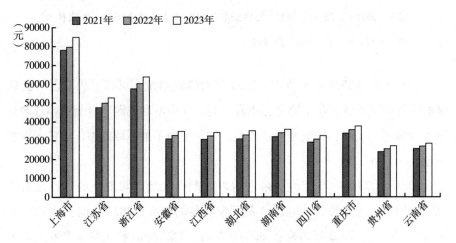

图4 2021~2023年长江经济带居民人均可支配收入变化

资料来源：国家统计局编《中国统计年鉴2024》，中国统计出版社，2024。

分省市来看，2022~2023年各省市居民人均可支配收入绝对值增长在1400~5300元，其中上海、浙江、江苏分别增长了5224元、3528元和2812元，居全流域前三位；从年增长幅度来看，各省市的年增长率为5%~7%，其中湖北、上海和安徽的年增长率分别为6.78%、6.56%和6.56%，居全流域前三位（见图5）。

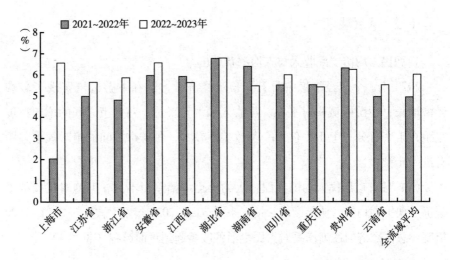

图5　2021~2022年、2022~2023年长江经济带人均可支配收入年增长率

资料来源：根据相关数据计算得到。

比较2021~2022年和2022~2023年的变化情况，可以看出长江下游区域的人均可支配收入年增幅整体提升，而长江中游和上游区域超过半数的省市年增幅不升反降，特别是中游区域，这与上中下游区域的整体经济表现一致。

2021~2023年，长江经济带人均可支配收入最高和最低的省市没有变化，分别是上海和贵州，但极值差呈现明显的扩大，2021年时两省市的差距为54031元，2022年时略扩到54102元，2023年时扩大到57736元。即不同省市居民之间的绝对贫富差距在拉大。

（2）2022~2023年各省市城镇居民人均可支配收入的增长速度普遍低于农村居民，可支配收入的城乡绝对差仍在扩大但城乡比逐年下降，从绝对差的扩大速度上看，除江浙沪3省市外，其余8个省市2022~2023年的绝对差均小于2021~2022年。

按居民常住地来划分，2023年长江经济带11省市城镇居民人均可支配收入均值为53992元，较2022年增加3181元，年增长6.26%；农村居民人均可支配收入均值为24589元，较2022年增加1815元，年增长7.97%。虽然农村居民人均可支配收入的绝对值增加低于城镇，但增幅较城镇高出近2个百分点，这使全流域平均收入的城乡比从2.23下降到2.20（见表3）。

表3 2021~2023年分省市城乡居民人均可支配收入

单位：元

地区	城镇居民人均可支配收入			农村居民人均可支配收入		
	2021年	2022年	2023年	2021年	2022年	2023年
上海	82429	84034	89477	38521	39729	42988
江苏	57743	60178	63211	26791	28486	30488
浙江	68487	71268	74997	35247	37565	40311
安徽	43009	45133	47446	18368	19575	21144
江西	41684	43697	45554	18684	19936	21358
湖北	40278	42626	44990	18259	19709	21293
湖南	44866	47301	49243	18295	19546	20921
四川	41444	43233	45227	17575	18672	19978
重庆	43502	45509	47435	18100	19313	20820
贵州	39211	41086	42772	12856	13707	14817
云南	40905	42168	43563	14197	15147	16361
长江经济带	50081	50811	53992	21401	22774	24589

资料来源：国家统计局编《中国统计年鉴2024》，中国统计出版社，2024；长江经济带数据根据各省市数据算术平均得到。

分省市来看，2022~2023年，上海、浙江、江苏三省市的城镇居民可支配收入分别增长了5443元、3729元和3033元，居全流域收入绝对值增长前三位，上海、湖北和浙江的年增长率分别为6.48%、5.55%和5.23%，居全流域收入年增长率前三位。农村居民人均可支配收入年度增长最多的也是上海、浙江和江苏，分别增加了3259元、2746元和2002元，但农村居民人均可支配收入年增幅居前的是上海、贵州和湖北，增幅分别为8.20%、8.10%和8.04%。

从年度变化速度来看，上海、江苏、浙江、安徽、四川和云南的城镇居民人均可支配收入 2022~2023 年的增长幅度快于 2021~2022 年，而江西、湖北、湖南、重庆和贵州相反。但在农村居民人均可支配收入指标上，全流域 11 个省市 2022~2023 年的年度增幅均高于 2021~2022 年。

由于全流域和各省市的农村居民人均可支配收入的年增长率均高于城镇居民的年增长率，2021~2023 年，全流域和省级城乡居民收入比均呈现出逐年降低的趋势，其中贵州、云南两省的下降幅度更加明显（见图 6）。

需要注意的是，虽然各地城乡居民收入比逐年下降，但城乡居民收入的绝对值差距仍未出现收敛迹象，而省级区域之间的收入差距也在继续扩大。

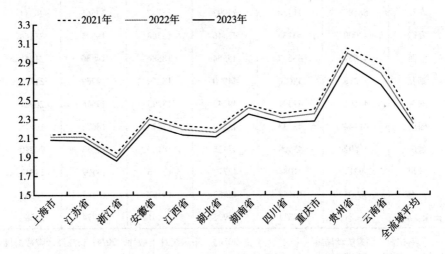

图 6　2021~2023 年长江经济带各省市城乡居民人均收入比

资料来源：根据表 3 数据计算得到。

（3）各省市居民人均年消费支出均超过 2 万元，较 2022 年有显著增长，上海居民人均消费支出的恢复进一步拉大了省级区域之间的人均消费支出差距。

长江经济带 2023 年居民人均消费支出的平均值为 29179 元，较 2022 年增长 2307 元，年度增幅为 8.59%，2022 年较 2021 年增长 620 元，年度增幅 2.36%，无论是支出还是增长幅度都有明显上升（见图 7、图 8）。

分省市来看，虽然 2023 年长江经济带各省市的居民人均消费支出都超

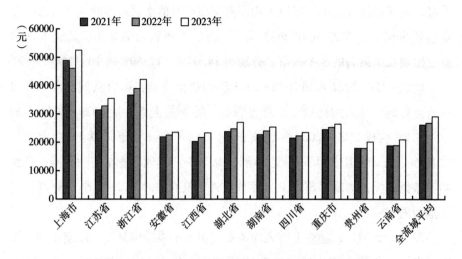

图7 2021~2023年长江经济带各省市年人均消费支出

资料来源：国家统计局编《中国统计年鉴2024》，中国统计出版社，2024。

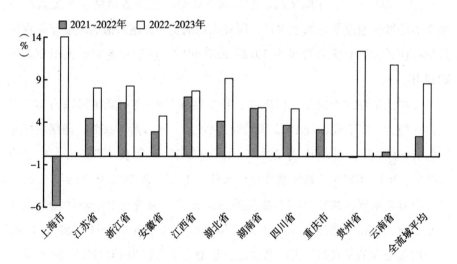

图8 2021~2022年、2022~2023年长江经济带人均消费支出年增长率

资料来源：根据相关数据计算得到。

过20000元，但居前三位的上海（52508元）、浙江（42194元）和江苏（35491元）与其他省份之间存在巨大差距。从2022~2023年度变化来看，

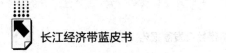

上海、浙江和江苏是年度居民人均消费支出绝对值增长最多的3个省市,分别达到6463元、3223元和2643元,上海、贵州和云南是年度居民人均消费支出增长率最高的3个省市,分别为14.04%、12.39%和10.79%。

比较2021~2022年和2022~2023年的数据变动,可以看到上海、贵州和云南省的居民人均消费支出恢复强劲,特别是上海,从2021~2022年的下降5.8%变成2022~2023年的增长14.04%,贵州从下降0.1%变成增长12.39%,云南从增长0.53%变成增长10.79%。其他各省市,除湖南、江西的年增幅的提升幅度不超过1个百分点外,其余基本在2~4个百分点的变化范围内。

需要注意的是,随着上海人均消费支出水平强劲恢复,一度缩小的省级区域之间人均消费支出绝对差距有所扩大,从2022年的28106元上升到32347元。

(4)2022~2023年除上海、四川与贵州外,其他省市城镇居民人均消费支出的增长速度普遍低于农村,居民人均消费支出绝对值的城乡差除重庆外都有所扩大,且大多数省市2022~2023年的年度变化绝对值大于2021~2022年。

按居民常住地来划分,2023年,长江经济带11省市城镇居民人均消费支出均值为34377元,较2022年增加2504元,增幅为7.86%;同期农村居民的人均消费支出均值为20819元,较2022年增长1733元,增幅为9.08%。2023年居民人均消费支出城乡比为1.65,较2022年下降了0.02。

分省市来看,2023年,全流域城镇居民人均消费支出绝对值增长最多的是上海、贵州和浙江,分别较2022年增加了6808元、3463元和3251元,而年增幅最大的是贵州、上海和湖北,年增长率分别为14.29%、14.15%和8.17%;同期农村居民人均消费支出绝对值增长最多的是上海、浙江和江苏,分别较2022年增加了3352元、2985元和2432元,而年增幅最大的是云南、上海和浙江,年增长率分别为13.81%、12.22%和10.86%。

比较各省市2021~2022年和2022~2023年居民人均消费支出城乡差距的变化,可以看到除浙江、江西和湖南呈现城乡差距连续扩大,重庆城乡差距从扩大转缩小之外，其余各省市居民人均消费支出城乡差距都呈现出从缩小转扩大的变化。即随着经济的复苏，居民人均消费支出也出现明显上升，虽然大部分省市城镇居民的人均消费支出年增幅小于农村居民，但由于基数差距明显，因此人均消费支出绝对值的城乡差距反而有所拉大（见表4、图9）。

表4　2021~2023年分省市城镇与农村居民人均消费支出

单位：元

地区	城镇居民人均消费支出			农村居民人均消费支出		
	2021 年	2022 年	2023 年	2021 年	2022 年	2023 年
上海	51295	48111	54919	27205	27430	30782
江苏	36559	37796	40461	21130	22597	25029
浙江	42193	44511	47762	25415	27483	30468
安徽	26495	26832	27900	17163	17980	18905
江西	24587	25976	27733	15663	16984	18421
湖北	28506	29121	31500	17647	18991	20922
湖南	28294	29580	31035	16951	18078	19210
四川	26971	27637	29280	16444	17199	17901
重庆	29850	30574	31531	16096	16727	17964
贵州	25333	24230	27693	12557	13172	14260
云南	27441	26240	28338	12386	13309	15147
长江经济带	31593	31873	34377	18060	19086	20819

资料来源：国家统计局编《中国统计年鉴2024》，中国统计出版社，2024；长江经济带数据根据各省市数据算术平均得到。

计算2021~2023年各省市居民人均消费支出城乡比会看到长江经济带大多数省市的城乡比呈现下降趋势，但上海、四川、贵州三省2023年的城乡比要高于2022年（见图10）。

2.居民消费价格

居民消费价格指数（CPI）是度量消费商品及服务项目价格水平随时间变动的相对数，反映的是居民购买商品及服务项目价格水平的变动趋势和变动程度，是宏观经济运行中用以反映通胀或通缩的重要指标。比较2021~

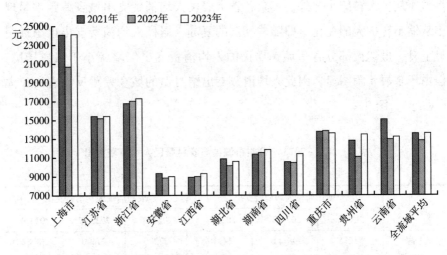

图9　2021～2023年各省市城乡人均消费支出绝对差

资料来源：根据相关数据计算得到。

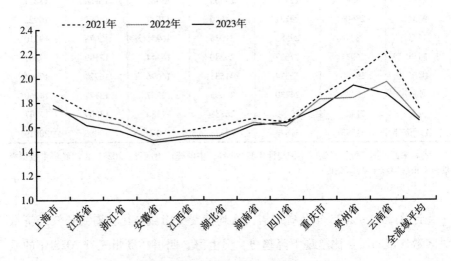

图10　2021～2023年各省市人均消费支出城乡比

资料来源：根据相关数据计算得到。

2023年三年的CPI变动，可以看到2023年的水平较上一年有明显下降，重庆和贵州的CPI指数甚至已经低于100。

2023年，全国的居民消费价格较2022年上涨了0.2%，长江经济带大部分省市的居民消费价格变动与全国平均水平相差不大，但重庆和贵州两省市较2022年下跌了0.3%。分上中下游来看，经济发达的下游区域均高于或与全国平均水平持平，江苏较上年增长0.4%，上海和浙江为0.3%，安徽与全国平均一致；中游的江西上涨0.3%，湖南与全国持平，湖北略低于全国平均为0.1%；而经济相对欠发达的上游地区四川居民消费价格与上年保持不变，云南上涨了0.3%，而重庆和贵州均下跌了0.3%。居民消费价格指数的回落，在某种程度上可能不利于经济的快速恢复（见图11）。

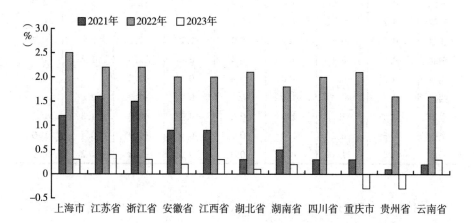

图11 2021~2023年长江经济带各省市居民消费价格指数变动

资料来源：国家统计局编《中国统计年鉴2024》，中国统计出版社，2024。

按八大类商品价格分类，可以看到2023年交通和通信价格及食品烟酒价格下降较为明显，其中大多数省市的交通和通信价格下降了2%~3.5%，上海和重庆下降了1%；11个省市中有6个省市的食品烟酒价格有所下降，但除上海和重庆的下降幅度超过1%，湖北、四川和贵州的下降幅度在0.5%，湖南下降0.6%。相对而言，教育文化娱乐价格和衣着价格上涨幅度较大，教育文化娱乐价格在全流域范围内全部上涨，其中有5个省市的上涨幅度高于2%，衣着价格除四川下降1%，有6个省市上涨幅度高于1.5%，最高的江苏达到4.1%；医疗保健价格虽然涨幅不大，但全流域11个省市均上涨；居住价格和生活及服务价格涨幅大多在0.5%，且各省市涨跌不一（见表5）。

表5 2023年长江经济带各省市城乡居民消费品分类价格指数变化

单位：%

地区	居民消费价格指数	食品烟酒价格	衣着价格	居住价格	生活及服务价格	交通和通信价格	教育文化娱乐价格	医疗保健价格
上海	0.3	−1.2	2.0	0.2	0.4	−0.9	3.6	0.2
江苏	0.4	1.0	4.1	0.0	0.6	−3.3	1.8	3.2
浙江	0.3	0.6	1.6	−0.4	0.5	−2.2	3.0	1.0
安徽	0.2	0.5	1.6	−0.3	0.1	−2.5	2.0	0.7
江西	0.3	0.4	1.9	0.1	−0.2	−2.5	2.3	0.7
湖北	0.1	−0.1	1.3	0.4	0.2	−2.5	1.8	0.5
湖南	0.2	−0.6	1.0	0.1	0.1	−2.0	1.6	2.0
四川	0	−0.2	−1.0	0.2	0.2	−2.2	2.8	0.7
重庆	−0.3	−1.4	1.0	0.2	−0.2	−2.1	1.3	0.2
贵州	−0.3	−0.2	2.0	−0.2	0.0	−2.7	0.4	0.7
云南	0.3	1.1	0.4	0.3	0.2	−2.8	2.2	0.7

总体而言，2023年长江经济带居民的生活水平较2022年有所改善，无论是收入还是支出的增速都较上一年度有所提升。在收入增长方面，城镇居民的增速低于农村居民，而这也是城乡比继续下降的原因。分上中下游来看，长江经济带的阶梯式发展格局仍没有变化，下游3省1市与中游和上游地区的差距并没有缩小，上游地区的云南和贵州与其他9省市的差距明显。

（三）公共服务

2023年长江经济带全流域的公共服务事业继续稳步推进，随着经济发展的恢复，政府对于各项公共服务的投入有所增加，社会保障覆盖面保持平稳，社会保障水平有所提升。但总体而言，长江经济带上中下游在公共服务获得、社会保障水平等方面的差距仍然显著，就业的整体形势仍较为严峻。

1. 教育事业

（1）除中等职业教育在校生规模有所下降外，长江经济带其他各级教育在校生规模均有不同程度的增长，但不同阶段、不同地区之间存在一定差异。

2023年，长江经济带各省市小学、初中、中等职业、高中和本专科教育的在校生人数分别为4384.79万人、2172.08万人、593.71万人、1170.18万人和1621.53万人，除中等职业教育在校生规模有所下降外，其余各级学校在校生人数均有不同程度的增长，其中又以本专科教育阶段的在校生规模增长更为明显（见表6）。

比较2021~2022年和2022~2023年长江经济带全流域教育各阶段在校生人数变动，可以看到小学和初中阶段的在校生规模增长在加快，而中等职业在校生规模出现了较为明显的萎缩，高中和本专科在校生规模虽然仍在增长，但增长放缓（见表7）。如果分上中下游来看，则下游3省1市与全流域总体趋势保持一致，中游3省高中在校生规模变化与全流域总体情况一致；上游3省1市本专科在校生规模变化与全流域总体情况一致。

分教育阶段来看，不同教育阶段的在校生规模变化地区差异明显。在小学阶段，有8个省市在校生规模增长加快或由减转增，为江苏、浙江、安徽、湖北、四川、重庆、贵州和云南，有2个省在校生规模萎缩放缓，为江西和湖南，而上海则是唯一一个在校生规模增长放缓的地区。在初中阶段，有5个省市在校生规模增长加快或由减转增，为上海、江苏、浙江、安徽和湖南，有3个省市在校生规模萎缩放缓，为江西、四川和重庆，另有3个省在校生规模增长放缓，为湖北、贵州和云南。在中等职业教育阶段，有4个省市在校生规模由增转减或者萎缩加速，为上海、安徽、湖南和云南，有5个省市在校生规模萎缩放缓，为浙江、江西、湖北、四川和重庆，江苏省的在校生规模增速大幅放缓，只有贵州的中等职业教育的在校生规模出现加速增长。在高中阶段，除四川和贵州外，其余各省市都出现在校生规模增速放缓的情况。在本专科教育阶段，则除了上海和湖南省呈现出在校生规模增长加速外，其余各省市均表现出增速放缓的特征。

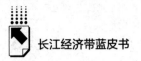

表6 2022~2023年长江经济带各省市教育各阶段在校生人数

单位：万人

地区	小学教育		初中教育		中等职业		高中教育		本专科教育	
	2022年	2023年	2022年	2023年	2022年	2023年	2022年	2023年	2022年	2023年
上海	91.7	93.71	52.44	56.72	11.26	10.77	19.29	20.79	55.48	57.24
江苏	585.63	588.53	270.30	277.29	67.34	67.91	135.09	143.18	221.91	229.9
浙江	393.13	411.37	169.29	173.47	53.23	50.25	86.44	88.76	125.33	129.15
安徽	470.25	472.23	228.77	231.27	72.8	65.97	120.1	123.28	155.35	157.96
江西	383.92	375.06	208.35	208.06	55.71	53.37	120.65	122.27	146.44	154.63
湖北	384.63	389.5	183.05	188.24	43.82	42.52	100.26	105.81	177.26	183.99
湖南	523.1	518.49	263.74	270.78	74.63	70.37	142.23	147.3	168.51	177.8
四川	545.02	549.05	277.53	275.52	90.8	86.71	146.5	150.06	205.15	216.41
重庆	203.19	205.87	108.75	104.62	37.97	37.88	66.33	67.9	106.61	110.02
贵州	391.54	394.53	189.85	197.45	52.44	68.74	95.06	94.5	89.47	90.72
云南	379.73	386.45	186.33	188.66	48.55	39.22	105.29	106.33	110.03	113.71
长江经济带	4351.84	4384.79	2138.40	2172.08	608.55	593.71	1137.24	1170.18	1561.54	1621.53
全国	10732.06	10836.03	5120.6	5243.69	1339.29	1298.46	2713.87	2803.63	3659.44	3775.01

资料来源：国家统计局编《中国统计年鉴2024》，中国统计出版社，2024。

表7 2021~2022年、2022~2023年各省市分阶段在校生规模变动

单位：万人

地区	小学		初中		中等职业		高中		本专科	
	2021~2022年	2022~2023年	2021~2022年	2022~2023年	2021~2022年	2022~2023年	2021~2022年	2022~2023年	2021~2022年	2022~2023年
上海	2.42	2.01	2.69	4.28	2.71	-0.49	1.84	1.5	0.61	1.76
江苏	-0.05	2.9	6.42	6.99	26.77	0.57	9.9	8.09	10.83	7.99
浙江	9.73	18.24	2.92	4.18	-20.31	-2.98	2.74	2.32	4.3	3.82
安徽	1.52	1.98	-1.1	2.5	-2.41	-6.83	3.76	3.18	4.85	2.61
江西	-11.87	-8.86	-8.08	-0.29	-17.35	-2.34	4.81	1.62	11.57	8.19
湖北	1.43	4.87	5.84	5.19	-10.84	-1.3	5.76	5.55	7.29	6.73
湖南	-6.96	-4.61	6.34	7.04	-0.03	-4.26	6.82	5.07	8.9	9.29
四川	-3.96	4.03	-2.28	-2.01	-11.94	-4.09	2.68	3.56	13.06	11.26
重庆	0.1	2.68	-4.48	-4.13	-10.51	-0.09	2.33	1.57	6.34	3.41
贵州	-4.78	2.99	9.86	7.6	12.69	16.3	-1.5	-0.56	1.31	1.25
云南	-5.5	6.72	2.82	2.33	-6.54	-9.33	3.72	1.04	5.62	3.68
长江经济带	-17.92	32.95	20.95	33.68	-37.76	-14.84	42.86	32.94	74.68	59.99
全国	-47.87	103.97	102.16	123.09	27.48	-40.83	108.84	89.76	163.31	115.57

如果比较2021~2023年长江经济带各级各类学校在校生人数占全国同教育阶段在校生人数的比例，会有如下发现：一是小学、初中、普通高中、中等职业教育在校生占全国的比例连年下降，特别是中等职业教育在校生规模从2021年的49.27%下降到2023年的45.72%，下降3.55个百分点；二是本专科教育的在校生规模占比从2021年的42.53%略微上升到2023年的42.95%，上升了0.42个百分点。以上变化反映出近10年来长江经济带出生水平变动对在校规模的影响，也表明长江经济带的职业教育的规模下降较为明显，而本专科教育规模的扩张速度快于全国平均水平。

（2）本专科高等教育资源的分布并没有出现变化，上海、江苏、湖北等省市的资源相对丰富，贵州、云南等地的资源仍相对较少。

本报告用高中阶段教育毕业人数和普通高等教育本专科招生人数的比例来作为衡量高等教育资源丰富程度的代表指标。需要说明的是，由于高等教育中本专职教育包括高等职业学校，因而在高中阶段毕业生里也包含了中等职业学校的毕业生（见表8）。

表8　2023年高等教育本专科招生和高中阶段毕业人数及比值

单位：万人

地区	高中毕业人数	高等教育招生数	招毕比
上海	9.86	15.27	1.55
江苏	64.70	63.19	0.98
浙江	44.58	32.86	0.74
安徽	63.45	42.10	0.66
江西	54.28	45.04	0.83
湖北	45.30	53.12	1.17
湖南	67.06	52.23	0.78
四川	76.99	60.67	0.79
重庆	34.55	28.30	0.82
贵州	62.77	25.95	0.41
云南	48.24	29.27	0.61
长江经济带	571.78	448.00	0.78
全国	1275.86	1042.22	0.82

资料来源：国家统计局编《中国统计年鉴2024》，中国统计出版社，2024。

由表8数据可知，2023年我国高中阶段共有1275.86万名毕业生，同年高等教育招生规模为1042.22万人，招毕比为0.82，与2022年相比，毕业生规模增加了52.49万人，招生规模增加了27.68万人，招毕比下降了0.01。长江经济带全流域2023年的高中阶段毕业生规模为571.78万人，高等教育招生规模为448.00万人，招毕比为0.78，较2022年毕业生规模和招生规模分别上升了39.83万和9.80万，招毕比下降了0.04。也就是说，与全国相比，长江经济带全流域的高等教育招生规模虽然仍在增加，但增加速度明显低于当年高中阶段毕业生规模的增加，因而招毕比较全国平均下降明显。

分省市来看，上海、湖北、江苏仍是高等教育本专科招毕比居前三位的省市，其中上海达到1.55、湖北达到1.17、江苏为0.98，而贵州、云南和安徽仍是招毕比居最后三位的三个省。比较2022年和2023年的分省市数据，可以看到2022~2023年，浙江、安徽、湖北和云南的招毕比有略微上升，其他各省市则略微下降。

结合长江经济带经济发展的空间格局，可以看到高等教育资源的丰富程度大致与经济发展水平正相关，招毕比大于1的都是目前经济发展水平（或者具有丰富积淀）的省市，而高等教育资源相对较少的省市更多分布在经济欠发达的长江上游地区。但需要注意的是，地处长江三角洲、经济发展水平较高的浙江是个例外。2023年浙江的招毕比为0.74，虽较2022年上升0.01，但仍居11个省市中的第8位，仅高于贵州、云南和安徽，与2021年相比，排名反而有所下降。这主要是由于近两年浙江省高中和中等职业教育阶段毕业生规模上升但高等教育本专科招生规模反而有所下降，而其他大部分省市毕业生规模和招生规模均同时上升。

（3）高中及以下的教育资源在长江经济带的分布较为均匀，高中招毕比总体呈现出逐年走高的趋势，而义务教育的普及使初中招毕比基本上都稳定在0.99~1。

我国实施的是9年义务教育制度，这使小学和初中的教育资源供给更能够得到统一保障。高中阶段不属于义务教育，且有中等职业教育的更多选择，因而各地全日制普通高中资源供给程度有一定程度的差异。

表9列出了2023年全国、长江经济带全流域及各省市的高中、初中招毕比的情况。数据表明全国和长江经济带全流域的高中阶段招毕比均为0.6，但经济带各省市之间有一定的差异。11个省市中最高的上海达到0.66，最低的安徽为0.56，上海、湖北、四川、云南，湖南、重庆6省市超过0.6，安徽、浙江、江苏、贵州和江西5省低于0.6。而初中招毕比大都在0.99~1。

表9 2023年长江经济带各省市初、高中招毕比

单位：万人

地区	初中毕业数	高中招生数	高中招毕比	小学毕业数	初中招生数	初中招毕比
上海	11.50	7.55	0.66	17.47	17.14	0.98
江苏	86.80	50.50	0.58	95.20	94.60	0.99
浙江	53.80	30.79	0.57	60.14	60.13	1.00
安徽	75.80	42.39	0.56	77.70	77.70	1.00
江西	68.43	40.23	0.59	68.23	68.20	1.00
湖北	56.90	36.97	0.65	64.92	64.91	1.00
湖南	82.70	50.26	0.61	89.50	89.90	1.00
四川	82.00	51.06	0.62	91.52	91.20	1.00
重庆	38.03	23.14	0.61	33.30	34.01	1.02
贵州	56.11	32.69	0.58	65.76	67.08	1.02
云南	59.89	37.23	0.62	62.98	62.60	0.99
长江经济带	671.96	402.81	0.60	726.71	727.47	1.00
全国	1623.60	967.80	0.60	1763.50	1754.63	0.99

资料来源：各省市2023年国民经济和社会发展统计公报。

比较2021~2023年高中阶段招毕比变化，发现无论是全国、全流域还是分省市，大部分的趋势是上升的，只有上海和安徽有所波动。这可能意味着随着义务教育的完全普及，在中等教育方面政府的投入已经可以向高中阶段倾斜，也就是说，义务教育向高中阶段拓展的现实基础越来越扎实（见表10）。

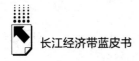

表10　2021～2023年长江经济带各省市高中阶段招毕比

地区	2021 年	2022 年	2023 年
上海	0.65	0.67	0.66
江苏	0.57	0.57	0.58
浙江	0.54	0.56	0.57
安徽	0.56	0.55	0.56
江西	0.53	0.56	0.59
湖北	0.59	0.63	0.65
湖南	0.57	0.60	0.61
四川	0.54	0.54	0.62
重庆	0.59	0.59	0.61
贵州	0.53	0.55	0.58
云南	0.56	0.61	0.62
长江经济带	0.56	0.57	0.60
全国	0.57	0.58	0.60

资料来源：2021 年和2022 年数据来自教育部官方网站，http://www.moe.gov.cn/jyb_ sjzl/moe_ 560/2022/gedi/；2023 年数据来自各省市2023 年国民经济和社会发展统计公报。

（4）从专任教师规模、生师比等指标来看，随着各地人口发展形势及高等教育扩招等方面的变化，不同阶段的教育资源供需情况也有所变化。

专任教师人数、生师比等是很重要的反映教育资源丰富程度的指标，其中，专任教师人数是反映师资队伍规模的绝对数量，数值越高说明队伍绝对规模越庞大，而生师比则反映了专任教师和在校生规模之间的关系，数值越低说明每一名专任教师相对的在校生数量越少，即师资越丰富。表11 的数据表明，不同教育阶段师资队伍的规模和丰富程度不同，地区之间也有差别。

比较不同教育阶段的生师比，可以看到全国、长江经济带全流域以及江苏、安徽和贵州三省都是全日制普通高中的生师比最低，随后是初中、小学和高等教育本专科。江西、湖北、湖南、四川、重庆和云南初中生师比最低，随后是全日制普通高中、小学和高等教育本专科。上海生师比的排序是高中、高等教育本专科、初中和小学，浙江的排序则是高中、初中、高等教育本专科和小学。

比较各省市的生师比，发现除了上海在各个阶段都有明显最丰富的教师资源，其他各省市之间的差距不是很大。其中，小学阶段贵州、安徽和湖北的生师比最高，初中阶段贵州、安徽和云南的生师比最高，高中阶段重庆、江西和湖南的生师比最高，高等教育本专科阶段云南、江西、湖南的生师比最高。总体而言长江上游地区的教师资源相对较少。

表11　2023年长江经济带各省市各级学校专任教师人数及生师比

单位：万人

地区	小学		初中		高中		高等教育本专科	
	专任教师数	生师比	专任教师数	生师比	专任教师数	生师比	专任教师数	生师比
上海	6.7	13.99	4.86	11.67	2.12	9.81	5.13	11.16
江苏	36.41	16.16	23.25	11.93	12.81	11.18	13.04	17.63
浙江	23.84	17.26	13.82	12.55	7.99	11.11	8.25	15.65
安徽	26.82	17.61	16.97	13.63	9.22	13.37	8.06	19.60
江西	23.88	15.71	15.58	13.35	8.76	13.96	7.79	19.85
湖北	22.43	17.37	14.64	12.86	8.03	13.18	10.01	18.38
湖南	31.04	16.70	20.2	13.40	10.64	13.84	8.98	19.80
四川	35.2	15.60	22.41	12.29	11.57	12.97	11.02	19.64
重庆	13.45	15.31	8.46	12.37	4.53	14.99	6.04	18.22
贵州	21.76	18.13	13.48	14.65	7.29	12.96	4.61	19.68
云南	23.21	16.65	13.88	13.59	7.73	13.76	4.73	24.04
长江经济带	264.74	16.56	167.55	12.96	90.69	12.90	87.66	18.50
全国	665.63	16.28	408.31	12.84	221.48	12.66	206.09	18.32

注：在这里的高中仅指全日制普通高中。

资料来源：国家统计局编《中国统计年鉴2024》，中国统计出版社，2024；生师比根据相关数据计算得到。

将2021~2023年各省市不同阶段生师比放在一起比较，可以看到小学阶段的生师比各省市都总体呈下降趋势；初中阶段的生师比除江西、四川和重庆外，其余各省市都总体上升；高中阶段的生师比有6个省市总体呈下降趋势，为安徽、江西、湖南、四川、重庆和贵州，有5个省市总体呈上升趋势，为上海、江苏、浙江、湖北和云南；而高等教育本专科阶段的生师比有5个省市总体呈下降趋势，为浙江、安徽、湖北、重庆和贵州，其余6个省市则总体呈上升趋势，为上海、江苏、江西、湖南、四川和云南（见表12）。

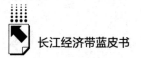

表12 2021～2023年长江经济带各省市的生师比情况

地区	小学			初中			高中			高等教育本专科		
	2021年	2022年	2023年	2021年	2022年	2023年	2021年	2022年	2023年	2021年	2022年	2023年
上海	18.18	18.27	13.99	10.79	11.09	11.67	8.99	9.60	9.81	11.11	10.81	11.16
江苏	18.85	18.50	16.16	11.85	11.83	11.93	11.07	11.13	11.18	17.47	17.65	17.63
浙江	19.77	19.86	17.26	12.24	12.38	12.55	10.97	11.04	11.11	16.20	15.90	15.65
安徽	20.37	20.36	17.61	13.51	13.37	13.63	13.48	13.31	13.37	20.87	20.25	19.60
江西	18.81	18.69	15.71	14.33	13.67	13.35	16.07	14.79	13.96	19.27	19.32	19.85
湖北	19.71	19.64	17.37	12.58	12.72	12.86	13.13	13.19	13.18	18.54	18.50	18.38
湖南	20.28	19.91	16.70	13.17	13.25	13.40	14.24	13.90	13.84	19.39	19.39	19.80
四川	19.12	18.87	15.60	12.49	12.40	12.29	13.48	13.15	12.97	19.27	19.45	19.64
重庆	15.68	15.61	15.31	13.20	12.72	12.37	15.13	15.01	14.99	18.81	18.84	18.22
贵州	19.88	19.24	18.13	13.87	14.44	14.65	13.70	13.26	12.96	21.50	20.47	19.68
云南	17.16	17.24	16.65	13.19	13.44	13.59	13.54	13.78	13.76	22.95	23.41	24.04
长江经济带	19.08	18.90	16.56	12.90	12.90	12.96	13.20	13.02	12.90	18.57	18.51	18.50
全国	18.61	18.44	16.28	12.64	12.72	12.84	12.84	12.72	12.66	18.27	18.25	18.32

2. 医疗卫生事业

（1）2023 年长江经济带全流域的健康水平有全面提升，平均预期寿命有不同程度延长，婴儿死亡率和孕产妇死亡率均低于全国平均水平且在 2022~2023 年基本呈现下降的特征。

2023 年，长江经济带各省市平均预期寿命、婴儿死亡率和孕产妇死亡率这三个核心指标全面改善。根据 2023 年各省市卫生健康事业发展统计公报和卫健委发布的数据，各省市的平均预期寿命都较 2022 年有不同程度的提升，其中上海从 83.2 岁上升到 84.2 岁，上升幅度最大。从婴儿死亡率来看，2023 年全国平均婴儿死亡率为 4.5‰，长江经济带全流域各省市均低于全国平均水平，且除云南外各省市基本呈现出不同程度的下降，其中江西的下降最为明显，达到 1.22 个千分点。从孕产妇死亡率来看，2023 年全国平均孕产妇死亡率为 15.1 人/10 万人，长江经济带全流域各省市均低于全国平均水平，其中浙江、上海和江苏已经低于 5 人/10 万人，从 2022~2023 年的变化来看所有省市的孕产妇死亡率均呈现下降特征，其中贵州、安徽和云南的下降更为明显（见表 13）。

表 13　2022~2023 年全国及长江经济带各省市主要健康数据

地区	平均预期寿命(岁)		婴儿死亡率(‰)		孕产妇死亡率(人/每 10 万人)	
	2022 年	2023 年	2022 年	2023 年	2022 年	2023 年
上海	83.2	84.2	2.26	2.14	3.42	2.89
江苏	79.3	79.7	2.05	1.82	5.06	4.39
浙江	82.3	82.4	1.44	1.44	2.55	1.99
安徽	78.0	78.7	2.70	1.93	10.77	6.15
江西	77.8	78.0	2.90	1.68	5.23	—
湖北	—	—	—	—	—	—
湖南	78.2	79.0	2.09	1.99	7.08	5.62
四川	77.9	78.5	4.17	3.90	13.09	12.77
重庆	—	79.4	2.62	2.01	7.56	6.84
贵州	76.0	—	3.15	3.12	11.94	7.17
云南	74.4	—	3.54	4.45	12.27	9.70

资料来源：婴儿死亡率和孕产妇死亡率来自全国和各省市卫生健康事业发展统计公报；平均预期寿命来自各省市卫健委。

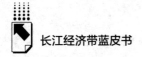

（2）2023年长江经济带大多数省市的卫生健康领域投入增加，在医院数、医疗机构床位数、卫生技术人员、执业（助理）医师等指标方面都有不同程度的提升，但不同区域之间略有差异。

2023年，长江经济带全流域卫生健康领域的财政投入为9772.64亿元，较2022年减少了315.41亿元，减少全部来自长江下游的上海、江苏和浙江，分别下降了426.52亿元、58.45亿元和88.06亿元，而其他省市均有不同幅度的上升。分上中游来看，上游3省1市财政投入共增加164.79亿元，中游3省增加86.99亿元，下游3省1市减少了567.19亿元。

从医院数量、医疗机构床位数、卫生技术人员数量等指标来看，2022~2023年全流域各省市均有所改善与提升。2023年全国各级医院数量为38355家，医疗机构床位数达到1017.37万张，卫生技术人员1248.83万人，其中执业（助理）医师478.21万人，每千人医疗机构床位数7.23张，每千人卫生技术人员8.87人，每千人（助理）执业医师3.40人。同年，长江经济带11省市共有医院16058家，医疗机构床位数为460.36万张，卫生技术人员538.25万人，其中执业（助理）医师204.48万人，以占全国43.12%的人口拥有41.87%的医院、45.25%的床位、43.10%的卫生技术人员和42.76%的执业（助理）医师，也就是说长江经济带除了在医疗机构床位方面相对丰富外，在医院数量、卫生技术人员和执业（助理）医师队伍方面都相对紧张。

如果分上中下游来看，不同区域各有所长。长江下游3省1市在财政投入方面最高，一般公共预算支出中卫生健康领域人均投入1779元，高于上游的1557元和中游的1427元，卫生技术人员规模虽然不是最大，但质量却较高，每千人的执业（助理）医师数为3.56人，高于上游的3.26人和中游的3.22人。长江上游3省1市床位资源最丰富，每千人医疗机构床位数达到8.16张，高于中游的7.98张和下游的6.79张。长江中游3省的卫生技术人员资源最丰富，每千人卫生技术人员数达到10.68人，高于下游的9.10人和上游的8.92人。

如果分省市来看，上海除床位资源较为紧张外，无论是卫生技术人员、执业（助理）医师，还是财政投入方面都具有优势，是长江经济带医疗卫生资源最丰富的地区，其中人均财政卫生健康投入超过 3500 元，远超其他省市，每千人卫生技术人员和每千人执业（助理）医师则居全流域 11 个省市中的第二位。在人均财政投入方面，全流域平均水平为 1608 元，有 6 个省市低于全流域平均水平，包括上游的四川和重庆，中游的江西、湖北和湖南，下游的安徽，最低的是湖南（1323 元）；在医疗机构床位数方面，全流域平均水平为每千人 7.57 张，长江下游 3 省 1 市均低于平均水平，而上游和中游各省市都高于平均水平，其中四川最高达到 8.47 张，浙江最低只有 6.13 张；在卫生技术人员方面，全流域平均水平为每千人 8.86 人，有 7 个省市低于平均水平，包括上游的四川、重庆，中游的江西、湖北和湖南，下游的江苏、安徽，其中最高的是下游的浙江（每千人 10.00 人），最低的是中游的江西（每千人 8.01 人）；在执业（助理）医师方面，全流域平均水平为每千人 3.36 人，除下游的江浙沪外，其余各省市均低于平均水平，其中最高的浙江达到每千人 4.01 人，最低的江西为每千人 2.99 人（见表 14）。

表 14　2023 年全国及长江经济带各省市卫生投入及医疗卫生资源

地区	医院数（家）	医疗机构床位数（万张）	每千人医疗机构床位数（张）	卫生技术人员（万人）	每千人卫生技术人员（人）	执业（助理）医师	每千人执业（助理）医师（人）	财政投入（亿元）
全国	38355	1017.37	7.23	1248.83	8.87	478.21	3.40	22099.3
长江经济带	16058	460.36	7.57	538.25	8.86	204.48	3.36	9772.64
上海	467	17.50	7.04	24.58	9.88	8.90	3.58	881.74
江苏	2173	57.88	6.79	74.33	8.72	29.01	3.40	1384.06
浙江	1606	40.61	6.13	66.26	10.00	26.59	4.01	1148.02
安徽	1354	45.35	7.41	50.99	8.33	20.06	3.28	813.92
江西	1139	34.07	7.55	36.16	8.01	13.48	2.99	718.51
湖北	1245	47.61	8.16	49.72	8.52	19.04	3.26	827.24
湖南	1781	53.39	8.13	56.97	8.67	21.96	3.34	869.1
四川	2479	70.86	8.47	74.04	8.85	27.94	3.34	1231.9
重庆	862	25.56	8.01	27.20	8.53	10.23	3.20	493.44
贵州	1543	31.54	8.16	35.48	9.18	12.60	3.26	632.26
云南	1409	35.99	7.70	42.52	9.10	14.67	3.14	772.45

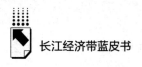

续表

地区	医院数（家）	医疗机构床位数（万张）	每千人医疗机构床位数（张）	卫生技术人员（万人）	每千人卫生技术人员（人）	执业（助理）医师	每千人执业（助理）医师（人）	财政投入（亿元）
上游	6293	163.95	8.16	179.24	8.92	65.44	3.26	3130.05
中游	4165	135.07	7.98	180.73	10.68	54.48	3.22	2414.85
下游	5600	161.34	6.79	216.16	9.10	84.56	3.56	4227.74

资料来源：国家统计局编《中国统计年鉴2024》，中国统计出版社，2024。

（四）科技创新

党的二十大突出了创新在现代化建设全局中的核心地位，明确提出到2035年要建成教育强国、科技强国和人才强国的目标，党的二十届三中全会进一步提出要构建支持全面创新的体制机制，发展新质生产力，通过充分发挥科技创新的引领作用，开辟新领域新赛道，塑造发展新动能新优势。长江经济带在我国科技创新格局中占据重要的地位。其中，长三角地区作为我国经济发达程度最高的区域，也是国家科技创新格局和区域创新能力的"第一方阵"。上海、江苏、浙江和安徽，在关键核心技术攻关、推动科技创新和产业创新深度融合、集聚科技领军人才和创新团队、深化科技体制改革等方面都卓有成效。近年来，以武汉为中心的长江中游城市群、上游的成渝地区双城经济圈等也都在科技创新方面取得了不小的进步。

1. 工业规上企业投入规模

2023年长江经济带全流域的人员全时当量和投入规模全面增长，其中2022~2023年的人员全时当量增长速度快于2021~2022年，但投入规模增长速度较2021~2022年有所放缓。

2023年，我国工业规上企业科研和试验（R&D）人员全时当量为481.67万人年，经费投入规模达到20969.90亿元，较2022年人员投入增长60.20万人年，经费投入增长1608.14亿元，增长幅度分别为14.28%和8.31%。同一时期，长江经济带全流域工业规上企业R&D人员全时当量和经费投入规模分别为248.03万人年和10597.01亿元，较2022年分别增长了32.10万人年和828.08亿元，增幅分别为14.86%和8.48%，高于全国平均水平。比较2021~2022年和2022~2023年的增长情况，可以看到人员投入的增长在加速但经费投入的增长有所放缓。

如果分上中下游来看，中游3省2022~2023年的R&D人员和经费投入增幅最快，分别达到16.98%和11.10%，下游3省1市的年度增速分别达到15.39%和8.33%，均高于全国平均水平，但上游3省1市的人员和经费投入增幅分别只有8.30%和5.09%，远低于全国平均水平。如果分省市来看，年度人员投入增幅最高的三个省份是云南、浙江和江西，增幅分别达到33.35%、25.40%和24.89%，年度经费投入增幅最高的是安徽、湖北和江苏，增幅分别达到12.95%、12.92%和10.29%。但贵州2023年的人员和经费投入都有所下降，下降幅度分别为4.29%和4.21%（见表15）。

表15　2022~2023年长江经济带各省市工业规上企业R&D人员及经费投入

单位：人年，亿元

地区	人员全时当量		经费投入	
	2022年	2023年	2022年	2023年
上海	100972	112518	765.99	811.03
江苏	655930	721248	2993.68	3301.69
浙江	519168	651025	1759.06	1827.58
安徽	180814	196251	820.65	926.96
江西	101018	126157	439.69	484.07
湖北	168695	183963	793.16	895.63
湖南	174121	209066	856.87	941.98
四川	117859	128074	530.08	571.82
重庆	83623	86802	479.33	499.90
贵州	29129	27878	131.75	126.20
云南	27950	37271	198.67	210.15
长江经济带	2159279	2480253	9768.93	10597.01
上游	258561	280025	1339.83	1408.07

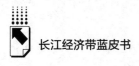

地区	人员全时当量		经费投入	
	2022 年	2023 年	2022 年	2023 年
中游	443834	519186	2089.72	2321.68
下游	1456884	1681042	6339.38	6867.26
全国	4214666	4816705	19361.76	20969.90

资料来源：国家统计局编《中国统计年鉴 2024》，中国统计出版社，2024。

2. 地区 R&D 总投入规模和投入强度

2023 年，长江经济带各省市的 R&D 投入规模都有上升，多数省市投入强度也有上升，其中中游 3 省的表现好于全国和全流域的平均水平。

从地区 R&D 总投入规模来看，2023 年全国的投入规模为 33357.1 亿元，较 2022 年增加了 2574.2 亿元，增幅为 8.36%，同期长江经济带全流域的投入规模为 16125.6 亿元，较 2022 年增加了 1336.7 亿元，增幅为 9.04%。分上中下游来看，上游 3 省 1 市的投入规模增长了 248.2 亿元，增幅 10.28%，中游 3 省的投入规模增长了 308.0 亿元，增幅 10.31%，下游 3 省 1 市投入规模增长了 964.1 亿元，增幅 8.32%。分省市来看投入规模增长的前三位分别是江苏、浙江和湖北，投入规模涨幅前三位的则是湖北、四川和云南。

除了投入规模，一般会用投入规模占地区生产总值的比重来作为衡量投入强度的指标。从投入强度来看，2023 年全国 R&D 费用占 GDP 的比重为 2.65%，较 2022 年高出 0.11 个百分点；长江经济带全流域的投入强度为 2.76%，较 2022 年提高了 0.12 个百分点。从投入强度的速度来看，长江中游 3 省的投入强度从 2022 年的 2.22% 提高到 2023 年的 2.39%，提升 0.17 个百分点，上游 3 省 1 市从 2022 年的 1.79% 提高到 1.89%，提升了 0.1 个百分点，下游 3 省 1 市从 3.23% 提高到 3.33%，也提升 0.1 个百分点，中游 3 省的表现好于上游和下游（见图 12）。

如果分省市来看，上海仍是科技投入强度最高的省级地区，但 2023 年

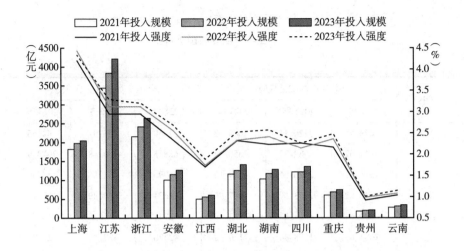

图12　2021~2023年各省市R&D投入规模及投入强度

资料来源：2021~2023年全国科技经费投入统计公报，中央人民政府网站，https：//www.gov.cn/lianbo/bumen/202410/content_ 6978191. htm.

的投入强度较2022年略有下降，而其他省份的投入强度虽有不同程度的提升，但与上海相比，投入强度仍存在明显差距，特别是上游地区的云南和贵州。

3.科技创新产出

2023年长江经济带科技创新产出较2022年有较为明显的增长，技术合同交易规模与全年发明专利授予量都上升明显，但区域之间存在较为明显的差异。

从技术市场交易和发明专利申请授予情况来看，2022~2023年长江经济带各省市表现良好，技术合同交易规模和专利授予规模都有大幅增长，其中技术合同交易规模从13675.02亿元上升到18593.34亿元，名义增长35.97%，高于2021~2022年33.93%的增幅，全年发明专利授予规模从31.72万件增加到36.46万件，增长幅度达到14.95%，低于2021~2022年期间20.61%的增幅（见表16）。

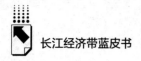

表16 2021~2023年长江经济带各省市技术合同交易规模
及全年发明专利授予规模

单位: 亿元、件

地区	技术合同交易规模			全年发明专利授予规模		
	2021年	2022年	2023年	2021年	2022年	2023年
上海	2474.85	3120.11	4045.03	32860	36797	44345
江苏	2217.52	2582.77	2850.74	68813	89248	107899
浙江	1515.57	2226.66	4339.12	56796	61286	64760
安徽	1036.22	1193.57	1207.26	23624	26180	30526
江西	323.64	614.33	1232.19	6741	8655	10375
湖北	1084.93	1558.34	2120.62	22376	29212	29025
湖南	416.6	749.15	728.05	16564	20423	20133
四川	696.81	1075.98	1254.28	19337	25458	33339
重庆	229.55	183.86	391.16	9413	12207	13600
贵州	160.01	249.43	290.74	2824	3645	4712
云南	54.59	120.82	134.15	3643	4091	5907
长江经济带	10210.29	13675.02	18593.34	262991	317202	364621
上游	1140.96	1630.09	2070.33	35217	45401	57558
中游	1825.17	2921.82	4080.86	45681	58290	59533
下游	7244.16	9123.11	12442.15	182093	213511	247530
全国	24911.12	30165.32	37155.58	585910	695591	819234

资料来源: 技术合同交易规模来自科技部火炬中心《关于公布2022年度全国技术合同交易数据的通知》《关于公布2023年度全国技术合同交易数据的通知》; 全年发明专利授予规模来自《2023知识产权统计年报》, 国家知识产权局, https://www.cnipa.gov.cn/tjxx/jianbao/year2023/b/b2.html。

在技术合同交易规模方面, 除湖南下降2.82%、安徽增长1.15%以外, 其余9个省市的交易规模都呈现两位数以上的增长, 其中重庆和江西均翻倍, 较2022年增长了112.75%和100.57%。与2021~2022年的年度变化相比, 增速有所加快。

在全年发明专利授予规模方面, 2023年长江经济带大部分省市的发明专利授予量较2022年有不同程度的增长, 仅湖南和湖北两省分别较上年减少了290件和187件，下降幅度分别为1.42%和0.64%，其他省市中，发明专利授予量增长前三位的分别是江苏（增长18651件）、四川（增长7881件）和上海（增长7548件），授予量增幅前三位的是云南（增长44.39%）、四川（增长30.96%）和贵州（增长29.27%）。与2021~2022年相比，增速有所放缓，特别是中游3省，2022~2023年的增幅仅2.13%，而2021~2022年的增幅有27.60%。

将科技投入和科技产出的数据进行比较，会看到科技产出的增幅要高于科技投入的增幅，这从一个角度说明2023年长江经济带的科技创新效率有所提升。但由于科技创新资源、创新人才队伍、经济基础等方面都大相径庭，长江经济带各省份之间、上中下游之间的科技创新格局并没有发生变化，地区之间的科技创新水平差距并没有出现收敛，如果中游和上游地区不能出现超常规的增长，则差距还将继续拉大，而科技创新的差距将持续对经济发展的速度和质量上的区域差距产生影响。

（五）就业与社会保障

1. 就业方面

就业是事关民生的重要方面，党中央、国务院始终高度重视，并提出重要部署。2023年4月国务院办公厅发布了《关于优化调整稳就业政策措施全力促发展惠民生的通知》（国办发〔2023〕11号），要求各省区市、各部委和直属机构深入实施就业优先战略，多措并举稳定和扩大就业岗位，从扩容、促创、帮扶三个方面入手做好就业促进工作。经过多方努力，2023年的就业规模明显增长，但仍未恢复到2021年水平。

2023年，长江经济带全流域就业规模较上年增加205万人，但仍未超过2021年的水平，其中城镇就业规模增长表现突出，超过2021年的水平，分产业来看第三产业增幅最高。

2023年，我国就业规模总数为7.40亿人，较2022年增长690万人，增幅为0.94%，其中长江经济带全流域就业规模3.30亿人，占当年全国就业规模的44.6%，较2022年增长205万人，年度涨幅0.62%，涨幅低于同期全国平

均水平。分城乡来看,2023 年全国城镇就业 4.70 亿人,较 2022 年增长了
1101 万人,乡村就业 2.70 亿人,较上年减少了 411 万人,其中长江经济带城
镇就业 2.06 亿人,较上年增长了 352 万人,乡村就业 1.24 亿人,较上年减少
了 147 万人。分产业来看,2023 年全国第一、二、三产业的就业人数分别为
1.69 亿人、2.15 亿人和 3.56 亿人,较 2022 年第一产业减少了 781 万人,第二
和三产业分别增加了 415 万和 1056 万人,同期长江经济带的第一、二、三产
业分别为 0.74 亿人、1.02 亿人和 1.55 亿人,较上年第一产业减少了 293 万
人,第二、三产业分别增加了 150 万和 348 万人。虽然 2022~2023 年度长江经
济带与全国一样出现了就业的明显回升,但从总量上看仍低于 2021 年的水平,
且乡村就业和第一产业就业的下降较大(见表 17)。

表 17 2021~2023 年长江经济带各省市就业规模及增幅

单位:万人,%

地区	2021 年	2022 年	2023 年	2021~2022 年	2022~2023 年	2021~2023 年
上海	1365	1347	1345	-1.32	-0.15	-1.47
江苏	4863	4805	4840	-1.19	0.73	-0.47
浙江	3897	3885	3921	-0.31	0.93	0.62
安徽	3215	3176	3191	-1.21	0.47	-0.75
江西	2242	2193	2231	-2.19	1.73	-0.49
湖北	3286	3243	3254	-1.31	0.34	-0.97
湖南	3258	3219	3238	-1.20	0.59	-0.61
四川	4727	4706	4722	-0.44	0.34	-0.11
重庆	1668	1644	1662	-1.44	1.09	-0.36
贵州	1886	1878	1884	-0.42	0.32	-0.11
云南	2774	2735	2748	-1.41	0.48	-0.94
长江经济带	33181	32831	33036	-1.05	0.62	-0.44
上游	11055	10963	11016	-0.83	0.48	-0.35
中游	8786	8655	8723	-1.49	0.79	-0.72
下游	13340	13213	13297	-0.95	0.64	-0.32
全国	74652	73351	74041	-1.74	0.94	-0.82

资料来源:国家统计局编《中国统计年鉴 2024》,中国统计出版社,2024。

分省市来看除上海外，2022~2023 年度其他各省市与全国平均变化趋势一致，就业规模都有不同程度的增长，但增幅并不大，年增幅超过 1% 的仅有江西和重庆两个省市，年增幅在 0.5%~1% 的有浙江、江苏和湖南 3 个省，而安徽、湖北、四川、贵州和云南的年增幅均低于 0.5%。如果考察 2021~2023 年连续三年的变化，则可以看到从全国到长江经济带基本上就业数据均未恢复到 2021 年的水平，仅浙江增长了 0.62%。

如果比较长江经济带和全国数据，可以看到 2022~2023 年长江经济带大部分省市的就业规模增长低于全国平均水平，但 2021~2022 年下降幅度也低于全国平均水平，这使三年间长江经济带的就业变动幅度总体小于全国平均水平。

2. 社会保障方面

社会保障是关系国计民生的又一重要方面。党和政府高度重视社会保障制度和体系的完善。扩大社会保障覆盖面、提升社会保障水平是中央及各级地方政府的重点工作之一。2023 年，随着国民经济的逐步恢复，社会保障建设工作也有相应进展。

2023 年，我国城镇职工基本养老保险、城镇职工基本医疗保险、失业保险、工伤保险和生育保险的覆盖面继续扩大，分别达到 5.21 亿人、3.71 亿人、2.44 亿人、3.02 亿人和 2.49 亿人，较 2022 年分别增长了 1765.8 万人、851.2 万人、566.1 万人、1057.0 万人和 281.6 万人。长江经济带全流域的情况与全国保持一致，2023 年，长江经济带城镇职工基本养老保险、城镇职工基本医疗保险、失业保险、工伤保险和生育保险的参保人数分别达到 2.28 亿人、1.61 亿人、1.01 亿人、1.34 亿人和 1.07 亿人，较上年分别增长 830.7 万人、380.0 万人、225.3 万人、548.5 万人和 134.0 万人，而城乡居民基本养老保险和城乡居民基本医疗保险分别减少了 358.4 万人和 1384.9 万人（见表18）。

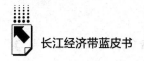

表18 2022~2023年长江经济带各省市五类社保参保情况

单位：万人

地区	城镇职工基本养老保险		城镇职工基本医疗保险		失业保险		工伤保险		生育保险	
	2022年	2023年	2022年	2023年	2022年	2023年	2022年	2023年	2022年	2023年
上海	1659.4	1689.4	1623.7	1623.2	1014.7	1023.5	1072.0	1188.2	1087.8	1082.1
江苏	3690.3	3752.0	3388.5	3476.6	2027.1	2040.9	2401.1	2426.1	2156.4	2175.8
浙江	3472.8	3573.6	2855.8	2954.0	1850.9	1886.0	2766.7	2792.4	2186.5	2235.9
安徽	1580.9	1688.0	1063.3	1103.5	663.6	700.4	818.1	920.9	757.1	782.2
江西	1362.0	1435.6	646.1	642.3	357.5	402.6	558.0	593.4	405.9	412.3
湖北	1959.7	2048.0	1240.4	1342.6	735.6	752.9	872.9	912.0	748.0	799.1
湖南	1892.9	2018.6	1052.6	1046.7	723.9	740.1	895.5	994.7	723.9	703.5
四川	3327.2	3426.3	1967.2	1999.3	1179.0	1191.3	1544.8	1584.8	1216.8	1218.9
重庆	1431.8	1475.4	808.5	813.0	614.2	625.2	752.8	754.7	547.9	539.0
贵州	770.1	794.3	494.1	504.8	338.7	349.2	593.8	626.1	348.6	372.9
云南	807.0	883.6	584.0	598.1	357.5	375.7	575.7	606.6	406.3	397.3
长江经济带	21954.1	22784.8	15724.2	16104.2	9862.7	10088.0	12851.4	13399.9	10584.9	10718.9
上游	6336.1	6579.6	3853.8	3915.9	2489.4	2541.3	3467.1	3572.2	2519.6	2528.0
中游	5214.6	5502.2	2939.1	3031.6	1817.0	1895.9	2326.4	2500.1	1877.5	1914.9
下游	10403.4	10703.0	8931.3	9157.3	5556.3	5650.8	7057.9	7327.6	6187.8	6276.0
全国	50355.0	52120.8	36243.4	37094.6	23806.6	24372.7	29116.6	30173.6	24621.5	24903.1

资料来源：国家统计局编《中国统计年鉴2023》，中国统计出版社，2023；国家统计局编《中国统计年鉴2024》，中国统计出版社，2024。

将长江经济带进行区域细分，则可以看到不同区域在社会保障事业推进方面的差距。在基本养老保险方面，虽然全流域总体扩面，但长江下游3省1市和上游3省1市的基本养老保险参保人数分别增加了13.69%和11.85%，而中游3省仅增加了4.23%，增幅相差明显，如果分省市，则会看到中游的江西和湖北基本养老保险参保人数甚至是下降的，分别下降了16.26%和1.05%，这也是中游地区养老保险参保人数增长幅度远低于上游和下游的原因。在基本医疗保险方面，虽然全流域参保人数下降了1.69%，但长江下游3省1市只下降了0.25%，远低于上游的3.10%和中游的

1.89%，分省市来看，长江下游的江浙沪2省1市不仅没有减少反而有所增长，即地区社会保障的覆盖面与经济发达程度强相关，经济基础雄厚的地区即使经济发展速度放缓，社会保障的覆盖面仍会进一步提升，而经济欠发达地区一旦经济增长放缓，社会保障覆盖面就很可能萎缩（见图13）。

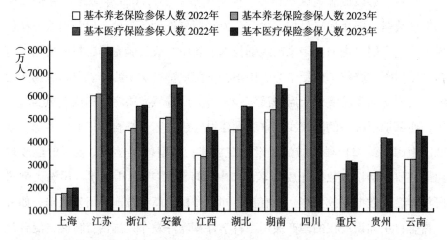

图13　2022~2023年长江经济带各省市基本养老保险和基本医疗保险参保人数

资料来源：国家统计局编《中国统计年鉴2023》，中国统计出版社，2023；国家统计局编《中国统计年鉴2024》，中国统计出版社，2024。

二　2023年长江经济带11省市区域
一体化发展的行动与成效

2023年长江经济带11个省市实现地区生产总值58.43亿元，占全国比重为46.3%，与2022年相比，地区生产总值名义增长4.19%。分地区来看，江苏、浙江、四川、湖北、湖南和上海等6个省市地区生产总值居全国前10位，其中浙江、四川和湖南的经济总量均迈上新台阶，浙江突破8万亿元、四川突破6万亿元、湖南突破5万亿元；分三次产业来看，长江经济带11省市第一产业增加值3.84万亿元，第二产业增加值22.47万亿元，第三产业增加值32.12万亿元。伴随着长江经济带经济逐步恢复，长江经济带上中下游以本区域的城市群为核心，以促就业、提科创、稳民生为目标，从全局谋划区域、以区域服务全局，推动全流域的社会事业向前发展。

1.长江上游以成渝地区双城经济圈为核心，强化战略科技力量，加强城乡融合，实现民生保障和公共服务的稳步提升

长江上游以成渝地区双城经济圈为发展核心，2023年坚定实施创新驱动发展战略，强化战略科技力量，合力打造科技创新高地，使该地区科技创新支撑能力明显增强。多家高级别技术创新中心或实验室揭牌投入使用，包括国家川藏铁路技术创新中心、中国科学院成都科学中心、天府兴隆湖实验室、天府永兴实验室、天府绛溪实验室、天府锦城实验室、重庆金凤实验室等，西部地区唯一的国家实验室获批建设，成渝综合性科学中心、西部科学城、中国（绵阳）科技城的建设也在加速；大型科学设备、装置的建成投用或科研仪器设备数据开放共享，如中国环流器二号M装置、川渝大型科研仪器设备数据开放共享；具有自主知识产权的高科技产品研发成功，如首款具有自主知识产权的国产通用型科学计算软件发布，国内首台光电混合计算原型验证机、全球首款光磁一体化手术导航医疗器械研发成功等，都表明这一地区的科技创新空间格局已逐步形成，且开始展现作为科技策源地的能力。

成渝地区双城经济圈重视城乡融合发展，在基础建设、公共资源均衡配置、基本公共服务衔接等方面都有进展，不仅加快将城镇基础设施向乡村延伸，还加快整合城乡基本养老保险和基本医疗保险、完善大病保险制度并有序推进阶段教师的"县管校聘"以促进义务教育一体化。这些举措使城乡民生保障覆盖面有所扩展，公共服务质量和水平不断提升。

而在双城一体化方面，两地着重基本公共服务标准化便利化、教育文化资源共建共享及卫生医疗养老等服务合作，使公共服务一体化发展进展顺利。首先，川渝电子健康卡实现互联互通，养老保险关系转移实现"零跑路"或就近一次办，率先在成渝客专沿线各车站推行"公交化"票制，重庆中心城区和成都主城公共交通实现"一卡通""一码通"，统一开放人力资源市场。其次，西部职教基地建设稳步推进，20余所高校60余个优势特

色学科结对共建"双一流"学科，30余家公共图书馆实现图书资源共享和通借通还，巴蜀文化旅游走廊建设加快推进。最后，疾病防控、卫生健康一体化建设有序推进，近40家三级公立医院互认临床检验和医学影像检查项目结果，超过1万家定点医疗机构住院（门诊）费用、近3万家定点药房实现跨省直接结算。养老服务补贴异地结算试点加快推进，养老机构登记备案实现"川渝通办"。

2. 长江中游以中游城市群为核心，进一步加强省会城市之间的合作联动，在科技创新、公共服务、文化交流、旅居养老等方面取得一体化进展

2023年，长江中游城市群省会城市武汉、长沙、合肥、南昌共同签署《长江中游城市群省会城市合作行动计划（2023—2025年）》《长江中游城市群省会城市"一码通域"合作框架协议》《长江中游城市群省会城市法律服务异地协作框架协议》等文件，并和12个观察员城市共同签署《长江中游城市群2023年重点合作事项》，进入长江中游城市群协同发展的新阶段。

根据这一系列合作文件，长江中游城市群成员将在共谋协同发展、共建立体交通、共抓创新驱动、共推数字赋能、共享优质服务、共筑有序市场、共促产业联动、共治生态环境等八大领域发力，除了产业、基建等经济建设，共抓创新驱动、系统推进创新体制改革也是重点与亮点。在构建科技创新城市群的过程中，以生物医药、新材料、先进制造、电子信息、数字视频等作为重大战略性新兴产业，支持光谷科技创新大走廊、湘江西岸科创走廊、合肥滨湖科学城和赣江两岸科创大走廊联动发展，加快南昌航空科创城、长沙岳麓山大学科技城、马栏山视频文创产业园和合肥中安创谷等重点创新平台建设，推动四省会城市国家高新区扩容，支持专业性园区、产业转移工业园区转型升级为省级高新区，探索高新区"一区多园"管理模式。

在公共服务等方面，长江中游城市群在四省会城市的带领下致力于异地就医跨省结算、社会保险关系转移接续、住房公积金区域合作等领域，扩大异地就医直接结算联网定点医疗机构数量，拓展网络、手机App等异地就医登记备案方式，加快实现门诊费用跨省直接结算，实现城市群内社会保险关系顺畅转移接续、企业职工退休人员领取养老待遇资格互认，实现工伤认

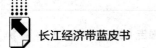

定结果、劳动能力鉴定意见互认，逐步放宽放开居民在常住地或就业地参加社会保险的户籍限制等，在推进住房公积金异地互认互贷和转移接续过程中构建"政策互动、服务互鉴、系统互通、信息互享、信用互认"的格局。

3.长江下游3省1市合力推动长三角区域一体化战略第三轮行动计划，在科技创新质量、公共服务便利共享等方面取得明显进展，一体化发展进入新阶段

2023年，长三角3省1市深入学习贯彻习近平总书记在深入推进长三角一体化发展座谈会上的重要讲话精神，在活跃增长极、打造高质量发展样板区方面狠下功夫，加快现代化产业体系的建设，区域协调发展水平稳步提升。

长三角一体化发展统计监测办公室（上海市统计局）测算结果显示，2023年长三角区域发展指数为132.6（以2015年为基期），比2022年提高3.3，且各个分项指数均有所上升。其中，创新共建、协调共进和绿色共保分项指数提升较快，与2018年相比，年均提高超5.0；示范引领和民生共享分项指数稳步提高，年均分别提高2.2和3.3；开放共赢分项指数逐步恢复、波动上升，年均提高0.2。

在科技创新方面，2023年长三角区域研发投入快速增长，R&D经费投入迈上万亿台阶，达10167亿元，是2018年的1.7倍，投入总量占全国30.5%；区域研发投入强度达3.33%，高于全国平均水平0.68个百分点，提前实现《长江三角洲区域一体化发展规划纲要》2025年研发投入强度达到3%以上的发展目标；3省1市研发投入强度均超过全国平均水平。2023年，长三角区域新增发明专利超过24万件，每万人新增发明专利拥有量超过10件，与2018年相比，均增长1.2倍。科技创新共同体建设取得成效，由国家实验室、国家重点实验室、重大科技基础设施等共同构成的长三角战略科技力量稳步壮大，2023年区域规模以上工业战略性新兴产业总产值占规模以上工业总产值比重逐年提高。

在公共服务便利共享方面，长三角区域民生共享指数稳步增长，2023年达到129.2，比2022年提高3.2，与2018年相比年均上升3.3。2023年

长三角区域人均公共财政支出达 1.93 万元，是 2018 年的 1.3 倍，比全国平均水平高 15%左右。每千人拥有三甲医疗机构床位数约 1.7 个，是 2018 年的 1.3 倍。长三角区域社会保障卡居民服务一卡通取得阶段性成效，区域内居民凭社会保障卡即可办理公安、民政、人社、医保等领域的政务事项，截至 2023 年底已推动 173 项政务服务事项跨省通办，以社会保障卡为载体实现 52 个居民服务事项"一卡通"。

综上，2022~2023 年长江经济带的经济发展速度略快于全国平均水平，各项社会事业的发展也稳中有进，其中科技创新一体化、公共服务一体化等方面取得了不错进展。虽然长江经济带上中下游发展的重点工作各有侧重，但在科技创新和公共服务领域均取得了明显进步。

B.3
长江经济带生态发展报告（2023~2024）

尚勇敏　陶斐媛*

摘　要：　长江经济带发展自上升为国家战略以来，生态环境保护和修复水平取得重大成就，但取得的成效仍不稳固。2023~2024年，长江经济带各省市扎实推进长江生态环境保护修复，积极促进经济社会发展全面绿色转型，通过积极应对气候变化、持续强化污染防治攻坚、推进生态保护修复监管、加强生态保护督察等途径，实现环境质量、生态保护修复成效与资源利用效率稳步提升。为进一步推动长江经济带生态发展水平提升，长江经济带各省市应加强生态环境分区管控，筑牢生态安全底线；须加强生态环境综合治理，坚定推进长江"十年禁渔"；协同推进降碳减污扩绿增长，推动生态产品价值实现。

关键词：　生态发展　绿色低碳转型　长江经济带

　　2024年是长江经济带发展正式上升为国家战略的十周年。十年来，习近平总书记在重庆、武汉、南京、南昌主持召开四次长江经济带发展座谈会，绘就了长江经济带高质量发展的宏伟蓝图，长江经济带生态环境保护发生了转折性变化。2024年2月，国务院正式批复《长江经济带—长江流域国土空间规划（2021—2035年）》，对长江经济带和长江流域国土空间保护、开发、利用、修复等活动进行了总体引导和管控，提出了筑牢空间安全底线的要求，明确了推动空间高质量发展的指引。这是我国首部经国务院批复的流域性国家级国土空间规划，具有开创性、战略性，对进一步推动长江

---

* 尚勇敏，区域经济学博士，博士后，上海社会科学院生态与可持续发展研究所研究员，主要研究方向为区域创新与区域可持续发展；陶斐媛，上海社会科学院，主要研究方向为绿色创新与区域可持续发展。

经济带高质量发展具有重要作用。2023~2024 年，各省市深入贯彻习近平总书记关于推动长江经济带发展重要论述精神，坚持"共抓大保护、不搞大开发"的战略导向，走生态优先、绿色发展之路，生态环境保护与高质量发展继续取得显著成效。本报告系统分析 2023~2024 年长江经济带生态发展的现状、行动与成效，提出长江经济带生态发展的对策建议。

一　长江经济带生态发展现状

长江经济带是我国经济社会发展的重要支撑带和生态安全的关键屏障。近年来，伴随经济高速发展，长江经济带面临资源过度开发、环境污染加剧和生态系统退化等多重挑战。同时，随着"共抓大保护、不搞大开发"战略的全面推进，区域生态环境治理取得了一定成效，为构建人与自然和谐共生的绿色发展格局奠定了基础。

（一）环境质量持续稳步提升

2023~2024 年，长江经济带各省市继续强化污染综合治理，推进水、大气、土壤污染防治攻坚战，重点整治近海污染、重点领域与区域危废，环境质量总体不断提升。

一是水环境质量不断提升。2023~2024 年，长江经济带各省市深入推进水污染防治工作，长江干流及主要支流水质总体良好。《2023 中国生态环境状况公报》数据显示，2023 年长江流域水环境质量进一步改善。在全国地表水监测的 1017 个国控断面中，Ⅰ~Ⅲ类水质断面比例达到 98.5%，较上年提高 0.4 个百分点，比 2014 年提升了 10.4 个百分点，且未出现劣Ⅴ类水质断面，Ⅴ类及劣Ⅴ类水质断面占比较 2014 年下降了 4.9 个百分点（见表1）。从地表水环境质量来看，2023 年长江经济带各省市地表水质达标率均超过 90%，高于全国平均水平 89.4%。其中，四川、贵州、上海、重庆、湖南、浙江、江西等省市地表水中Ⅰ~Ⅲ类水质断面占比超过 95%，而安徽、云南、湖北、江苏的地表水质达标率相对较低。但在局部地区，如云南，仍存在劣Ⅴ类水体问题

（见图1）。此外，太湖流域、巢湖流域和滇池等支流中，总磷、高锰酸盐指数、化学需氧量等污染物超标现象依然存在。从海洋环境质量来看，长江口区域的海洋环境质量有所改善。浙江近海一二类水质比例达到56.3%，较2022年提高1.4个百分点，主要污染物为无机氮和活性磷酸盐；江苏海域一二类水质占比达92.7%，远高于上海、浙江及全国平均水平；而上海海域海水水质有所下降，一二类水质占比为14.4%（见表2）。

表1 2014年、2023年长江流域水质状况

单位：%

水体	2023年					
	Ⅰ类	Ⅱ类	Ⅲ类	Ⅳ类	Ⅴ类	劣Ⅴ类
流域	9.0	72.2	17.3	1.4	0.1	0
干流	15.9	84.1	0	0	0	0
主要支流	8.4	71.1	18.8	1.5	0.1	0
水体	2014年					
	Ⅰ类	Ⅱ类	Ⅲ类	Ⅳ类	Ⅴ类	劣Ⅴ类
流域	4.4	51.0	32.7	6.9	1.9	3.1
干流	7.3	41.5	51.2	0	0	0
主要支流	3.4	54.2	26.3	9.3	2.6	4.2

资料来源：《2014中国环境状况公报》《2023中国生态环境状况公报》。

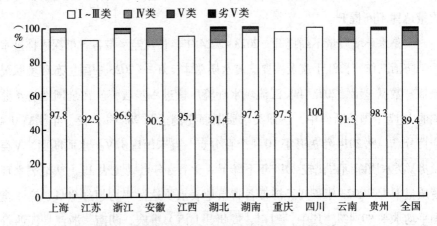

图1 2023年长江经济带各省市地表水质达标情况

注：江苏、江西、重庆仅发布了Ⅰ~Ⅲ类水的比重。

资料来源：2023年各省市生态环境状况公报。

表2 2022~2023年上海、江苏、浙江海洋环境质量及与全国对比

单位：%

地区	2022年				2023年			
	一二类	三类	四类	劣四类	一二类	三类	四类	劣四类
上海	34.6	21.2		44.2	14.4	13.5		72.1
江苏	88.9	6.6	2.8	1.7	92.7	4.5	1	1.8
浙江	54.9	23.2		21.9	56.3	19.6		24.1
全国	81.9	9.2		8.9	85.0	7.1		7.9

资料来源：2022年、2023年上海、江苏、浙江及全国生态环境状况公报。

二是环境空气质量总体改善。长江经济带因工业高度集中，火电、钢铁、石化、建材等高污染、高能耗产业规模庞大，大气污染问题较为显著。2022年，该区域 SO_2、NO_x 和颗粒物排放量分别占全国总量的36.92%、34.02%和23%。[①] 从主要大气污染物排放水平来看，2023年，长江经济带各省市 SO_2 和 PM_{10} 的排放情况明显优于全国平均水平，而 NO_2、$PM_{2.5}$、CO 及酸雨的排放情况与全国平均水平相当或略优；但 O_3 排放高于全国平均水平。分区域看，江西、重庆的 SO_2 浓度较高，重庆、上海、江苏、浙江的 NO_2 浓度偏高，湖北、安徽、江苏、重庆的 PM_{10} 和 $PM_{2.5}$ 浓度较高，而江苏、上海、安徽、浙江、湖北的 O_3 浓度相对较高；四川、浙江、湖南的酸雨分布较广（见表3）。从各省市环境空气质量来看，贵州、云南、江西的空气质量优良率超过96%；四川、上海、重庆、湖南、浙江的优良率介于85.7%至91.3%之间，均高于全国平均水平；而湖北、安徽、江苏的空气质量略低于全国平均水平。总体而言，长江经济带上游地区的空气质量优于中下游地区（见图2）。

表3 2023年长江经济带各省市六项污染物年均值状况

地区	SO_2 （ug/m³）	NO_2 （ug/m³）	PM_{10} （ug/m³）	$PM_{2.5}$ （ug/m³）	CO （ug/m³）	O_3 （ug/m³）	降水 pH 平均值
上海	7	31	48	28	1	158	5.58
江苏	8	27	56	33	1	169	6.08

[①] 截至2024年11月，长江经济带各省市大气污染排放数据更新至2022年。

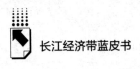

续表

地区	SO$_2$（ug/m^3）	NO$_2$（ug/m^3）	PM$_{10}$（ug/m^3）	PM$_{2.5}$（ug/m^3）	CO（ug/m^3）	O$_3$（ug/m^3）	降水 pH 平均值
浙江	6	26	46	27	0.8	149	5.36
安徽	7	24	59	34.8	0.9	154	5.98
江西	11	20	50	29	1.0	132	5.52
湖北	8	20	61	37	1.1	148	6.37
湖南	8	12	46	30	1.0	119	5.36
重庆	9	29	54	37	1.0	142	6.01
四川	8	23	51	33	1.0	143	5.30
云南	8	13	33	21.8	0.9	128	6.49
贵州	6	13	35	23	0.9	120	6.47
全国	9	22	53	30	1.0	144	5.74

资料来源：2023年各省市及全国生态环境状况公报。

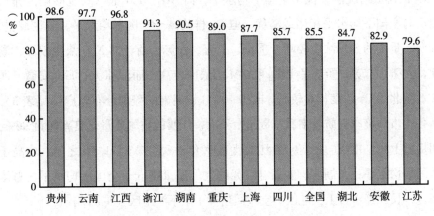

图 2　2023 年长江经济带各省市空气质量优良率

资料来源：2023年各省市生态环境状况公报。

三是固废污染处理能力提升。长江经济带因钢铁、金属冶炼、石化、电力等行业规模庞大，产生了大量工业固体废物。2022年，该区域工业固体废物产生量达到10.93亿吨，占全国总量的26.58%；其中，7.75亿吨得到有效利用，占全国利用量的32.68%，综合利用率为70.85%，显著高于全国平均水平的 57.62%。此外，长江经济带危险废物的产生量和处置量分别达到 3305.8 万吨和 2967.0 万吨，占全国的 34.74% 和 31.42%。生活垃圾无害化处理率也维持较高水平，除上海、云南和贵州外，长江经济带各省市均已实现 100% 的无害化处理。整体来看，尽管工业规模庞大，长江经济带在固废污染控制方面表现较为优异，与区域产业规模相匹配（见表 4）。

表 4　2022 年长江经济带各省市工业废物及生活垃圾综合利用情况

单位：万吨，%

地区	工业固体废物产生量	工业固体废物综合利用量	工业固体废物综合利用率	危险废物产生量	危险废物处置量	生活垃圾无害化处理率
上海	2084	1961	94.10	140.4	140.4	98.4
江苏	13278	12364	93.12	646.5	648.4	100
浙江	5503	5494	99.84	594.6	597.5	100
安徽	15164	14159	93.37	239.7	238.0	100
江西	12714	6286	49.44	203.8	207.9	100
湖北	9786	7847	80.19	175.6	176.6	100
湖南	4790	3729	77.85	254.0	256.7	100
重庆	2472	1971	79.73	109.6	111.2	100
四川	15127	6798	44.94	529.5	534.1	100
云南	16923	9292	54.91	317.4	316.1	99.9
贵州	11497	7569	65.83	94.7	92.4	99.9
长江经济带	109338	77470	70.85	3305.8	2967.0	—
全国	411371	237025	57.62	9514.8	9443.9	99.9

资料来源：《2023 中国环境统计年鉴》。

（二）长江生态保护修复成效显著

生态修复是实现美丽中国的重要抓手，也是促进长江经济带可持续发展的关键举措。近年来，长江经济带各省市坚持以生态优先为导向，统筹推进环境问题排查与整改工作，生态保护成效显著。2023 年，区域内累计完成造林面积 190.87 万公顷，占全国总量的 47.72%，这一比例远高于长江经济带在全国国土面积中的占比。其中，四川、重庆、湖南的造林面积均超过

30 万公顷，在区域内名列前茅。随着各省市大力推进造林行动，长江经济带的森林覆盖率不断提高，生态系统逐步优化。2023 年，江西、贵州、浙江的森林覆盖率超过 60%，云南、重庆则达到 55% 以上；除上海和江苏外，其余省市的森林覆盖率均高于全国平均水平。与此同时，生态环境状况指数在区域内保持相对稳定，大部分省市均高于全国平均值 59.6，其中江西、云南、湖南、四川、贵州和湖北表现尤为突出（见表 5）。

表 5 2023 年长江经济带造林面积、森林覆盖率及生态环境状况指数

地区	全年完成造林面积（万公顷）	森林覆盖率（%）	生态环境状况指数
上海	0.10	18.8	47.5
江苏	1.56	24.09	55~70
浙江	2.13	61.27	52.6~82.7
安徽	1.88	>30	64.12
江西	25.33	63.35	75.18
湖北	19.59	>42	70.4
湖南	44.10	53.15	72.54
重庆	33.53	55.06	66.81
四川	33.22	40.2	71
云南	8.03	55.25	73.66
贵州	21.40	63	70.67
全国	400.00	>25	59.6

注：云南省生态环境状况指数为 2022 年数据，其余省市均为 2023 年数据。

资料来源：2023 年各省市国民经济统计公报、2023 年各省市生态环境状况公报。

长期以来，水土流失是长江流域面临的主要生态难题。随着长江经济带战略的深入实施，流域内水土流失问题逐步得到缓解，生态环境持续向好。根据 2023 年全国水土流失动态监测数据，长江经济带水土流失面积持续减少，减幅达到 1.79%，显著高于全国平均减幅的 0.97%。其中，西南石漠化地区、丹江口库区及上游地区、三峡库区等重点区域的水土流失面积相比上年减少 1.73 个百分点至 2.03%。从长江年输沙量来看，2023 年长江干流输沙量继续下降。除直门达站的输沙量略高于近 10 年平均值外，其余主要水文控制站的实测输沙量均有大幅减少，尤其宜昌站以下河段输沙量较近

10 年平均水平减少了 85% 以上。总体而言，长江经济带的水土流失治理与生态修复工作成效显著，为区域生态安全奠定了坚实基础（见表 6）。

表 6　2023 年长江干流主要水文控制站实测水沙特征值年际比较

指标	直门达	石鼓	攀枝花	向家坝	朱沱	寸滩	宜昌	沙市	汉口	大通
近 10 年平均年输沙量(亿吨)	0.135	0.307	0.03	0.013	0.375	0.656	0.133	0.235	0.641	1.06
2023 年年输沙量(亿吨)	0.235	0.17	0.018	0.006	0.122	0.221	0.02	0.052	0.34	0.445
2023 年与近 10 年平均对比(%)	74	−45	−40	−54	−67	−66	−85	−78	−47	−58

资料来源：《长江泥沙公报 2023》。

（三）资源利用效率稳中有升

长江经济带因人口密集、产业活动频繁，能源与资源消耗量居高不下。2022 年，区域能源消费总量达 19.41 亿吨标准煤，占全国总量的 35.9%。其中，江苏、浙江、四川能源消费规模位列区域前三，均超过 2.2 亿吨标准煤；湖北、湖南等 7 省市介于 1 亿至 2 亿吨标准煤之间；重庆以 0.8 亿吨标准煤的消费量居末位。从能源消费强度来看，2023 年，西南地区的云南、四川、贵州单位 GDP 能耗强度最高，而上海、重庆、江苏等地则最低（见图 3）。在电力消费方面，长江经济带与能源消费呈现较大一致性，江苏、浙江、四川的电力消费位居前列；单位 GDP 用电量最高的为云南、贵州、浙江，均超过全国平均水平，而上海、湖南、重庆则相对较低。总体上，2023 年，长江经济带单位 GDP 用电量虽略有上升，但仍低于全国平均水平。在水资源利用方面，长江经济带用水量约占全国总量的 45.34%，显示出其对水资源的高度依赖。然而，区域单位 GDP 用水量为 48.59 米³/万元，低于全国平均水平，且下降速度较快。通过大力推进节水型社会建设和绿色转型，长江经济带各省市在提升资源利用效率和推动可持续发展方面成效显著（见表 7）。

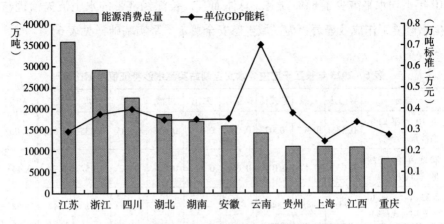

图3 2023年长江经济带各省市能源消耗情况

注：根据各省市数据发布情况，能源消费量及能耗强度均为2022年数据。
资料来源：2023年各省市统计年鉴。

表7 2023年长江经济带用电及用水情况

地区	电力消费量（亿千瓦时）	单位GDP用电量（千瓦时/万元）	单位GDP用电量变化（%）	用水总量（亿立方米）	单位GDP用水量（米³/万元）	单位GDP用水量变化（%）
上海	1849	391.58	0.14	105.7	23.67	−2.33
江苏	7833	610.89	1.44	611.8	49.79	3.00
浙江	6192	750.06	0.52	167.8	21.59	−3.93
安徽	3214	683.09	2.81	300.5	66.71	4.51
江西	2026	629.19	1.77	269.8	84.12	0.60
湖北	2706	484.91	−1.60	353.1	65.71	−2.07
湖南	2277	455.28	−0.90	331.0	68.01	−3.57
重庆	1453	481.99	0.00	68.8	23.62	−8.02
四川	3711	617.13	1.60	251.6	44.33	−1.84
云南	1783	852.57	−1.42	96.3	47.76	−10.73
贵州	2513	837.08	1.41	163.4	56.43	−4.38
全国	92200	731.41	1.63	5998.2	49.98	−3.55

注：电力消费量及单位GDP用电量为2023年数据，用水总量及单位GDP用水量为2022年数据。

资料来源：国家统计局数据库，http：//www.stats.gov.cn/tjsj/；《2023年电力行业经济运行报告》。

二 长江经济带生态发展的行动与成效

2023~2024 年，长江经济带各省市深入贯彻新发展理念，将生态环境保护与经济社会发展紧密结合。各地积极应对气候变化，加速推进绿色转型升级，持续深化污染防治行动，努力提升环境质量。同时，加强生态修复与保护的监督管理，不断完善环境治理体系。通过这一系列务实高效的举措，长江经济带在生态保护与修复方面取得了显著进展，生态环境质量持续向好，发展行动成效显著，亮点突出。

（一）积极应对气候变化，持续推动绿色低碳转型

长江经济带产业活动密集，碳排放量大，在我国实现"双碳"目标和应对气候变化中发挥着关键作用。2023~2024 年，长江经济带各省市积极稳妥推动"双碳"战略落地，加快产业绿色转型步伐。一是实施适应气候变化行动。为贯彻落实《国家适应气候变化战略 2035》，推进各地适应气候变化行动落实，防范气候变化不利影响和风险，2024 年，包括上海（5 月）、江苏（3 月）、安徽（1 月）、江西（5 月）、湖北（1 月）、重庆（5 月）、四川（4 月）、贵州（1 月）、云南（1 月）等省市纷纷出台面向 2035 年的适应气候变化行动方案，并提出了一系列重点任务。二是加快推进碳市场建设，自从 2013 年上海率先建立碳市场以来，上海建立了覆盖 28 个行业 378 家企业的碳市场；截至 2024 年 6 月底，上海碳市场现货（含拍卖）累计成交 2.49 亿吨，累计成交金额 46.09 亿元。作为全国七个碳排放权交易试点之一，湖北不断创新碳金融产品，推进碳金融工具创新与政策创新，2023 年碳市场成交量跃居全国试点碳市场首位；2024 年 12 月，湖北省印发《湖北建设全国碳金融中心实施方案》，力争到 2035 年底以前基本建成全国碳金融中心。2023 年 11 月，上海市与湖北省联合生态环境部举办了首届中国碳市场大会，展示全国碳市场建设的成果。三是金融支持绿色低碳转型。各省市围绕绿色金融开展了一系列举措，如上海市积极筹建上海市绿色金融服务

平台，持续推动浦东新区气候投融资试点，成立气候投融资促进中心等，并于 2023 年 12 月印发《上海市转型金融目录（试行）》。江苏省于 2023 年 12 月率先推出"环基贷"，为企业提供低成本融资支持，累计节约融资成本约 2.8 亿元。重庆市推进气候投融资试点，累计入驻企业 14886 家。这些举措有效地推动了各省市产业绿色转型，上海还于 2024 年 8 月出台了《上海市加快推进绿色低碳转型行动方案（2024—2027 年）》，推进绿色低碳转型，加快形成新质生产力。

（二）持续强化污染防治攻坚，推进环境质量稳定改善

2023～2024 年，长江经济带各地持续强化水污染防治攻坚、大气污染防治攻坚、土壤污染防治攻坚，加强固体废物和环境风险管控，环境质量持续稳定改善。

1. 持续强化大气污染防治攻坚

首先，积极完善相关政策行动。2023～2024 年，各省市积极出台大气污染攻坚行动实施方案，如上海市启动实施新一轮清洁空气行动计划及臭氧、柴油货车攻坚 2 个专项行动；湖南省出台《湖南省大气污染防治"守护蓝天"攻坚行动计划（2023—2025 年）》，并配套出台 10 个领域攻坚行动实施方案。其次，切实加强工业污染控制。各省市以工业废气深度治理为重点，深化工业污染控制。上海全面推广低 VOCs 含量物料和减量技术，完成 46 家简易 VOCs 治理设施精细化管理试点；江苏省对全省 1 亿余吨钢铁产能基本完成全流程超低排放改造；江西省累计完成钢铁行业超低排放改造项目 95 个，实现 VOCs 减排量 9310 吨；贵州省对 19 家涉 VOCs 企业开展综合治理；重庆市完成 VOCs 企业治理、重点企业深度治理、锅炉清洁能源改造或低氮燃烧改造 130 余家，督促重点排污企业稳定达标运行 800 家；四川省挖掘减排潜力项目 6400 余个，累计削减 VOCs 排放量 2.68 万吨，提前完成"十四五"总量减排任务；湖南省累计完成超低排改造和深度治理项目 362 个，全省共排查 VOCs 企业 9295 家，发现问题 7337 个。再次，加强污染天气日常管控和应急处置。江西、重庆、浙江等

省市印发实施减少污染天气、臭氧防治污染等攻坚行动方案，推进涉气重点行业绩效分级管控，完善省内联防联控工作方案和应急处置工作机制，全力实施污染天气应对。四川省常态化开展"一城一策"重点指导，实现49个重点行业污染治理绩效评级全覆盖。浙江省印发实施减少污染天气、臭氧污染防治等攻坚行动方案，以杭州亚运会环境空气质量保障为契机，建立空气质量数字化指挥保障平台和情景减排模式，完善污染天气应对机制和联防联控机制。最后，深化移动源污染治理。贵州省开展"油、路、车"污染治理检查抽检，累计建成机动车道路遥感（黑烟）检测抓拍设备72个；上海市加快推动机动车、非道路移动机械新能源化发展，淘汰国三柴油车约1.1万辆。同时，各省市深化生活污染控制，重点推进餐饮油烟、露天焚烧管控，重庆市完成餐饮油烟深度治理685家、抽测抽查5700余家，疏堵结合建立完善"技防+人防"露天焚烧综合防治体系，推动露天焚烧处置效率大幅提高。

2. 持续强化水污染防治攻坚

2023年，各省市认真贯彻落实长江经济带"共抓大保护、不搞大开发"的思维，坚持"三水统筹"，推动水生态环境质量持续巩固改善。首先，开展长江流域水质提升行动，巩固提升地表水环境质量。安徽省组织长江保护修复攻坚战，开展淮河流域水质提升行动，强化江淮流域水质保障，实现长江流域、淮河流域国考断面水质优良比例分别达94.8%、84.6%；云南省以重度污染水体脱劣攻坚为牵引，实现地表水国控断面优良比例达94.1%，实现历史最高。其次，加强集中式饮用水水源保护。四川省实现全省开展监测的285个县级及以上集中式饮用水水源水质达标率100%，2244个农村集中式饮用水水源保护区划定率100%。上海市持续推进饮用水水源地规范化建设，加强对水源地标志牌和界桩的规范化、精细化管理，启动《上海市饮用水水源保护缓冲区管理办法》修订。湖北省开展集中式饮用水水源地保护专项行动，做好"划、立、治、测、管"工作，落实饮用水水源保护区制度，38个在用集中式生活饮用水水源和113个县级城市集中式生活饮用水水源水质全年达标。重庆市启动水源地整治"回头看"专项行动，完成 421 个问题整改，同时建立全市首个跨界水源横向生态补偿机制，推动垫江、忠县妥善解决龙滩水库水源保护区划定和长效保护事宜。最后，全面深化固定污染源管控。江西省深化工业污水治理，督促全省 26 个化工园区开展"一企一管"明管化建设，推动非化工园区对现有的地埋式管网开展排查、疏通和修复，工业污水收集效能不断提升。湖南省实施《"洞庭碧水"总磷污染控制与削减重点攻坚工作方案》，实施整治项目 349 个；完成 16 条重点河湖干流排污口检查与溯源，确认排污口 11553 个，纳入"一口一策"整治 3563 个，已完成整治 2218 个。

3. 持续强化土壤污染防治攻坚

首先，加强土壤污染源头防控。2023 年，湖北省对 36 个土壤背景点和 45 个土壤风险监控点位开展了监测；江苏省累计完成 1459 家土壤污染重点监管单位土壤污染隐患排查及"回头看"行动，实施 7 个国家级土壤污染源头管控重大项目；上海市稳步推进土壤污染防治先行区建设，土壤污染防治综合监管平台投入试运行，完成宝武碳业、群力化工 2 个源头管控重大工程试点项目，发挥重大项目示范引领作用。其次，加强地下水污染防治。安徽省完成地下水环境状况调查评估，完成全省地下水污染防治重点区划定，基本掌握全省地下水环境状况和化工园区、垃圾填埋场地下水环境现状；云南省初步完成"两区"（2 个铅锌矿区、19 个化工园区）地下水环境状况调查评估，正在推进"两场"（垃圾填埋场、危险废物处置场）下水环境状况调查评估工作；江西省组织各地制定考核点位水质稳定或达标提升方案，完成 41 个垃圾填埋场地下水污染状况调查、93 个"千吨万人"以上地下水型饮用水水源地补给区划分和 26 个化工园区地下水调查成果集成。最后，加强农业农村废弃物资源化利用。浙江省推进农村资源环境综合整治，新增农村环境整治村 220 个；四川省实现畜禽粪污综合利用率达 78% 以上，秸秆综合利用率达 93%，农膜回收率稳定在 84%，农药包装废弃物回收利用率达 74% 以上。

4. 加强固体废物和环境风险管控

首先，提升固体废物监管处置能力，强化危险废物和一般工业固废收运和处置。2023 年，贵州省持续推进废铅蓄电池集中收集和跨区域转运试点，试点单位累计收集 13.61 万吨。云南省开展磷石膏环境污染集中攻坚，组织完成昆明等 6 个州（市）17 个重点县（市、区）62 个涉磷石膏企业和堆存场所省级现场排查，对磷石膏库（堆场）的 245 个地表水、地下水和渗滤液点位开展专项检测。浙江省新增危险废物年利用处置能力 69.45 万吨，共建成危险废物小微收运平台 118 个，覆盖小微产废单位约 6.7 万家；共建成一般工业固废统一收运点 227 个，覆盖企业约 11.6 万家。其次，推进"无废城市"建设模式。江苏省出台"无废城市"建设奖励办法，印发"无废园区"建设工作方案，制定《江苏省固体废物全过程环境监管工作意见》，超过 10 万家企业纳入过程监管。四川省联合重庆市建立全国首个跨省域的新污染物治理联防联控机制，联合印发新污染物调查工作方案，制定"无废小区"等 15 类"无废城市细胞"建设评估细则、规程和指南，建成 800 余个"无废城市细胞"。

（三）推进生态文明建设，强化生态保护修复监督

1. 持续加强生物多样性保护

2023 年，长江经济带各省市积极开展生物多样性保护行动，生物多样性保护能力和管理水平稳步提升。上海市编制《上海市生物多样性保护战略与行动计划》，更新发布《上海市生态保护红线》，并首次开展生态保护红线年度保护成效评估；启动生物多样性体验中心试点建设，上海植物园、华泾公园、长宁区新泾镇 3 家纳入首批试点建设单位。2023 年 2 月，湖北省宜昌、荆州、荆门三市和恩施自治州同时颁布施行《关于加强生物多样性协同保护的决定》，率先在国内生物多样性保护领域探索跨区域协同立法。同时，各省市继续推进生物多样性调查与保护。截至 2023 年底，云南省已划建各级各类自然保护地 333 处，总面积达 546.37 万公顷，占全省总面积的 14.26%。2023 年，安徽省印发全省县域生物多样性本底调查工作方案、工作指南和技术指南，启动生物多样性保护优先区域 23 个县区生物多样性全类群调查；组建全省生物多样性保护专家库，推动生物多样性体验地

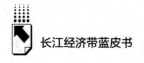

建设。

2. 继续强化自然保护地生态环境监管

2023 年，湖南、江西、重庆、贵州等省市持续开展"绿盾行动"，加快推进涉自然保护地违法违规问题整改。湖南省出台《湖南省生态保护红线生态环境监督办法（试行）》，深入开展"绿盾"行动，全省"绿盾"台账中涉及国家级自然保护区的 466 个重点问题全部整改销号。江西省成立矿山监管专班，对全省深入整治规范矿产资源保护开发利用专项行动及矿山管理领域暗访发现问题进展情况进行督促检查，矿山领域 126 个涉生态环境问题和 44 个生态环境领域暗访具体问题均完成整改。截至 2023 年底，重庆市"绿盾"行动累计发现涉自然保护地需整改问题 2138 个，已整改完成 2118 个，整改完成率为 99%。

3. 强化生态保护修复

2023 年，长江经济带各省市推进自然生态系统保护修复，推动生态环境问题排查与整改。云南省全力推进绿美河湖建设，实施绿美湖泊（水库、河流）工程、水利风景区绿美提升工程；2023 年，完成达标达效验收认定对象 296 个，新增绿化面积 3.62 万亩，增加绿化河湖长度 1445 千米，新增植树量 362.7 万株，绿地覆盖率、森林覆盖率持续提高，河湖生态系统水土保持功能和碳汇能力不断提升。四川省扎实开展若尔盖山水林田湖草沙生态修复工程建设，生态保护修复面积达 19.2 万公顷；启动全国首批科学绿化试点示范省建设，全年实施营造林 498 万亩，有效保护天然林 2.45 亿亩，巩固退耕还林成果 1600 余万亩。

4. 深入推进生态文明示范建设

各省市继续积极创建国家生态文明建设示范区，充分发挥试点示范的平台载体和典型引领作用。2023 年，长江经济带总共创建 46 个示范区，占全国当年创建的示范区数量的 44.2%；其中，浙江省、四川省均创建国家生态文明建设示范区 7 个，并列长江经济带第 1，在全国各省市中也与山东省并列第 1 位。同时，各省市积极创建"绿水青山就是金山银山"实践创新基地；2023 年，各省市共创建实践创新基地 20 个，约占全国的 37.7%。此外，各省市还积极采取相关举措配合生态文明示范区建设，如四川省将生态文明示范创建纳入省委、省政府对市（州）生态环境保护党政同责目标考核、污染防治攻坚战成效考核内容。

（四）加强生态环境保护督察，推进环境治理体系建设

1.扎实推进生态环境保护督察

2023 年，长江经济带各省市坚持问题导向、目标导向、效果导向，继续开展生态环境问题排查整治。江西省持续延伸督察深度、拓展督察广度、加大督察力度，分两批组织对 8 个设区市开展例行督察，实现对 11 个设区市第二轮督察"全覆盖"；公开曝光 16 个突出问题典型案例，制作 8 部突出问题专题片，移交 31 条问责线索。四川省持续优化问题发现机制，按照"地方自查、部门核查、省级抽查"的模式，开展集中排查，全省新增发现突出问题 833 个；推进省际督察问题存量整改，三轮督察发现问题已分别完成整改 8921 项、668 项、129 项。同时，各省市积极推进生态环境法治建设，浙江省出台《浙江省土壤污染防治条例》，完成《浙江省生态环境保护条例》《浙江省固体废物污染环境防治条例》等 2 部条例 6 个规范性文件的制定。湖南省出台全国首部重污染天气防治地方性法规《湖南省重污染天气防治若干规定》，出台固定污染源排污许可、产业园区环保信用评价等 24个制度性文件；推动固定污染源排污许可"全覆盖"，将 86741 家固定污染源纳入排污许可管理。

2.建设现代环境治理体系

2023 年，长江经济带各省市深入推进生态文明体制改革，积极开展改革创新试验。上海市推动环境治理制度机制创新试点建设，完成上海化工区国家清洁生产审核创新试点和国家环境综合治理托管服务模式试点工作，推进金山枫泾镇生态环境部 EOD 项目试点。湖北省锚定"双碳"目标，修订《湖北省碳排放权交易管理暂行办法》，进一步完善碳市场管理职责，降低碳市场纳入门槛，丰富分配和交易方式。云南省大力推进环评制度改革创新，在全国率先制定印发《关于推行区域环评工作的指导意见（试行）》，

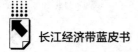
在全省 16 个开发区和滇中新区开展区域环评工作。贵州省成功举办 2023 生态文明贵阳国际论坛，发布全球生态文明智库咨询报告、《中国气候变化蓝皮书（2023）》、《土地利用调控下岩溶固碳稳碳规律与机制》等 4 项研究成果。此外，各省市还积极开展生态环境保护干部队伍建设，如重庆市完成应对气候变化中心更名和职能调整，增加碳排放、温室气体减排控制、推进气候投融资发展、碳排放权交易、减污降碳等方面技术支持和服务职能，推动生态环保事业稳步向前。

3. 加强生态环境科技管理

2023 年，上海市组织实施 45 项生态环境保护重大战略和重点任务，开展 20 项青年科研项目研究。重庆市积极推进实施重庆市 2023 年生态环境领域科研项目，促进先进绿色智能技术在重庆转化落地。浙江聚焦数字生态文明，持续推进全国生态环境数字化改革试点省建设，全面构建"美丽浙江数字化治理体系整体架构"，出台《深化生态环境数字化改革的实施意见》。安徽省深入开展生态环境科技帮扶，实施"一市一策"驻点跟踪研究；推动生态环境科技创新，在减污降碳、资源化利用、新污染物、水生态、新能源等领域开展科技攻关。同时，各省市还积极开展生态文明宣传教育，江苏省加快推进省内生态文明学院建设，推进执法、监测、应急等比武基地高标准、规范化运行。四川省完善新闻发布机制，先行探索"现场+会场"重大主题发布模式，多层次、多主体参加，全年 13 家省直部门、10 个市县领导联合发布，与重庆市联合召开无废城市建设专题新闻发布会 1 场。江西省 46 家环保设施和城市污水垃圾处理设施面向公众开展线上线下同时开放活动，全年共组织线下开放 262 余次，线下接待人数 6886 余人。

三　提升长江经济带生态发展水平的对策建议

2023~2024 年，长江经济带各省市坚持"共抓大保护、不搞大开发"，扎实推进长江生态环境保护修复，积极促进经济社会发展全面绿色转型。但长江流域生态环境保护和高质量发展正处于由量变到质变的关键时期，成效还不稳固，面临的困难和问题仍然需要努力解决。

（一）加强生态环境分区管控，筑牢生态安全底线

在长江经济带发展中，沿江各地已全面划定生态保护红线，这是确保生态功能不退化、资源利用不失控的重要基石。必须守住生态红线，加强分区管控，严格执行生态准入清单，为推动经济与环境协调发展提供保障。

1. 明确管控范围，锚定生态功能空间

各级地方政府已依据自然资源条件、生态功能和环境容量，科学划定了本地生态红线，涵盖重要生态空间、自然保护区、水源涵养区等关键区域。这些红线不仅是保护生态安全的底线，也是推进生态文明建设的标志。对于已划定的红线区域，各地需建立动态管理机制，确保红线范围精准、界限清晰，同时对红线的变化及时评估和调整，避免因自然变化或人为活动导致生态空间的功能损失。

2. 强化分区管控，落实差异化措施

在具体实施中，各地需根据生态空间的重要性和生态环境的敏感性，因地制宜地制定分区管控措施。例如，对于核心生态功能区，应实施最严格的保护政策，禁止一切不符合生态功能的开发活动；对一般生态功能区，则可允许在严格控制和科学指导下开展有限的开发利用活动。分区管控不仅能有效避免生态资源的无序开发，还能最大限度地提升资源利用效率，实现生态保护与经济发展的平衡。同时，严格落实环评制度，加强事前审批和事中监管，坚决杜绝超范围开发和破坏性活动。此外，应加快建立区域环境容量监测与评估机制，对重点行业和企业实行动态管控，确保其生产活动不突破生态承载能力。

3. 落实责任人制度，加强科技支撑

各级党委和政府需明确保护责任，落实责任人制度。尤其是在沿江区域，地方政府需结合区域经济特点和生态实际，统筹推进红线管控与绿色发展，推动经济社会发展全面绿色转型。同时，随着遥感、GIS 等信息技术的

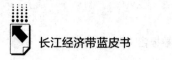

快速发展,生态环境分区管控逐步走向精细化和智能化。各地应依托先进的科技手段,对生态红线区域进行实时监测与动态管理;通过科技赋能,提升生态环境管控水平。

(二)继续加强生态环境综合治理,坚定推进长江"十年禁渔"

1.持续强化重点领域污染治理

各地要以"水资源、水环境、水生态"统筹治理为抓手,全面提升水体质量和生态功能。沿江省市通过推动流域综合治理,加强河湖联通和生态补水,改善水体流动性,恢复河湖生态系统。同时,加快城镇污水处理设施建设,推进乡村污水治理一体化,实现城乡污水处理能力全面覆盖。对于重点流域和饮用水源地,各地强化污染物排放控制,严格落实入河排污口整治方案,确保水环境安全。广泛推广绿色农业技术,减少化肥、农药使用量,加强畜禽养殖废弃物综合利用,建立农业废弃物回收处理网络。通过这些措施,有效降低农业面源污染对水环境的影响,为长江流域水生态修复提供有力支撑。

2.扎实推进大气和土壤污染防治

各地更加注重源头控污,通过结构优化和产业升级减少污染物排放。继续推进钢铁、化工、水泥等重点行业超低排放改造,推动煤炭清洁高效利用和可再生能源替代,推广新能源和清洁能源车辆,建设绿色交通体系。同时,加强区域联防联控,尤其是在秋冬季节,严格落实重污染天气应急减排措施,确保区域空气质量持续改善。强化土壤污染前端防控和源头治理,推动土壤污染详查和分类管理。对于工业企业和矿山遗留的污染地块,实施修复和再利用工程,加强农业土壤质量监测,减少重金属污染和农药残留的影响;并通过推广有机肥替代化肥、改善灌溉技术等措施,逐步恢复受污染土壤的生态功能。

3.坚定推进长江"十年禁渔"

各地应持续加强对非法捕捞行为的打击力度,完善联防联控机制,依托现代化监控手段,实现重点水域的全天候监管。通过加强基层执法队伍建设，提高执法能力和巡查效率，确保禁渔政策落地见效。积极开展鱼类增殖放流活动，优化鱼类种群结构，恢复长江水域生态系统的多样性。加大退渔还湖、退养还滩力度，将曾经用于捕捞的区域转化为湿地或自然保护区，为水生生物提供良好的栖息环境。此外，还通过生态补偿机制，帮助渔民转产转业，保障其生计，推动禁渔工作可持续发展。

（三）协同推进降碳、减污、扩绿、增长，推动生态产品价值实现

1.协同推进降碳、减污、扩绿、增长

将降碳、减污、扩绿、增长纳入生态文明建设整体布局和经济社会发展全局，通过优化能源结构和节能减排措施减少碳排放量，从源头上减少污染排放，加强生态系统修复与保护，扩大绿地面积，提升自然环境的承载能力，促进环境质量提升与经济绿色增长形成良性互动循环。

2.加快推进产业绿色转型

加快钢铁、化工等传统高污染、高能耗产业技术改造，通过引入绿色技术和创新工艺，推动企业向低碳化、清洁化、循环化发展，构建绿色制造体系，打造绿色工厂和园区。重点发展绿色低碳产业，培育新能源汽车、新能源、节能环保设备等新兴产业，推动形成高附加值的绿色产业链条；各地可以因地制宜，根据生态资源禀赋发展特色绿色经济。

3.完善生态产品价值实现机制

支持生态优势地区因地制宜开展生态产品开发与应用，探索多元化的生态利用路径。例如，依托森林资源大力发展森林旅游、林下经济和碳汇交易；利用湿地资源开发观光旅游、生态体验项目，实现自然资源的经济价值。完善生态服务的定价和交易机制，将生态保护成效转化为可量化、可交易的价值。通过推动生态产品市场化交易，将生态系统服务变为企业和个人愿意投资的项目，吸引更多社会资本进入生态保护领域。

4.完善横向生态补偿机制

通过财政转移支付、生态服务交易等形式，完善补偿机制，让上游地区能够从生态保护中受益，提升其保护积极性。建立跨区域生态补偿协议，上

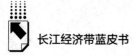

游地区进行生态修复和资源保护，下游地区提供资金支持或其他形式的回报，形成"生态保护者得益"的良性机制。同时，探索市场化补偿模式，通过碳排放权交易、水权交易等方式，让生态资源的价值更加具体化、货币化。

参考文献

刘贵军：《谋长远之势 行长久之策 建久安之基——习近平总书记为推动长江经济带高质量发展把脉定向》，《新湘评论》2023年第24期。

潘晓娟：《长江奔流不息 唱响新时代发展最强音》，《中国经济导报》2024年9月26日，第5版。

《习近平主持召开进一步推动长江经济带高质量发展座谈会强调 进一步推动长江经济带高质量发展 更好支撑和服务中国式现代化》，求是网，2023年10月13日。

朱隽：《绘空间蓝图 护一江碧水》，《人民日报》2024年2月26日，第14版。

朱晨欣：《江西持续巩固改善水生态环境质量》，《江西日报》2024年4月8日，第2版。

《关于第七批生态文明建设示范区和"绿水青山就是金山银山"实践创新基地拟命名名单的公示》，《中国环境报》2023年10月11日，第2版。

指 数 篇 ⟫

B.4
长江经济带绿色发展指数报告
（2023~2024）

海骏娇*

摘　要： 2023 年 10 月，习近平总书记主持召开第四次长江经济带发展座谈会，要求长江经济带探索协同推进生态优先和绿色发展新路子，"在高水平保护上下更大功夫"。本报告通过构建长江经济带绿色发展指数指标体系，从绿色生态、绿色生产、绿色生活三个方面对 2022 年度长江经济带 126 个城市的绿色发展水平进行评估。结果显示，南京、丽水、杭州、舟山、上海、合肥、芜湖、宁波、黄山、苏州、无锡、湖州、台州、南通、泰州等城市整体绿色发展水平较高，集中于东部长三角地区。此外，东部地区城市在绿色生产、绿色生活两个领域具有整体优势，西部地区城市在绿色生态这一领域具有整体优势，中部地区内部发展水平最为均衡。

关键词： 绿色发展　绿色生态　长江经济带

* 海骏娇，上海社会科学院信息研究所、长三角与长江经济带研究中心助理研究员，主要研究方向为区域协调可持续发展。

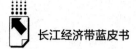

2023 年 10 月，习近平总书记主持召开第四次长江经济带发展座谈会，聚焦"高质量发展"，提出"在高水平保护上下更大功夫"的重要要求，以高水平保护支撑高质量发展，站在人与自然和谐共生的高度谋划发展，通过高水平环境保护，不断塑造发展的新动能、新优势，探索协同推进生态优先和绿色发展新路子。这也是长江经济带绿色发展的内涵要求。本报告构建了长江经济带绿色发展指数指标体系，从绿色生态、绿色生产、绿色生活三个领域，在城市、城市群两个区域尺度上，全面测评 2022 年度长江经济带区域绿色发展水平。本年度测评方案沿用上一年度长江经济带绿色发展指数指标体系，具体框架及权重详见附录，数据评价期为 2022 年。

一　长江经济带绿色发展综合指数

绿色发展综合指数包括绿色生态、绿色生产、绿色生活三个领域，2022 年度长江经济带城市绿色发展综合指数测算结果如表 1 所示。总体来看，长江经济带 126 个城市绿色发展综合指数平均指数为 52.93，其中，东部地区城市整体发展水平相对领先，中部地区内部整体发展水平更加均衡。具体而言，指数在 60 以上的城市有 10 个，其中 8 个位于东部地区、2 个位于中部地区；指数在 55～60 的城市有 34 个，东部和中部平分秋色，15 个位于东部区域、13 个位于中部地区；指数在 50～55 的城市有 45 个，各地区城市数量基本持平，中部城市相对较多；指数在 45～50 的城市有 32 个，西部城市占据多数；指数在 45 以下的城市有 5 个，集中在西部地区（见图 1）。

在代表性领先城市方面，指数较高的东部地区城市有：南京、丽水、杭州、舟山、上海、合肥、芜湖、宁波、黄山、苏州、无锡、湖州、台州、南通、泰州，其中浙江 6 个、江苏 5 个、安徽 3 个以及上海市。指数较高的中部地区城市有：景德镇、萍乡、鹰潭、长沙，包括江西 3 个、湖南 1 个。指数较高的西部地区城市仅有 1 个，为四川省绵阳市。

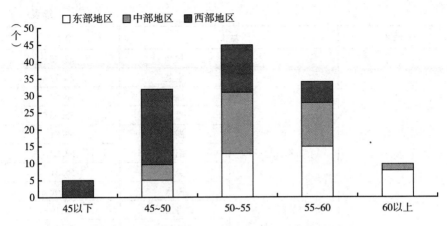

图1　2022年长江经济带绿色发展综合指数分布

与2021年度评价结果相比，进步最大的东部地区城市是淮南市，中部地区城市是常德市，西部地区城市是迪庆州。

表1　2022年长江经济带城市绿色发展综合指数

地区	城市		指数
东部地区	上海		62.00
	江苏	南京	62.67
		无锡	59.46
		徐州	48.37
		常州	57.97
		苏州	59.57
		南通	58.33
		连云港	51.80
		淮安	52.72
		盐城	54.41
		扬州	57.63
		镇江	55.42
		泰州	58.13
		宿迁	48.42

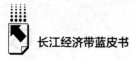

续表

地区	城市		指数
东部地区	浙江	杭州	62.35
		宁波	60.77
		温州	56.54
		嘉兴	55.66
		湖州	59.31
		绍兴	52.22
		金华	56.31
		衢州	56.02
		舟山	62.10
		台州	59.20
		丽水	62.44
	安徽	合肥	61.91
		芜湖	61.72
		蚌埠	48.78
		淮南	53.17
		马鞍山	55.60
		淮北	50.21
		铜陵	51.29
		安庆	50.49
		黄山	59.96
		滁州	52.73
		阜阳	50.23
		宿州	46.22
		六安	52.20
		亳州	47.87
		池州	54.36
		宣城	54.06
中部地区	江西	南昌	55.11
		景德镇	61.24
		萍乡	60.44
		九江	54.84
		新余	57.16
		鹰潭	59.37
		赣州	57.92

地区	城市		指数
中部地区	江西	吉安	57.10
		宜春	54.19
		抚州	57.76
		上饶	52.77
	湖北	武汉	58.00
		黄石	47.21
		十堰	54.39
		宜昌	57.88
		襄阳	54.03
		鄂州	51.89
		荆门	50.48
		孝感	52.63
		荆州	49.45
		黄冈	45.48
		咸宁	50.95
		随州	53.18
		恩施州	54.16
	湖南	长沙	59.10
		株洲	56.48
		湘潭	52.20
		衡阳	52.28
		邵阳	55.07
		岳阳	54.64
		常德	52.43
		张家界	50.86
		益阳	51.94
		郴州	56.10
		永州	57.30
		怀化	51.36
		娄底	49.10
		湘西州	48.23

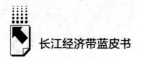

续表

地区	城市		指数
西部地区	重庆		56.59
	四川	成都	54.50
		自贡	50.08
		攀枝花	46.27
		泸州	49.70
		德阳	51.76
		绵阳	58.47
		广元	47.91
		遂宁	49.75
		内江	45.56
		乐山	47.26
		南充	48.24
		眉山	48.41
		宜宾	46.04
		广安	45.17
		达州	47.11
		雅安	47.99
		巴中	52.85
		资阳	49.22
		阿坝州	46.75
		甘孜州	52.00
		凉山州	43.33
	贵州	贵阳	53.99
		六盘水	47.55
		遵义	51.54
		安顺	52.02
		毕节	42.70
		铜仁	47.05
		黔西南州	48.27
		黔东南州	50.27
		黔南州	56.26
	云南	昆明	52.39
		曲靖	49.97
		玉溪	53.71

地区	城市		指数
西部地区	云南	保山	56.15
		昭通	46.89
		丽江	57.33
		普洱	50.26
		临沧	48.84
		楚雄州	53.47
		临沧	48.84
		楚雄州	53.47
		红河州	48.64
		文山州	39.25
		西双版纳州	53.25
		大理州	44.38
		德宏州	41.37
		怒江州	46.17
		迪庆州	56.66

资料来源：《中国统计年鉴 2023》《中国城市统计年鉴 2023》《中国城市建设统计年鉴 2023》，各省市 2023 年统计年鉴，2022 年度各省科技经费投入统计公报、水资源公报、环境统计年报、财政决算报告等政府开放数据。

从城市群尺度来看，长三角城市群绿色发展综合平均指数最高，长江中游城市群整体居中，成渝地区城市群①的指数相对落后。2022 年，长三角城市群平均指数为 57.49，变异系数为 6.28%，表明在三大城市群中，长三角

① 考虑数据的可得性，长三角城市群的统计范围为上海市，江苏省南京市、无锡市、常州市、苏州市、南通市、扬州市、镇江市、盐城市、泰州市，浙江省杭州市、宁波市、温州市、湖州市、嘉兴市、绍兴市、金华市、舟山市、台州市，安徽省合肥市、芜湖市、马鞍山市、铜陵市、安庆市、滁州市、池州市、宣城市全域；长江中游城市群统计范围为湖北省武汉市、黄石市、鄂州市、黄冈市、孝感市、咸宁市、襄阳市、宜昌市、荆州市、荆门市，湖南省长沙市、株洲市、湘潭市、岳阳市、益阳市、常德市、衡阳市、娄底市，江西省南昌市、九江市、景德镇市、鹰潭市、新余市、宜春市、萍乡市、上饶市、抚州市、吉安市全域；成渝地区城市群统计范围为重庆市，四川省成都市、自贡市、泸州市、德阳市、绵阳市、遂宁市、内江市、乐山市、南充市、眉山市、宜宾市、广安市、达州市、雅安市、资阳市全域。

城市群继续保持绿色发展水平整体优势,且区域内部差异最小,但区域内部均衡度略有降低。长江中游城市群平均指数为54.15,变异系数为7.35%,均处于中等水平,且区域内部均衡度略有提升。成渝地区城市群平均指数为49.74,变异系数为7.75%,区域绿色发展水平整体相对落后,然而内部差异程度明显降低(见表2)。

表2 2021~2022年长江经济带三大城市群绿色发展综合指数及变异系数

项目	长三角城市群		长江中游城市群		成渝地区城市群	
	2021年	2022年	2021年	2022年	2021年	2022年
平均指数	55.23	57.49	51.33	54.15	46.25	49.74
变异系数(%)	5.41	6.28	8.44	7.35	10.94	7.75

二 长江经济带绿色发展指数分领域情况

(一)绿色生态指数评价结果

绿色生态领域包括自然禀赋和环境质量两个二级指标,2022年长江经济带城市绿色生态指数评价结果如表3所示,西部地区城市平均指数最高,具有总体优势。在126个城市中,指数较高的东部地区城市有丽水、黄山、衢州,指数较高的中部地区城市有恩施州、永州、怀化、景德镇、张家界,指数较高的西部地区城市有迪庆州、怒江州、普洱、黔东南州、甘孜州、丽江、黔南州、阿坝州、铜仁、保山、大理州、西双版纳州。云南省是绿色生态水平最具领先优势的省份。与上一年度评价结果相比,绿色生态指数进步最大的东部地区城市是黄山市,中部地区城市是邵阳市,西部地区城市是安顺市。

从二级指标来看,在自然禀赋方面,指数最高的城市为怒江州、甘孜州、迪庆州,主要得益于这些城市的人均水资源量具有较大优势,其他领先城市集中于云南、四川两省；在环境质量方面，指数最高的城市分别为丽水、黄山和黔东南州，主要得益于这些城市的考核断面水环境质量较好，其他领先城市也多集中于浙江、贵州两省（见表3）。

表3 2022年长江经济带城市绿色生态指数

城市		一级指标	二级指标	
		绿色生态	自然禀赋	环境质量
上海		43.53	5.28	69.04
江苏	南京	38.40	10.28	57.15
	无锡	36.68	5.96	57.15
	徐州	25.36	12.98	33.62
	常州	35.09	9.21	52.35
	苏州	42.31	5.10	67.12
	南通	45.91	12.66	68.08
	连云港	33.51	14.42	46.23
	淮安	37.62	18.41	50.42
	盐城	47.34	17.68	67.12
	扬州	39.35	13.90	56.31
	镇江	35.53	11.75	51.38
	泰州	42.76	13.45	62.31
	宿迁	30.84	17.85	39.50
浙江	杭州	47.82	41.20	52.23
	宁波	48.14	27.42	61.96
	温州	48.81	39.52	55.00
	嘉兴	43.04	5.49	68.08
	湖州	46.50	27.47	59.19
	绍兴	45.47	32.44	54.15
	金华	51.19	37.91	60.04
	衢州	59.28	46.09	68.08
	舟山	50.42	24.64	67.62
	台州	52.90	36.42	63.88
	丽水	69.39	56.75	77.81

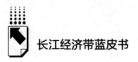

续表

城市		一级指标	二级指标	
		绿色生态	自然禀赋	环境质量
安徽	合肥	39.15	17.90	53.31
	芜湖	38.99	20.39	51.38
	蚌埠	31.75	20.13	39.50
	淮南	36.43	19.59	47.65
	马鞍山	40.74	21.70	53.42
	淮北	27.86	14.56	36.73
	铜陵	38.39	23.41	48.38
	安庆	39.77	35.84	42.38
	黄山	64.55	53.67	71.81
	滁州	31.03	29.10	32.31
	阜阳	38.31	15.31	53.65
	宿州	29.46	18.74	36.62
	六安	39.08	37.19	40.35
	亳州	32.67	19.19	41.65
	池州	47.55	49.36	46.35
	宣城	46.38	44.99	47.31
江西	南昌	39.09	19.37	52.23
	景德镇	57.68	46.92	64.85
	萍乡	49.80	41.48	55.35
	九江	42.08	43.25	41.31
	新余	47.18	38.15	53.19
	鹰潭	45.70	40.74	49.00
	赣州	50.42	49.83	50.81
	吉安	48.84	51.49	47.08
	宜春	47.90	44.46	50.19
	抚州	51.49	49.62	52.73
	上饶	46.56	44.33	48.04
湖北	武汉	32.07	13.55	44.42
	黄石	36.10	28.29	41.31
	十堰	43.38	52.43	37.35
	宜昌	40.99	47.91	36.38
	襄阳	34.17	40.41	30.00

续表

城市		一级指标	二级指标	
		绿色生态	自然禀赋	环境质量
湖北	鄂州	33.86	16.57	45.38
	荆门	38.78	38.81	38.77
	孝感	38.05	25.62	46.35
	荆州	37.37	24.83	45.73
	黄冈	34.88	35.67	34.35
	咸宁	40.77	41.58	40.23
	随州	38.64	43.47	35.42
	恩施州	58.84	54.17	61.96
湖南	长沙	39.84	32.79	44.54
	株洲	44.60	41.81	46.46
	湘潭	35.63	30.91	38.77
	衡阳	43.92	34.51	50.19
	邵阳	53.96	44.32	60.38
	岳阳	39.22	35.92	41.42
	常德	38.96	36.54	40.58
	张家界	56.16	53.22	58.12
	益阳	39.99	40.56	39.62
	郴州	51.06	48.03	53.08
	永州	58.83	46.39	67.12
	怀化	57.69	52.38	61.23
	娄底	38.57	34.13	41.54
	湘西州	48.64	50.98	47.08
重庆		35.71	34.86	36.27
四川	成都	27.97	18.07	34.58
	自贡	29.30	25.89	31.58
	攀枝花	50.99	46.24	54.15
	泸州	33.06	38.17	29.65
	德阳	32.17	27.29	35.42
	绵阳	39.76	44.82	36.38
	广元	48.48	53.65	45.04
	遂宁	35.43	28.24	40.23
	内江	33.08	25.24	38.31

城市		一级指标	二级指标	
		绿色生态	自然禀赋	环境质量
四川	乐山	40.54	46.77	36.38
	南充	34.41	32.89	35.42
	眉山	34.80	33.69	35.54
	宜宾	32.97	39.38	28.69
	广安	34.38	26.86	39.38
	达州	42.97	42.58	43.23
	雅安	43.76	56.61	35.19
	巴中	44.82	48.82	42.15
	资阳	34.42	30.04	37.35
	阿坝州	57.05	62.58	53.37
	甘孜州	60.65	69.12	55.00
	凉山州	47.52	45.91	48.60
贵州	贵阳	44.84	29.76	54.88
	六盘水	43.61	32.65	50.92
	遵义	48.32	44.41	50.92
	安顺	53.56	31.96	67.96
	毕节	43.57	37.04	47.92
	铜仁	55.74	42.25	64.73
	黔西南州	46.17	47.69	45.15
	黔东南州	62.23	50.76	69.88
	黔南州	59.32	43.64	69.77
云南	昆明	37.87	33.41	40.85
	曲靖	45.75	42.48	47.92
	玉溪	52.92	45.64	57.77
	保山	55.68	49.84	59.58
	昭通	51.81	41.09	58.96
	丽江	60.05	53.19	64.62
	普洱	63.71	62.35	64.62
	临沧	50.02	51.54	49.00
	楚雄州	52.90	50.10	54.77
	红河州	49.88	45.27	52.96
	文山州	49.81	52.65	47.92

城市		一级指标	二级指标	
		绿色生态	自然禀赋	环境质量
云南	西双版纳州	54.88	47.65	59.69
	大理州	55.08	46.88	60.54
	德宏州	54.26	54.76	53.92
	怒江州	63.92	71.53	58.85
	迪庆州	65.64	65.72	65.58

资料来源：《中国统计年鉴2023》《中国城市统计年鉴2023》，各省市2023年统计年鉴，各省市2022年度水资源公报、环境统计年报等政府开放数据。

从城市群尺度来看，长三角城市群的绿色生态指数平均指数相对较高，长江中游城市群次之，成渝地区城市群平均指数较低。具体而言，2022年长三角城市群平均指数为43.08，区域内部变异系数为12.76%，城市群生态发展水平高于整个东部区域（平均指数为41.93）。长江中游城市群平均指数为41.57，区域内部变异系数为14.59%，相较而言，其绿色生态总体属于中等水平，但是区域内部差异有所增大，且城市群生态发展水平低于整个中部区域（平均指数为44.26）。成渝地区城市群平均指数为35.30，城市群内部变异系数为12.57%，城市群绿色生态水平相对较低，且显著低于整个西部区域平均水平（平均指数为46.72），这表明西部区域的生态环境整体优势集中于非成渝地区城市群地区（见表4）。

表4　2021~2022年长江经济带三大城市群绿色生态指数及变异系数

项目	长三角城市群		长江中游城市群		成渝地区城市群	
	2021年	2022年	2021年	2022年	2021年	2022年
平均指数	42.72	43.08	40.38	41.57	34.39	35.30
变异系数(%)	12.27	12.76	12.71	14.59	13.32	12.57

（二）绿色生产指数评价结果

绿色生产领域包括节能减排和绿色科技两个二级指标，2022年长江经济带城市绿色生产指数评价结果如表5所示，东部城市平均指数相对较高。在126个城市中，指数较高的东部地区城市有：上海、无锡、苏州、常州、合肥、芜湖、杭州、南京、湖州、扬州、舟山、泰州、镇江、宁波、南通，指数较高的中部地区城市有：长沙、武汉、株洲，指数较高的西部地区城市有：绵阳、成都。江苏省具有显著的领先优势。与上一年度评价结果相比，绿色生产指数进步最大的东部地区城市是芜湖市，中部地区城市是衡阳市，西部地区城市是迪庆州。

从二级指标来看，节能减排方面指数最高的城市分别为恩施州、株洲和襄阳，领先城市多位于中部区域，湖南、湖北两省优势较为明显；绿色科技方面指数最高的城市分别为上海、苏州和无锡，领先城市大多位于东部区域，上海、江苏两地优势较为明显。

表5 2022年长江经济带城市绿色生产指数

城市		一级指标	二级指标	
		绿色生产	节能减排	绿色科技
上海		80.34	92.13	68.55
江苏	南京	68.62	80.72	56.52
	无锡	72.40	85.15	59.65
	徐州	56.67	87.18	26.16
	常州	71.29	87.65	54.92
	苏州	72.06	82.49	61.64
	南通	65.08	88.31	41.84
	连云港	59.59	89.49	29.69
	淮安	56.44	84.62	28.26
	盐城	57.98	85.38	30.58
	扬州	67.11	92.71	41.52
	镇江	65.54	86.17	44.91
	泰州	66.29	91.37	41.21
	宿迁	51.86	79.33	24.39

续表

城市		一级指标	二级指标	
		绿色生产	节能减排	绿色科技
浙江	杭州	69.58	86.95	52.22
	宁波	65.43	83.19	47.68
	温州	59.20	89.20	29.19
	嘉兴	63.62	82.72	44.52
	湖州	67.47	90.02	44.93
	绍兴	48.13	54.24	42.03
	金华	55.01	82.91	27.11
	衢州	54.11	76.15	32.08
	舟山	66.50	90.45	42.54
	台州	62.22	89.50	34.94
	丽水	58.24	88.89	27.60
安徽	合肥	70.44	89.63	51.25
	芜湖	69.65	85.11	54.19
	蚌埠	48.79	74.44	23.14
	淮南	47.70	79.48	15.91
	马鞍山	57.58	67.17	47.99
	淮北	52.29	82.46	22.11
	铜陵	49.64	65.70	33.58
	安庆	48.82	80.15	17.50
	黄山	52.09	81.47	22.72
	滁州	56.78	86.33	27.23
	阜阳	48.60	86.36	10.84
	宿州	47.79	86.19	9.38
	六安	52.69	91.69	13.70
	亳州	50.37	93.41	7.32
	池州	55.57	82.99	28.14
	宣城	50.68	74.06	27.30
江西	南昌	61.90	90.30	33.50
	景德镇	53.29	82.46	24.12
	萍乡	59.89	90.51	29.27
	九江	56.08	85.64	26.52
	新余	49.52	73.20	25.85

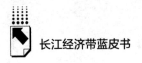

续表

城市		一级指标	二级指标	
		绿色生产	节能减排	绿色科技
江西	鹰潭	63.84	92.11	35.57
	赣州	53.81	86.48	21.14
	吉安	56.82	89.85	23.79
	宜春	55.01	84.79	25.23
	抚州	52.98	82.71	23.25
	上饶	54.61	89.96	19.25
湖北	武汉	66.59	87.51	45.66
	黄石	51.08	77.68	24.48
	十堰	57.68	86.96	28.40
	宜昌	63.04	83.91	42.17
	襄阳	61.47	94.15	28.78
	鄂州	49.67	70.17	29.18
	荆门	52.66	78.20	27.12
	孝感	55.48	86.79	24.18
	荆州	51.21	85.22	17.21
	黄冈	51.39	89.14	13.64
	咸宁	52.71	88.56	16.86
	随州	54.07	94.12	14.03
	恩施州	50.14	95.59	4.69
湖南	长沙	67.18	90.96	43.39
	株洲	66.47	94.15	38.78
	湘潭	60.15	88.03	32.27
	衡阳	55.82	91.32	20.31
	邵阳	54.85	92.19	17.50
	岳阳	61.36	92.72	29.99
	常德	58.29	94.14	22.44
	张家界	45.41	82.11	8.71
	益阳	56.31	93.11	19.50
	郴州	58.41	91.69	25.12
	永州	54.46	94.07	14.85
	怀化	47.16	78.16	16.16
	娄底	52.11	83.94	20.27
	湘西州	50.29	93.23	7.35

续表

城市		一级指标	二级指标	
		绿色生产	节能减排	绿色科技
重庆		60.61	87.46	33.76
四川	成都	66.51	93.70	39.32
	自贡	52.45	91.12	13.79
	攀枝花	37.99	54.34	21.64
	泸州	52.41	87.02	17.79
	德阳	56.58	88.24	24.91
	绵阳	69.40	90.32	48.48
	广元	47.76	85.46	10.06
	遂宁	51.26	90.33	12.19
	内江	45.08	80.34	9.83
	乐山	45.28	78.13	12.44
	南充	45.91	82.52	9.30
	眉山	49.65	84.53	14.78
	宜宾	51.85	82.86	20.84
	广安	46.22	85.48	6.96
	达州	46.12	86.68	5.56
	雅安	52.06	84.35	19.78
	巴中	47.09	92.12	2.06
	资阳	48.92	94.10	3.73
	阿坝州	47.47	68.66	26.28
	甘孜州	53.26	90.12	16.40
	凉山州	45.47	85.69	5.24
贵州	贵阳	52.50	80.44	24.57
	六盘水	48.59	80.41	16.77
	遵义	52.65	92.60	12.70
	安顺	44.17	75.84	12.50
	毕节	35.40	67.92	2.88
	铜仁	35.92	63.79	8.04
	黔西南州	43.80	77.60	10.01
	黔东南州	39.61	75.39	3.84
	黔南州	50.49	88.34	12.64
云南	昆明	56.02	85.79	26.26
	曲靖	47.61	80.24	14.99

城市		一级指标	二级指标	
		绿色生产	节能减排	绿色科技
云南	玉溪	58.65	89.32	27.98
	保山	52.28	86.01	18.54
	昭通	41.23	75.03	7.43
	丽江	53.83	91.90	15.76
	普洱	38.44	70.00	6.87
	临沧	44.71	84.26	5.15
	楚雄州	51.42	90.50	12.33
	红河州	41.11	67.81	14.40
	文山州	27.75	44.99	10.51
	西双版纳州	47.12	82.59	11.65
	大理州	37.36	63.23	11.49
	德宏州	18.16	31.17	5.15
	怒江州	31.21	47.08	15.33
	迪庆州	60.80	80.03	41.57

资料来源：《中国统计年鉴2023》《中国城市统计年鉴2023》，各省市2023年统计年鉴，各省市2022年度科技经费投入统计公报、财政决算报告等政府开放数据。

从城市群尺度来看，长三角城市群的绿色生产指数平均指数高于长江中游城市群和成渝地区城市群。具体而言，2022年，长三角城市群平均指数为63.08，变异系数为13.09%，区域内部绿色生产水平差异有所增大。长江中游城市群平均指数为57.03，变异系数为9.34%，城市之间差异程度最小。成渝地区城市群平均指数为52.52，变异系数为14.06%，区域内部绿色生产水平差异显著缩小。三大城市群绿色生产平均指数均高于所在区域整体水平（见表6）。

表6 2021~2022年长江经济带三大城市群绿色生产指数及变异系数

项目	长三角城市群		长江中游城市群		成渝地区城市群	
	2021年	2022年	2021年	2022年	2021年	2022年
平均指数	62.78	63.08	55.86	57.03	49.92	52.52
变异系数（%）	11.38	13.09	8.09	9.34	17.78	14.06

（三）绿色生活指数评价结果

绿色生活领域包含污染治理、城市绿化、环境压力三个主题，2022 年长江经济带城市绿色生活指数评价结果如表 7 所示，中东部地区城市具有较大优势。在 126 个城市中，指数较高的东部地区城市有：南京、淮南、芜湖、合肥、淮北、滁州、舟山、马鞍山，指数较高的中部地区城市有：新余、景德镇、鄂州、武汉、萍乡、赣州、抚州、宜昌、长沙，指数较高的西部地区城市有：重庆、巴中、自贡。安徽、江西两省是绿色生活领域的发展标杆。与上一年度评价结果相比，绿色生活指数进步最大的东部地区城市是淮南市，中部地区城市是孝感市，西部地区城市是德阳市。

从二级指标来看，污染治理方面指数最高的城市分别为鄂州、马鞍山和南京，这些城市主要得益于人均城市环境基础设施建设投资额具有优势；城市绿化方面指数最高的城市分别为新余、南京和合肥，较上一年度评价结果变动相对较小；环境压力领域指数最高的城市分别为西双版纳州、普洱、资阳（即环境压力最小），主要得益于这些城市人均碳排放量较小、人口密度较低。

表 7　2022 年长江经济带城市绿色生活指数

城市		一级指标	二级指标		
		绿色生活	污染治理	城市绿化	环境压力
上海		56.00	76.25	46.70	34.10
江苏	南京	79.00	86.36	81.57	59.15
	无锡	65.01	80.71	60.34	42.96
	徐州	60.32	61.46	50.69	77.32
	常州	63.09	75.87	58.73	46.26
	苏州	60.18	69.77	61.35	38.64
	南通	61.74	64.59	56.41	66.72
	连云港	59.72	74.94	37.04	74.63
	淮安	62.85	66.31	51.78	78.08

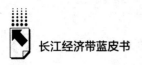
续表

城市		一级指标	二级指标		
		绿色生活	污染治理	城市绿化	环境压力
江苏	盐城	56.73	60.81	43.68	74.69
	扬州	63.26	64.53	58.41	70.40
	镇江	61.81	71.21	54.17	58.26
	泰州	62.62	70.34	54.37	63.66
	宿迁	61.40	71.50	43.88	76.23
浙江	杭州	67.24	73.27	62.02	65.64
	宁波	67.16	84.35	56.10	54.90
	温州	60.74	79.76	34.87	74.44
	嘉兴	57.67	79.30	42.08	45.59
	湖州	61.24	75.16	48.81	58.26
	绍兴	64.41	71.92	60.22	57.78
	金华	63.17	75.77	47.29	69.74
	衢州	55.28	70.09	36.10	64.04
	舟山	67.90	82.63	68.23	37.79
	台州	61.47	71.98	44.92	73.51
	丽水	61.10	78.62	33.39	81.46
安徽	合肥	73.31	66.75	79.31	74.40
	芜湖	73.88	77.06	72.24	70.81
	蚌埠	65.81	73.93	48.86	83.44
	淮南	77.20	82.93	68.01	84.11
	马鞍山	67.83	90.19	51.93	54.92
	淮北	69.78	76.05	59.05	78.70
	铜陵	66.38	73.52	59.76	65.35
	安庆	63.42	74.63	40.65	86.54
	黄山	65.85	60.83	60.05	87.47
	滁州	69.05	74.66	60.89	74.14
	阜阳	64.33	75.78	42.19	85.69
	宿州	60.88	71.31	36.33	89.12
	六安	64.64	75.53	42.58	87.01
	亳州	59.74	72.84	31.77	89.46
	池州	59.55	53.08	59.26	73.07
	宣城	66.26	75.25	53.84	73.10

城市		一级指标	二级指标		
		绿色生活	污染治理	城市绿化	环境压力
江西	南昌	62.09	64.64	52.51	76.14
	景德镇	75.40	73.88	74.12	81.02
	萍乡	71.82	77.83	61.95	79.55
	九江	65.93	68.29	58.00	77.08
	新余	77.33	78.99	82.10	64.48
	鹰潭	67.09	65.25	62.96	79.01
	赣州	70.92	73.63	58.89	89.55
	吉安	65.74	73.61	46.41	88.63
	宜春	59.40	65.99	42.12	80.79
	抚州	70.41	64.43	67.10	88.96
	上饶	56.54	38.37	59.24	87.48
湖北	武汉	72.47	73.24	75.23	65.40
	黄石	53.18	53.70	44.54	69.41
	十堰	61.01	62.15	46.16	88.42
	宜昌	67.88	71.44	59.95	76.63
	襄阳	63.98	63.54	53.09	86.65
	鄂州	72.86	91.50	57.47	66.34
	荆门	59.26	60.58	46.85	81.44
	孝感	63.40	79.35	37.65	83.00
	荆州	59.20	60.26	44.72	86.03
	黄冈	48.22	55.07	21.36	88.21
	咸宁	58.77	65.48	40.00	82.91
	随州	66.52	79.15	41.59	91.12
	恩施州	54.83	60.82	29.14	94.24
湖南	长沙	67.61	66.75	64.63	75.28
	株洲	55.05	43.40	51.49	85.48
	湘潭	58.18	63.65	43.48	76.64
	衡阳	55.93	71.89	24.11	87.64
	邵阳	56.49	62.46	32.16	93.23
	岳阳	61.09	76.46	33.30	85.94
	常德	58.08	78.06	22.23	89.78
	张家界	52.82	66.67	18.55	93.68

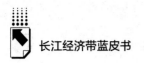
续表

城市		一级指标	二级指标		
		绿色生活	污染治理	城市绿化	环境压力
湖南	益阳	58.07	72.27	28.04	89.74
	郴州	58.05	54.99	45.30	89.68
	永州	59.57	73.32	30.96	89.28
	怀化	50.63	60.16	20.30	92.20
	娄底	55.61	73.02	24.94	82.14
	湘西州	45.06	61.93	4.49	92.47
重庆		72.10	72.57	66.82	81.75
四川	成都	65.03	66.44	60.75	70.76
	自贡	67.69	64.00	61.19	88.05
	攀枝花	52.61	45.27	58.95	54.60
	泸州	62.73	65.31	47.92	87.17
	德阳	64.91	70.95	51.86	78.95
	绵阳	62.62	69.69	42.90	87.92
	广元	47.54	41.54	36.40	81.83
	遂宁	62.04	69.02	43.35	85.44
	内江	58.67	69.23	34.81	85.26
	乐山	56.60	60.14	49.95	62.82
	南充	65.17	64.44	59.09	78.79
	眉山	60.35	72.28	39.39	78.41
	宜宾	51.35	65.77	44.35	36.50
	广安	54.57	55.37	36.60	88.89
	达州	52.56	58.50	35.59	74.62
	雅安	46.80	59.10	25.86	64.06
	巴中	68.54	80.95	43.28	94.26
	资阳	64.42	84.66	28.78	95.22
	阿坝州	35.48	43.66	6.12	77.85
	甘孜州	41.66	38.46	24.91	81.58
	凉山州	36.29	11.55	41.41	75.52
贵州	贵阳	65.11	64.02	60.98	75.56
	六盘水	50.12	54.71	30.63	79.91
	遵义	53.28	58.92	32.91	82.74
	安顺	60.95	61.62	45.45	90.62

城市		一级指标	二级指标		
		绿色生活	污染治理	城市绿化	环境压力
贵州	毕节	51.58	60.00	25.56	86.75
	铜仁	53.21	55.18	32.02	91.66
	黔西南州	56.34	67.54	32.66	81.29
	黔东南州	52.53	57.16	28.10	92.14
	黔南州	60.88	74.53	35.07	85.22
云南	昆明	62.07	54.95	59.17	82.13
	曲靖	57.32	67.04	36.64	79.26
	玉溪	47.91	58.86	22.23	77.34
	保山	61.77	70.85	41.48	84.20
	昭通	49.49	55.45	24.96	86.64
	丽江	59.29	69.41	33.55	90.54
	普洱	52.56	53.14	30.62	95.27
	临沧	53.19	75.44	15.54	83.99
	楚雄州	56.76	70.32	27.48	88.21
	红河州	57.44	59.44	43.02	82.29
	文山州	44.00	54.43	23.73	63.68
	西双版纳州	59.79	59.03	40.77	99.39
	大理州	43.04	39.72	25.87	84.01
	德宏州	59.43	71.79	35.26	83.07
	怒江州	48.37	35.22	46.78	77.85
	迪庆州	42.16	42.14	20.53	85.46

资料来源：《中国统计年鉴2023》《中国城市统计年鉴2023》《中国城市建设统计年鉴2023》，各省市2023年统计年鉴，各省市政府网站公开信息等。

从城市群尺度来看，长三角城市群、长江中游城市群、成渝地区城市群的绿色生活指数平均指数依次递减，但是城市群之间发展水平差异不大。具体而言，2022年，长三角城市群平均指数为64.45，变异系数为8.18%，区域内部差异最小。长江中游城市群平均指数为62.88，变异系数为11.52%，区域内部差异较上一年度有明显降低。成渝地区城市群平均指数为60.48，变异系数为11.00%，区域内部差异也有所下降（见表8）。

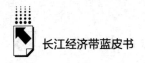

表8　2021~2022年长江经济带三大城市群绿色生活指数及变异系数

项目	长三角城市群		长江中游城市群		成渝地区城市群	
	2021 年	2022 年	2021 年	2022 年	2021 年	2022 年
平均指数	57.66	64.45	56.26	62.88	53.20	60.48
变异系数(%)	8.35	8.18	16.32	11.52	15.00	11.00

三　长江经济带绿色发展领先城市优势分析

根据绿色生态、绿色生产、绿色生活各分项指数评价结果，长江经济带绿色发展综合指数领先城市可以进一步分为六个类别（见表9）。

表9　2022年长江经济带绿色发展指数领先城市分类

类别	城市	特征
Ⅰ	丽水	以绿色生态为优势
Ⅱ	上海；苏州；无锡；湖州；绵阳；南通；泰州	以绿色生产为优势
Ⅲ	台州	以绿色生态、绿色生产为优势
Ⅳ	景德镇；黄山	以绿色生态、绿色生活为优势
Ⅴ	南京；合肥；芜湖；鹰潭；长沙	以绿色生产、绿色生活为优势
Ⅵ	杭州；舟山；宁波；萍乡	绿色生态、绿色生产、绿色生活相对均衡发展

注：若某城市在某一领域指数较高，则认为该城市在该领域具有优势。若某城市在三大领域的指数均相对较高，则认为该城市在绿色生态、绿色生产、绿色生活相对均衡发展。

第Ⅰ类别城市在绿色生态领域具有显著优势，而绿色生产和绿色生活水平相对落后。该类别仅包括一个城市——丽水，综合指数为62.44，评价结果较上一年度有所提升，是长江经济带区域绿色生态发展的标杆城市。

从指数结构来看，丽水市在绿色生态领域评价结果遥遥领先，虽然自然禀赋略逊于滇蜀省份部分城市，但是在环境质量方面是长江经济带最好的城市。此外，丽水市绿色生产指数评价结果良好，绿色生活指数在126个城市中处于中游水平。在具体指标方面，丽水市的林木覆盖率、农田与水域面积占比、一般工业固体废弃物综合利用率、考核断面水环境质量等指标指数具有显著领先优势，同时，其人均水资源指数也较高，2022年达到7970.58米³/人（见表10）。

表10　2022年长江经济带绿色发展指数领先城市（第Ⅰ类别）

指标	丽水	
	指数	类别
绿色发展	62.44	—
绿色生态	69.39	A+
自然禀赋	56.75	A
环境质量	77.81	A+
绿色生产	58.24	C
节能减排	88.89	C
绿色科技	27.60	C
绿色生活	61.10	D
污染治理	78.62	A
城市绿化	33.39	E
环境压力	81.46	D

第Ⅱ类城市在绿色生产领域具有显著优势，而绿色生态和绿色生活水平相对落后。该类别城市数量最多，共有7个，分别为：上海，绿色发展综合指数62.00；苏州，综合指数59.57；无锡，综合指数59.46；湖州，综合指数59.31；绵阳，综合指数58.47；南通，综合指数58.33；泰州，综合指数58.13。在这些城市中，上海、苏州、无锡、泰州四地评价结果较上一年度有所提升，湖州、绵阳两地略有下降，南通市维持不变。这些城市人口和经济活动密度高，科技驱动绿色生产转型较为成功。

根据细分领域的指数特征，这7个城市可以进一步分为两个子类。第Ⅱ-1类城市为上海、苏州、湖州和南通，这4个城市均位于长三角城市群，绿色生产指数具有领先优势，但是绿色生态和绿色生活领域都存在不同程度的短板，自然资源禀赋低，人居环境压力很大。在具体指标方面，上海市的土壤侵蚀度、单位工业增加值二氧化硫排放量、人均GDP、全社会研发经费占 GDP 比重、人均公园绿地面积等五项指数具有显著领先优势，全社会研发经费占 GDP 比重仅次于绵阳市，达到 4.44%；苏州市的土壤侵蚀度、人均 GDP、全社会研发经费占 GDP 比重等三项指标具有显著领先优势，其人均 GDP 仅次于无锡市，达到 18.60 万元；湖州市的一般工业固体废弃物综合利用率达到 100%，高居榜首；南通市的土壤侵蚀度指数具有显著领先优势，单位工业增加值二氧化硫排放量也较高（见表 11）。

表 11　2022 年长江经济带绿色发展指数领先城市指数（第 II-1 类别）

指标	上海		苏州		湖州		南通	
	指数	类别	指数	类别	指数	类别	指数	类别
绿色发展	62.00	—	59.57	—	59.31	—	58.33	—
绿色生态	43.53	D	42.31	D	46.50	D	45.91	D
自然禀赋	5.28	E	5.10	E	27.47	E	12.66	E
环境质量	69.04	A+	67.12	A	59.19	B	68.08	A
绿色生产	80.34	A+	72.60	A+	67.47	A	65.08	B
节能减排	92.13	B	82.49	E	90.02	C	88.31	C
绿色科技	68.55	A+	61.64	A+	44.93	B	41.84	B
绿色生活	56.00	E	60.18	D	61.24	D	61.74	D
污染治理	76.25	B	69.77	B	75.16	B	64.59	C
城市绿化	46.70	D	61.35	A	48.81	C	56.41	C
环境压力	34.10	E	38.64	E	58.26	E	66.72	E

第 II-2 类城市为无锡、绵阳和泰州，这 3 个城市在绿色生产领域具有优势，同时在绿色生活领域指数良好，仅在绿色生态领域存在一定短板。在具体指标方面，无锡市的人均 GDP 在长江经济带高居榜首，达到 19.84 万元，单位工业增加值二氧化硫排放量也较好；绵阳市 2022 年度全社会研发经费占 GDP 比重达到 5.63%，在长江经济带各城市中蝉联首位；泰州市的优势指标是土壤侵蚀度、单位工业增加值二氧化硫排放量等（见表 12）。

表12 2022年长江经济带绿色发展指数领先城市指数（第Ⅱ−2类别）

指标	无锡		绵阳		泰州	
	指数	类别	指数	类别	指数	类别
绿色发展	59.46	—	58.47	—	58.13	—
绿色生态	36.68	E	39.76	D	42.76	D
自然禀赋	5.96	E	44.82	C	13.45	E
环境质量	57.15	C	36.38	E	62.31	B
绿色生产	72.40	A+	69.40	A	66.29	B
节能减排	85.15	D	90.32	B	91.37	B
绿色科技	59.65	A+	48.48	A	41.21	B
绿色生活	65.01	C	62.62	C	62.62	C
污染治理	80.71	A	69.69	D	70.34	D
城市绿化	60.34	B	42.90	D	54.37	C
环境压力	42.96	E	87.92	B	63.66	E

第Ⅲ类城市在绿色生态、绿色生产领域均表现优异，而绿色生活水平相对落后。该类别仅有一座城市台州，综合指数为59.20，评价结果较上一年度有所提升。

从得分结构来看，台州市环境质量较好，绿色科技水平较高，同时城市环境压力较大。在具体指标方面，台州市的一般工业固体废弃物综合利用率为99.43%，具有一定的领先优势（见表13）。

表13 2022年长江经济带绿色发展指数领先城市指数（第Ⅲ类别）

指标	台州	
	指数	类别
绿色发展	59.20	B
绿色生态	52.90	B
自然禀赋	36.42	D
环境质量	63.88	B
绿色生产	62.22	B
节能减排	89.50	C
绿色科技	34.94	B

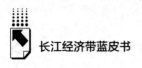

续表

指标	台州	
	指数	类别
绿色生活	61.47	D
污染治理	71.98	C
城市绿化	44.92	D
环境压力	73.51	E

第Ⅳ类城市在绿色生态、绿色生活领域均表现出色，在绿色生产领域相对弱势。该类别有两个城市：景德镇，综合指数61.24；黄山，综合指数59.96。两地综合评价结果较上一年度均略有降低。

从指数结构来看，景德镇市的绿色生活指数具有显著领先优势，评价结果优于绿色生态指数，在城市绿化、环境质量方面指数很高。黄山市的绿色生态指数具有显著领先优势，评价结果优于绿色生活指数，在环境质量、自然禀赋方面指数很高。在具体指标方面，景德镇的优势指标是建成区绿化覆盖率，2022年达到49.35%；黄山的优势指标是林木覆盖率、农田与水域面积占比和考核断面水环境质量，其建成区绿化覆盖率指数也相对较高，达到47.93%（见表14）。

表14 2022年长江经济带绿色发展指数领先城市指数（第Ⅳ类别）

指标	景德镇		黄山	
	指数	类别	指数	类别
绿色发展	61.24	—	59.96	—
绿色生态	57.68	A	64.55	A+
自然禀赋	46.92	C	53.67	A
环境质量	64.85	A	71.81	A+
绿色生产	53.29	D	52.09	D
节能减排	82.46	E	81.47	E
绿色科技	24.12	D	22.72	D
绿色生活	75.40	A+	65.85	B

指标	景德镇		黄山	
	指数	类别	指数	类别
污染治理	73.88	C	60.83	E
城市绿化	74.12	A+	60.05	B
环境压力	81.02	D	87.47	C

第Ⅴ类城市在绿色生产、绿色生活领域均表现出色，而在绿色生态领域存在相对短板。该类别包括5个城市，分别为：南京，综合指数62.67；合肥，综合指数61.91；芜湖，综合指数61.72；鹰潭，综合指数59.37；长沙，综合指数59.10。其中，南京市评价结果维持高位稳定，合肥、芜湖、鹰潭、长沙评价结果较上一年度均有不同程度的提升。

根据细分领域的指数特征，这5个城市可以进一步分为两个子类。第Ⅴ-1类城市为南京和芜湖。这2个城市指数结构较为相似，绿色生活指数评价结果优于绿色生产指数，突出体现在城市污染治理水平高于产业节能减排水平，同时，绿色科技、城市绿化也具有显著优势。在具体指标方面，南京市的优势指标是人均公园绿地面积、人均GDP、人均城市环境基础设施建设投资额，其中人均公园绿地面积达到11.93平方米，在126个城市中排名首位；芜湖市的优势指标是人均环保经费投入，2022年度达到880.12元，同时，其全社会研发经费占GDP比重、人均城市环境基础设施建设投资额等两项指标指数也相对较高（见表15）。

表15 2022年长江经济带绿色发展指数领先城市指数（第Ⅴ-1类别）

指标	南京		芜湖	
	指数	类别	指数	类别
绿色发展	62.67	—	61.72	—
绿色生态	38.40	E	38.99	E
自然禀赋	10.28	E	20.39	E
环境质量	57.15	C	51.38	D

指标	南京		芜湖	
	指数	类别	指数	类别
绿色生产	68.62	A	69.65	A
节能减排	80.72	E	85.11	D
绿色科技	56.52	A+	54.19	A
绿色生活	79.00	A+	73.88	A+
污染治理	86.36	A+	77.06	B
城市绿化	81.57	A+	72.24	A
环境压力	59.15	E	70.81	E

第Ⅴ-2类城市为合肥、鹰潭和长沙。这三个城市的绿色生产指数评价结果优于绿色生活指数,突出体现在产业节能减排水平高于城市污染治理水平,同时,在城市绿化方面也具有显著优势。在具体指标方面,合肥市的全社会研发经费占GDP比重为3.91%,人均公园绿地面积为10.62平方米,具有领先优势;鹰潭市虽然没有具有显著优势的评价指标,但是其各项指标也不存在明显短板;长沙市的单位工业增加值二氧化硫排放量仅有0.20吨/亿元,评价结果在长江经济带高居榜首,其单位工业增加值用电量为494.70千瓦时/万元,也具有显著领先优势(见表16)。

表16 2022年长江经济带绿色发展指数领先城市指数(第Ⅴ-2类别)

指标	合肥		鹰潭		长沙	
	指数	类别	指数	类别	指数	排名
绿色发展	61.91	—	59.37	—	59.10	—
绿色生态	39.15	E	45.70	D	39.84	D
自然禀赋	17.90	E	40.74	D	32.79	D
环境质量	53.31	C	49.00	D	44.54	E
绿色生产	70.44	A+	63.84	B	67.18	A
节能减排	89.63	C	92.11	B	90.96	B

续表

指标	合肥		鹰潭		长沙	
	指数	类别	指数	类别	指数	排名
绿色科技	51.25	A	35.57	B	43.39	B
绿色生活	73.31	A	67.09	B	67.61	B
污染治理	66.75	D	65.25	D	66.75	D
城市绿化	79.31	A+	62.96	A	64.63	A
环境压力	74.40	E	79.01	D	75.28	E

第Ⅵ类城市在绿色生态、绿色生产、绿色生活三大领域的表现相对均衡，具有显著的综合发展优势。该类别城市有4个，分别为：杭州，综合指数62.35；舟山，综合指数62.10；宁波，综合指数60.77；萍乡，综合指数60.44。这些城市评价结果较上一年度均基本维持稳定。

这4个城市绿色生态、绿色生产、绿色生活三大领域发展较为均衡，虽然在环境压力、自然禀赋两个方面存在不同程度的短板，但是在城市绿化、污染治理、绿色科技、节能减排、环境质量等方面大力推进，显著弥合了差距，形成了良好的均衡发展态势，为经济社会发展基础较好的中东部城市提供了绿色均衡发展的经验启示。具体而言，杭州市在绿色科技、城市绿化两个方面具有较大优势，其优势指标是单位工业增加值二氧化硫排放量、人均公园绿地面积、全社会研发经费占GDP比重；舟山市在环境质量、城市绿化、污染治理等3个方面具有较大优势，其优势指标是一般工业固体废弃物综合利用率，2022年达到99.93%；宁波市的污染治理水平卓越，其人均GDP、污水处理厂集中处理率、一般工业固体废弃物综合利用率等3项指标指数相对较高；萍乡市的城市绿化水平较好，其优势指标是人均环保经费投入，达到1015.44元，仅次于云南迪庆州和四川甘孜州，以及建成区绿化覆盖率，达到49.14%（见表17）。

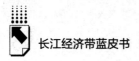

表 17 2022 年长江经济带绿色发展指数领先城市指数（第Ⅵ类别）

指标	杭州		舟山		宁波		萍乡	
	指数	类别	指数	类别	指数	类别	指数	类别
绿色发展	62.35	—	62.10	—	60.77	—	60.44	—
绿色生态	47.82	C	50.42	C	48.14	C	49.80	C
自然禀赋	41.20	D	24.64	E	27.42	E	41.48	D
环境质量	52.23	D	67.62	A	61.96	B	55.35	C
绿色生产	69.58	A	66.50	A	65.43	B	59.89	C
节能减排	86.95	D	90.45	B	83.19	D	90.51	B
绿色科技	52.22	A	42.54	B	47.68	A	29.27	C
绿色生活	67.24	B	67.90	A	67.16	B	71.82	A
污染治理	73.27	C	82.63	A	84.35	A+	77.83	B
城市绿化	62.02	A	68.23	A	56.10	C	61.95	A
环境压力	65.64	E	37.79	E	54.90	E	79.55	D

附录：长江经济带绿色发展指数评价方法

第一，指标体系框架。本年度报告沿用上一年度"长江经济带绿色发展指数指标评价体系"框架，包括3个一级指标、7个二级指标、21个三级指标。各项具体指标及各级权重均没有变动。

第二，指数测算方法。在综合指数的计算中，首先对各指标原始数据进行极差标准化，其中，$PM_{2.5}$年均浓度、土壤侵蚀度、单位工业增加值用电量、单位生产总值用水量、单位工业增加值废水化学需氧量排放量、单位工业增加值二氧化硫排放量、人均碳排放量、人口密度等8个指标为逆指标。其次，根据权重对各级指标依次加权求和，各级指标权重通过层次分析法和专家打分法确定（见附表1）。

第三，指标数据来源。指标数据来源广泛。其中，人均GDP、水资源总量、工业二氧化硫排放量、细颗粒物年平均浓度等指标数据主要来源于《中国城市统计年鉴2023》；城市市政公用设施建设固定资产投资、城市生产用水量、污水处理厂集中处理率、建成区绿化覆盖率、公园绿地面积等指标数据主要来源于《中国城市建设统计年鉴2023》；常住人口数量、工业增加值、工业用电量、全社会用电量等指标数据主要来源于各省市2023年统计年鉴；耕地面积、林地面积、水域面积等指标数据来源于土地调查；地方一般公共预算节能环保经费支出、R&D内部经费支出、考核断面水环境质量等指标数据广泛来源于2022年度国家和地方专项统计公报和政府开放数据。部分空缺数据采用插值法进行替代或估算。

附表1　长江经济带绿色发展指数指标体系

一级指标		二级指标		三级指标		
名称	权重	名称	权重	序号	名称	权重
绿色生态	0.3	自然禀赋	0.4	1	林木覆盖率	0.3
				2	农田与水域面积占比	0.2
				3	人均水资源量	0.3
				4	人均耕地面积	0.2

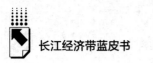

续表

一级指标		二级指标		三级指标		
名称	权重	名称	权重	序号	名称	权重
绿色生态	0.3	环境质量	0.6	5	考核断面水环境质量	0.3
				6	$PM_{2.5}$年均浓度	0.4
				7	土壤侵蚀度	0.3
绿色生产	0.4	节能减排	0.5	8	单位工业增加值用电量	0.25
				9	单位生产总值用水量	0.25
				10	单位工业增加值废水化学需氧量排放量	0.25
				11	单位工业增加值二氧化硫排放量	0.25
		绿色科技	0.5	12	人均GDP	0.3
				13	全社会研发经费占GDP比重	0.4
				14	人均环保经费投入	0.3
绿色生活	0.3	污染治理	0.4	15	人均城市环境基础设施建设投资额	0.2
				16	污水处理厂集中处理率	0.4
				17	一般工业固体废弃物综合利用率	0.4
		城市绿化	0.4	18	建成区绿化覆盖率	0.5
				19	人均公园绿地面积	0.5
		环境压力	0.2	20	人均碳排放量	0.6
				21	人口密度	0.4

B.5
长江经济带科技创新驱动力指数报告
（2023~2024）

杨凡　陈贝贝*

摘　要： 通过构建长江经济带科技创新驱动力指标评价体系，并基于 AHP-EVM 模型设置主客观综合指标权重，得到科技创新驱动力综合指数，科技创新投入、科技创新载体、科技创新产出、科技创新绩效 4 个专项指数，以及 10 个二级指标指数，全面、系统地评价了长江经济带 110 个城市的科技创新驱动力。结果表明，长江经济带科技创新驱动力总体呈现协调发展趋势，但仍存在较大地区间差异，下游地区经济发达城市的科技创新驱动力更为强劲，中上游地区主要以省会城市为引领。因此，要发挥头部城市的创新资源集聚优势，带动其他城市加快经济转型升级。

关键词： 科技创新驱动力　城市发展　长江经济带

本报告沿用《长江经济带发展报告（2022~2023）》中《长江经济带科技创新驱动力指数报告（2022~2023）》构建的基于"投入—产出"经典框架的指标评价体系，以便于横纵向比较。本报告的科技创新驱动力指数评价体系由科技创新投入、科技创新载体、科技创新产出和科技创新绩效 4 个维度，科技研发投入等 10 个二级指标，研发经费等 35 个三级指标组成。

---

* 杨凡，博士，上海社会科学院信息研究所长江经济带研究室助理研究员，主要研究方向为科技创新、区域发展；陈贝贝，上海对外经贸大学会展与传播学院，主要研究方向为旅游与区域发展。

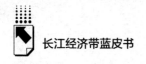

具体的指标评价体系和研究方法详见附录，评价的区域范围为长江经济带的110个地级以上城市。

一　长江经济带110个城市科技创新驱动力综合指数

表1显示了2022年长江经济带110个城市的科技创新驱动力综合指数（以下简称"综合指数"）测算结果。综合指数较高的城市包括上海市，江苏的南京市、苏州市、无锡市，湖北的武汉市，浙江的杭州市、宁波市，四川的成都市，安徽的合肥市，湖南的长沙市，这些城市在经济、创新和综合发展方面表现突出。重庆市，江苏的常州市、南通市、镇江市、徐州市，江西的南昌市，安徽的芜湖市，浙江的嘉兴市、金华市，云南的昆明市的综合指数也较高，这些城市在区域经济格局中具有较强的竞争力和发展潜力。此外，江苏的扬州市、泰州市、盐城市，浙江的舟山市、绍兴市、湖州市、温州市，贵州的贵阳市，湖南的湘潭市，安徽的马鞍山市，这些城市在区域发展中扮演着重要角色，并在部分领域展现出独特优势。

西部地区的云南、贵州、四川部分城市的综合指数相对较低，如云南的丽江市、普洱市、昭通市、临沧市，四川的达州市、广安市、巴中市，贵州的六盘水市、毕节市，湖南的张家界市等城市的发展仍面临一定挑战。

根据综合指数排名来看，城市分布差异明显，东部地区的科技创新驱动力持续占据领先地位，中西部城市相对落后，尤其是西部地区。但是与上年相比，中西部城市的科技创新驱动发展取得了明显的成效，如湖北的十堰市、江西的抚州市、四川的资阳市等城市存在显著提升。

长江经济带科技创新驱动力总体呈现出梯队型特征。具体来看，上海市的科技创新驱动力综合指数达到0.681，远远高于其他城市，在长江经济带科技创新发展中持续发挥龙头城市作用。核心城市江苏的南京市和苏州市、湖北的武汉市、浙江的杭州市的综合指数均在0.45以上。四川的成都市、安徽的合肥市、湖南的长沙市、江苏的无锡市、浙江的宁波市的综合指数均在 0.31 以上，位于第二梯队，中西部地区主要以省会城市为代表。重庆市，江苏的常州市、南通市、镇江市、徐州市，江西的南昌市，安徽的芜湖市，浙江的嘉兴市、金华市，云南的昆明市的综合指数在 0.20 及以上，这些城市与龙头或者核心城市相比，仍具有一定的成长空间，但其科技创新驱动力表现明显优于长江经济带其他城市，是极具科技创新发展的潜力城市。

表 1　2022 年长江经济带 110 个城市科技创新驱动力综合指数

	城市	综合指数		城市	综合指数
	上海市	0.681		合肥市	0.434
江苏	南京市	0.567	安徽	芜湖市	0.246
	无锡市	0.342		蚌埠市	0.130
	徐州市	0.224		淮南市	0.100
	常州市	0.289		马鞍山市	0.173
	苏州市	0.494		淮北市	0.100
	南通市	0.254		铜陵市	0.138
	连云港市	0.142		安庆市	0.096
	淮安市	0.153		黄山市	0.099
	盐城市	0.165		滁州市	0.136
	扬州市	0.199		阜阳市	0.073
	镇江市	0.230		宿州市	0.071
	泰州市	0.186		六安市	0.083
	宿迁市	0.129		亳州市	0.058
浙江	杭州市	0.469		池州市	0.106
	宁波市	0.328		宣城市	0.113
	温州市	0.162	湖北	武汉市	0.480
	嘉兴市	0.232		黄石市	0.108
	湖州市	0.182		十堰市	0.079
	绍兴市	0.185		宜昌市	0.144
	金华市	0.200		襄阳市	0.150
	衢州市	0.113		鄂州市	0.097
	舟山市	0.193		荆门市	0.098
	台州市	0.154		孝感市	0.087
	丽水市	0.098		荆州市	0.084

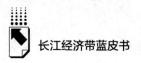

	城市	综合指数		城市	综合指数
湖北	黄冈市	0.054		广安市	0.028
	咸宁市	0.080	四川	达州市	0.042
	随州市	0.065		雅安市	0.055
湖南	长沙市	0.414		巴中市	0.017
	株洲市	0.159		资阳市	0.068
	湘潭市	0.188	江西	南昌市	0.255
	衡阳市	0.079		景德镇市	0.092
	邵阳市	0.068		萍乡市	0.117
	岳阳市	0.110		九江市	0.126
	常德市	0.102		新余市	0.116
	张家界市	0.033		鹰潭市	0.115
	益阳市	0.086		赣州市	0.115
	郴州市	0.096		吉安市	0.109
	永州市	0.071		宜春市	0.099
	怀化市	0.056		抚州市	0.106
	娄底市	0.074		上饶市	0.079
	重庆市	0.308		贵阳市	0.190
四川	成都市	0.446	贵州	六盘水市	0.041
	自贡市	0.087		遵义市	0.077
	攀枝花市	0.097		安顺市	0.050
	泸州市	0.071		毕节市	0.040
	德阳市	0.104		铜仁市	0.044
	绵阳市	0.162	云南	昆明市	0.213
	广元市	0.045		曲靖市	0.049
	遂宁市	0.051		玉溪市	0.068
	内江市	0.059		保山市	0.055
	乐山市	0.062		昭通市	0.022
	南充市	0.081		丽江市	0.044
	眉山市	0.060		普洱市	0.033
	宜宾市	0.074		临沧市	0.021

二 长江经济带110个城市科技创新驱动力专项指数

（一）科技创新投入指数

科技创新投入指数由3个二级指标构成，分别是科技研发投入、人力资源投入、创新基础投入。表2显示了长江经济带110个城市科技创新投入指数结果。从一级指标来看，科技创新投入指数最强的城市包括上海市、江苏的南京市、苏州市、无锡市，安徽的合肥市，浙江的杭州市、宁波市，湖南的长沙市，湖北的武汉市，四川的成都市。重庆市、江西的南昌市，江苏的常州市、徐州市、盐城市、南通市，安徽的芜湖市，云南的昆明市，浙江的嘉兴市，贵州的贵阳市的投入也较大。江苏的镇江市、泰州市、扬州市、淮安市、宿迁市、连云港市，浙江的绍兴市，湖南的湘潭市、株洲市，四川的绵阳市的投入也位居前列。其中，上海市"一枝独秀"，科技创新投入指数高达0.701，远高于其他城市；江苏城市有13个，安徽城市有2个，浙江城市有4个，除四川有成都市、绵阳市两个城市外，云南和贵州两地均是以省会城市为代表占据1个名额。科技创新投入较低的城市包括四川的遂宁市、广元市、达州市、资阳市、广安市、巴中市，云南的临沧市、普洱市、昭通市，湖南的张家界市。

从二级指标来看，上海市的科技研发投入最大，江苏的苏州市、南京市、无锡市，安徽的合肥市、芜湖市，浙江的杭州市、宁波市，四川的成都市，以及重庆市也较大。在人力资源投入方面，江苏的南京市最大，安徽的合肥市、湖南的长沙市、江西的南昌市、湖北的武汉市、云南的昆明市、上海市、浙江的杭州市、江苏的徐州市、贵州的贵阳市也较大。在创新基础投入方面，上海市投入一直最大，江苏的苏州市、南京市、无锡市、常州市，浙江的杭州市、宁波市，重庆市，湖北的武汉市，湖南的长沙市也较大。可以发现，一些城市虽然在一级指标方面表现并不突出，但在具体指标上表现亮眼，如江西的南昌市、云南的昆明市的人力资源投入超过上海市和浙江的杭州市，贵州的贵阳市的人力资源投入也相对较大；江苏的常州市的创新基础投入较大；安徽的芜湖市的科技研发投入较大。

表2　2022年长江经济带110个城市科技创新投入指数

城市		一级指标指数	二级指标		
			科技研发投入	人力资源投入	创新基础投入
上海市		0.701	0.801	0.463	0.978
江苏	南京市	0.511	0.396	0.666	0.431
	无锡市	0.361	0.311	0.383	0.418
	徐州市	0.261	0.140	0.425	0.175
	常州市	0.292	0.269	0.289	0.343
	苏州市	0.438	0.531	0.298	0.530
	南通市	0.250	0.238	0.252	0.267
	连云港市	0.197	0.139	0.287	0.133
	淮安市	0.204	0.116	0.316	0.155
	盐城市	0.233	0.153	0.335	0.189
	扬州市	0.205	0.159	0.229	0.249
	镇江市	0.229	0.153	0.288	0.263
	泰州市	0.214	0.176	0.255	0.211
	宿迁市	0.203	0.123	0.319	0.130
浙江	杭州市	0.454	0.444	0.444	0.495
	宁波市	0.340	0.316	0.312	0.442
	温州市	0.192	0.188	0.182	0.220
	嘉兴市	0.240	0.251	0.202	0.293
	湖州市	0.189	0.200	0.146	0.256
	绍兴市	0.227	0.227	0.202	0.276
	金华市	0.181	0.161	0.188	0.207
	衢州市	0.115	0.128	0.077	0.165
	舟山市	0.158	0.115	0.123	0.312
	台州市	0.164	0.169	0.140	0.201
	丽水市	0.126	0.113	0.115	0.174

续表

城市		一级指标指数	二级指标		
			科技研发投入	人力资源投入	创新基础投入
安徽	合肥市	0.491	0.478	0.613	0.271
	芜湖市	0.273	0.322	0.265	0.191
	蚌埠市	0.141	0.164	0.148	0.083
	淮南市	0.098	0.072	0.146	0.054
	马鞍山市	0.189	0.177	0.218	0.155
	淮北市	0.128	0.123	0.155	0.086
	铜陵市	0.165	0.186	0.171	0.110
	安庆市	0.087	0.077	0.091	0.100
	黄山市	0.101	0.071	0.135	0.096
	滁州市	0.139	0.132	0.150	0.131
	阜阳市	0.059	0.064	0.057	0.054
	宿州市	0.051	0.046	0.053	0.058
	六安市	0.077	0.061	0.096	0.071
	亳州市	0.042	0.043	0.040	0.043
	池州市	0.117	0.082	0.162	0.100
	宣城市	0.121	0.137	0.114	0.103
江西	南昌市	0.301	0.104	0.539	0.220
	景德镇市	0.065	0.075	0.028	0.120
	萍乡市	0.103	0.068	0.133	0.111
	九江市	0.128	0.076	0.166	0.154
	新余市	0.097	0.068	0.098	0.155
	鹰潭市	0.117	0.111	0.100	0.165
	赣州市	0.101	0.093	0.096	0.129
	吉安市	0.102	0.095	0.102	0.114
	宜春市	0.115	0.122	0.104	0.121
	抚州市	0.087	0.094	0.073	0.100
	上饶市	0.080	0.092	0.060	0.098
湖北	武汉市	0.370	0.225	0.522	0.357
	黄石市	0.112	0.088	0.137	0.112
	十堰市	0.115	0.110	0.126	0.106
	宜昌市	0.164	0.156	0.151	0.207
	襄阳市	0.112	0.083	0.120	0.155

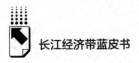
续表

城市		一级指标指数	二级指标		
			科技研发投入	人力资源投入	创新基础投入
湖北	鄂州市	0.102	0.075	0.107	0.146
	荆门市	0.109	0.103	0.122	0.097
	孝感市	0.113	0.121	0.124	0.078
	荆州市	0.112	0.089	0.157	0.069
	黄冈市	0.048	0.036	0.051	0.064
	咸宁市	0.083	0.060	0.104	0.087
	随州市	0.044	0.047	0.033	0.060
湖南	长沙市	0.431	0.300	0.612	0.330
	株洲市	0.210	0.232	0.220	0.146
	湘潭市	0.225	0.178	0.323	0.124
	衡阳市	0.091	0.118	0.067	0.086
	邵阳市	0.087	0.099	0.089	0.061
	岳阳市	0.126	0.141	0.109	0.130
	常德市	0.105	0.095	0.108	0.119
	张家界市	0.024	0.022	0.011	0.051
	益阳市	0.093	0.101	0.098	0.069
	郴州市	0.109	0.135	0.088	0.098
	永州市	0.080	0.093	0.073	0.069
	怀化市	0.085	0.089	0.086	0.075
	娄底市	0.086	0.100	0.083	0.066
重庆市		0.314	0.308	0.281	0.391
四川	成都市	0.362	0.413	0.346	0.290
	自贡市	0.061	0.044	0.073	0.073
	攀枝花市	0.095	0.044	0.120	0.148
	泸州市	0.067	0.048	0.074	0.092
	德阳市	0.117	0.085	0.160	0.093
	绵阳市	0.202	0.287	0.164	0.106
	广元市	0.029	0.010	0.032	0.064
	遂宁市	0.037	0.034	0.028	0.060
	内江市	0.044	0.028	0.062	0.037
	乐山市	0.054	0.026	0.065	0.088
	南充市	0.047	0.026	0.061	0.062

城市		一级指标指数	二级指标		
			科技研发投入	人力资源投入	创新基础投入
四川	眉山市	0.075	0.053	0.100	0.071
	宜宾市	0.072	0.066	0.056	0.117
	广安市	0.017	0.009	0.013	0.040
	达州市	0.026	0.013	0.026	0.051
	雅安市	0.082	0.043	0.134	0.058
	巴中市	0.015	0.007	0.012	0.038
	资阳市	0.025	0.014	0.022	0.053
贵州	贵阳市	0.234	0.090	0.393	0.205
	六盘水市	0.067	0.062	0.062	0.085
	遵义市	0.092	0.064	0.108	0.117
	安顺市	0.070	0.066	0.078	0.062
	毕节市	0.080	0.054	0.112	0.066
	铜仁市	0.081	0.058	0.101	0.088
云南	昆明市	0.251	0.047	0.481	0.195
	曲靖市	0.050	0.037	0.038	0.099
	玉溪市	0.078	0.061	0.061	0.150
	保山市	0.056	0.061	0.043	0.074
	昭通市	0.020	0.007	0.012	0.061
	丽江市	0.060	0.026	0.086	0.073
	普洱市	0.025	0.002	0.021	0.079
	临沧市	0.026	0.005	0.022	0.073

（二）科技创新载体指数

科技创新载体指数由 3 个二级指标构成，分别是科技研发载体、高新产业载体、创新培育载体。表 3 显示了长江经济带 110 个城市科技创新载体指数结果。科技创新载体表现强势的城市包括上海市，湖北的武汉市，江苏的南京市、苏州市，四川的成都市，安徽的合肥市，浙江的杭州市，重庆市，湖南的长沙市，云南的昆明市。其中，上海市的科技创新载体指数达到 0.897，远超其他城市。同时，江西的南昌市、赣州市，浙江的宁

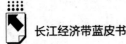

波市、嘉兴市、绍兴市，江苏的无锡市、南通市、徐州市、常州市，贵州的贵阳市，也有较强实力。安徽的芜湖市，湖北的襄阳市，浙江的湖州市、温州市，江苏的镇江市、盐城市、扬州市、泰州市，湖南的湘潭市，四川的绵阳市的载体能力也不可忽视。在载体能力较强的城市中，江苏城市有 10 个，浙江城市有 6 个，安徽、江西、湖北、湖南、四川城市各有 2 个，云南、贵州均只有省会城市。载体能力不足的城市主要分布在中西部地区，发展相对滞后的城市包括湖南的张家界市，四川的眉山市、巴中市、资阳市、达州市，云南的丽江市、普洱市、保山市、昭通市、临沧市，贵州的六盘水市、毕节市。

从二级指标来看，上海市在科技研发载体、高新产业载体、创新培育载体方面都是最强的。在科技研发载体方面，湖北的武汉市、江苏的南京市、安徽的合肥市、四川的成都市、浙江的杭州市、湖南的长沙市、重庆市、云南的昆明市、江西的南昌市也较强。在高新产业载体方面，江苏的苏州市、南京市、无锡市、重庆市，浙江的杭州市、宁波市，湖南的长沙市，四川的成都市，湖北的武汉市也较强。在创新培育载体方面，江苏的苏州市、南京市、无锡市、常州市，浙江的杭州市，湖北的武汉市，重庆市，四川的成都市，安徽的合肥市也较强。可以发现，一些城市虽然一级指标指数不高，但在具体指标上却表现突出。如江苏常州市的创新培育载体超过安徽的合肥市，江苏无锡市的创新培育载体、高新产业载体都较强。

表 3　2022 年长江经济带 110 个城市科技创新载体指数

城市		一级指标指数	二级指标		
			科技研发载体	高新产业载体	创新培育载体
上海市		0.897	0.925	0.785	1.000
江苏	南京市	0.541	0.601	0.344	0.639
	无锡市	0.158	0.069	0.312	0.351
	徐州市	0.094	0.060	0.151	0.174
	常州市	0.085	0.037	0.129	0.287
	苏州市	0.354	0.120	0.764	0.850

续表

城市		一级指标指数	二级指标		
			科技研发载体	高新产业载体	创新培育载体
江苏	南通市	0.123	0.039	0.291	0.243
	连云港市	0.060	0.016	0.183	0.034
	淮安市	0.044	0.012	0.129	0.034
	盐城市	0.066	0.023	0.129	0.194
	扬州市	0.064	0.020	0.129	0.187
	镇江市	0.068	0.031	0.129	0.157
	泰州市	0.062	0.037	0.108	0.108
	宿迁市	0.046	0.006	0.162	0.017
浙江	杭州市	0.410	0.325	0.484	0.772
	宁波市	0.190	0.122	0.345	0.248
	温州市	0.069	0.035	0.129	0.138
	嘉兴市	0.091	0.031	0.215	0.169
	湖州市	0.073	0.027	0.162	0.150
	绍兴市	0.085	0.039	0.215	0.056
	金华市	0.060	0.024	0.162	0.034
	衢州市	0.036	0.010	0.108	0.020
	舟山市	0.018	0.006	0.054	0.005
	台州市	0.040	0.036	0.054	0.037
	丽水市	0.016	0.004	0.054	0.000
安徽	合肥市	0.420	0.503	0.258	0.280
	芜湖市	0.084	0.056	0.162	0.074
	蚌埠市	0.047	0.027	0.108	0.027
	淮南市	0.045	0.027	0.108	0.000
	马鞍山市	0.052	0.031	0.108	0.047
	淮北市	0.006	0.008	0.000	0.005
	铜陵市	0.036	0.010	0.108	0.027
	安庆市	0.047	0.006	0.162	0.029
	黄山市	0.007	0.006	0.000	0.027
	滁州市	0.038	0.012	0.108	0.027
	阜阳市	0.007	0.010	0.000	0.000
	宿州市	0.005	0.008	0.000	0.000
	六安市	0.021	0.008	0.054	0.022

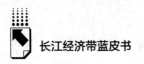
续表

城市		一级指标指数	二级指标		
			科技研发载体	高新产业载体	创新培育载体
安徽	亳州市	0.005	0.006	0.000	0.015
	池州市	0.019	0.006	0.054	0.012
	宣城市	0.031	0.004	0.108	0.010
江西	南昌市	0.199	0.175	0.247	0.229
	景德镇市	0.025	0.014	0.054	0.027
	萍乡市	0.017	0.004	0.054	0.005
	九江市	0.039	0.012	0.108	0.044
	新余市	0.024	0.014	0.054	0.017
	鹰潭市	0.015	0.002	0.054	0.005
	赣州市	0.086	0.041	0.215	0.056
	吉安市	0.037	0.012	0.108	0.022
	宜春市	0.030	0.004	0.108	0.005
	抚州市	0.024	0.012	0.054	0.029
	上饶市	0.017	0.004	0.054	0.005
湖北	武汉市	0.546	0.621	0.323	0.617
	黄石市	0.042	0.018	0.108	0.032
	十堰市	0.032	0.024	0.054	0.027
	宜昌市	0.047	0.019	0.108	0.084
	襄阳市	0.082	0.033	0.215	0.064
	鄂州市	0.013	0.000	0.054	0.000
	荆门市	0.023	0.008	0.054	0.039
	孝感市	0.040	0.018	0.108	0.012
	荆州市	0.037	0.014	0.108	0.012
	黄冈市	0.017	0.004	0.054	0.012
	咸宁市	0.017	0.004	0.054	0.005
	随州市	0.016	0.002	0.054	0.012
湖南	长沙市	0.313	0.270	0.441	0.273
	株洲市	0.036	0.027	0.054	0.054
	湘潭市	0.066	0.053	0.108	0.049
	衡阳市	0.037	0.035	0.054	0.010
	邵阳市	0.017	0.004	0.054	0.005
	岳阳市	0.036	0.008	0.108	0.034

续表

城市		一级指标指数	二级指标		
			科技研发载体	高新产业载体	创新培育载体
湖南	常德市	0.038	0.014	0.108	0.017
	张家界市	0.004	0.004	0.000	0.010
	益阳市	0.021	0.010	0.054	0.010
	郴州市	0.034	0.008	0.108	0.015
	永州市	0.017	0.004	0.054	0.005
	怀化市	0.019	0.008	0.054	0.005
	娄底市	0.020	0.008	0.054	0.010
重庆市		0.343	0.262	0.495	0.485
四川	成都市	0.431	0.461	0.355	0.428
	自贡市	0.031	0.016	0.075	0.017
	攀枝花市	0.023	0.013	0.054	0.012
	泸州市	0.043	0.010	0.129	0.042
	德阳市	0.043	0.016	0.108	0.059
	绵阳市	0.065	0.037	0.129	0.084
	广元市	0.015	0.002	0.054	0.000
	遂宁市	0.018	0.004	0.054	0.015
	内江市	0.033	0.006	0.108	0.017
	乐山市	0.023	0.012	0.054	0.012
	南充市	0.008	0.012	0.000	0.000
	眉山市	0.003	0.004	0.000	0.005
	宜宾市	0.021	0.010	0.054	0.010
	广安市	0.013	0.000	0.054	0.000
	达州市	0.004	0.006	0.000	0.005
	雅安市	0.023	0.014	0.054	0.000
	巴中市	0.000	0.000	0.000	0.000
	资阳市	0.000	0.000	0.000	0.000
贵州	贵阳市	0.129	0.118	0.151	0.143
	六盘水市	0.003	0.004	0.000	0.000
	遵义市	0.045	0.024	0.108	0.022
	安顺市	0.019	0.008	0.054	0.005
	毕节市	0.003	0.004	0.000	0.000
	铜仁市	0.006	0.006	0.000	0.017

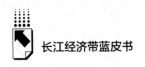

续表

城市		一级指标指数	二级指标		
			科技研发载体	高新产业载体	创新培育载体
云南	昆明市	0.217	0.194	0.258	0.263
	曲靖市	0.019	0.004	0.054	0.032
	玉溪市	0.019	0.006	0.054	0.015
	保山市	0.003	0.004	0.000	0.000
	昭通市	0.003	0.004	0.000	0.000
	丽江市	0.003	0.004	0.000	0.005
	普洱市	0.003	0.004	0.000	0.005
	临沧市	0.004	0.006	0.000	0.005

（三）科技创新产出指数

科技创新产出指数由 2 个二级指标构成，分别是科技研发成果、成果转化与产业化。表 4 显示了长江经济带 110 个城市科技创新产出指数结果。科技创新产出较强的城市包括上海市，江苏的南京市、苏州市、无锡市，浙江的杭州市、宁波市，湖北的武汉市，四川的成都市，湖南的长沙市，安徽的合肥市。其中，上海市的科技创新产出指数达到 0.750，远超其他城市。此外，江苏的常州市、南通市、扬州市、镇江市、徐州市，安徽的芜湖市，浙江的嘉兴市、湖州市，重庆市，湖南的湘潭市也具有较好的产出能力。浙江的舟山市、绍兴市、台州市，江西的南昌市，湖北的襄阳市，湖南的株洲市，贵州的贵阳市，安徽的马鞍山市、铜陵市，江苏的泰州市的产出能力也不可忽视。在这些主要产出城市中，江苏有 9 个，安徽有 4 个，浙江有 7 个，湖北有 2 个，湖南有 3 个，江西、四川、贵州分别各有 1 个，云南没有城市进入。可以发现，科技创新产出主要集中在东部城市。而贵州的毕节市，湖南的张家界市，四川的巴中市，云南的玉溪市、保山市、曲靖市、丽江市、普洱市、临沧市、昭通市的科技创新产出能力较弱。

从二级指标来看，在科技研发成果方面分别是江苏的南京市、苏州市、无锡市，上海市，浙江的杭州市、宁波市，湖北的武汉市，四川的成都市，湖南的长沙市，安徽的合肥市的能力较强。在成果转化与产业化方面分别是江苏的苏州市、南京市、无锡市，四川的成都市，上海市，湖南的长沙市，湖北的武汉市，安徽的合肥市、芜湖市，浙江的杭州市的能力较强。可以发现，一些城市虽然一级指标指数不高，但在具体的二级指标上却表现突出。如安徽芜湖市的成果转化与产业化指数超过浙江的杭州市和江苏的南京市。

表4　2022年长江经济带110个城市科技创新产出指数

城市		一级指标指数	二级指标	
			科技研发成果	成果转化与产业化
上海市		0.750	0.817	0.683
江苏	南京市	0.687	0.887	0.486
	无锡市	0.361	0.244	0.478
	徐州市	0.191	0.120	0.263
	常州市	0.319	0.223	0.416
	苏州市	0.588	0.445	0.731
	南通市	0.292	0.136	0.447
	连云港市	0.062	0.033	0.091
	淮安市	0.089	0.036	0.141
	盐城市	0.067	0.055	0.079
	扬州市	0.198	0.102	0.295
	镇江市	0.198	0.202	0.193
	泰州市	0.129	0.057	0.202
	宿迁市	0.019	0.020	0.018
浙江	杭州市	0.610	0.744	0.477
	宁波市	0.361	0.256	0.466
	温州市	0.104	0.098	0.110
	嘉兴市	0.247	0.131	0.363
	湖州市	0.176	0.107	0.244
	绍兴市	0.153	0.103	0.204
	金华市	0.106	0.085	0.127
	衢州市	0.064	0.046	0.081
	舟山市	0.173	0.106	0.241
	台州市	0.120	0.070	0.171
	丽水市	0.040	0.031	0.049

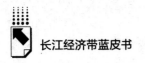

续表

城市		一级指标指数	二级指标	
			科技研发成果	成果转化与产业化
安徽	合肥市	0.424	0.352	0.496
	芜湖市	0.297	0.104	0.490
	蚌埠市	0.108	0.032	0.183
	淮南市	0.031	0.033	0.028
	马鞍山市	0.145	0.092	0.198
	淮北市	0.048	0.028	0.069
	铜陵市	0.116	0.021	0.211
	安庆市	0.043	0.023	0.063
	黄山市	0.037	0.022	0.051
	滁州市	0.102	0.039	0.165
	阜阳市	0.036	0.019	0.052
	宿州市	0.022	0.018	0.027
	六安市	0.026	0.017	0.036
	亳州市	0.024	0.009	0.039
	池州市	0.065	0.025	0.106
	宣城市	0.078	0.024	0.133
江西	南昌市	0.173	0.160	0.186
	景德镇市	0.038	0.026	0.051
	萍乡市	0.067	0.017	0.116
	九江市	0.056	0.021	0.090
	新余市	0.067	0.009	0.126
	鹰潭市	0.067	0.012	0.123
	赣州市	0.046	0.031	0.060
	吉安市	0.052	0.013	0.092
	宜春市	0.044	0.015	0.073
	抚州市	0.075	0.107	0.043
	上饶市	0.033	0.006	0.059
湖北	武汉市	0.608	0.630	0.587
	黄石市	0.082	0.024	0.139
	十堰市	0.033	0.018	0.048
	宜昌市	0.103	0.051	0.154
	襄阳市	0.167	0.025	0.308

城市		一级指标指数	二级指标	
			科技研发成果	成果转化与产业化
湖北	鄂州市	0.045	0.022	0.068
	荆门市	0.064	0.015	0.113
	孝感市	0.042	0.013	0.070
	荆州市	0.025	0.017	0.033
	黄冈市	0.019	0.008	0.030
	咸宁市	0.051	0.017	0.085
	随州市	0.033	0.004	0.061
湖南	长沙市	0.526	0.384	0.668
	株洲市	0.166	0.068	0.265
	湘潭市	0.206	0.075	0.336
	衡阳市	0.051	0.026	0.077
	邵阳市	0.041	0.009	0.073
	岳阳市	0.091	0.016	0.165
	常德市	0.063	0.022	0.104
	张家界市	0.008	0.005	0.011
	益阳市	0.056	0.016	0.095
	郴州市	0.060	0.009	0.110
	永州市	0.033	0.007	0.059
	怀化市	0.026	0.012	0.040
	娄底市	0.043	0.011	0.075
重庆市		0.229	0.204	0.253
四川	成都市	0.569	0.419	0.719
	自贡市	0.064	0.018	0.111
	攀枝花市	0.072	0.040	0.104
	泸州市	0.015	0.016	0.014
	德阳市	0.054	0.020	0.087
	绵阳市	0.111	0.088	0.133
	广元市	0.010	0.002	0.017
	遂宁市	0.029	0.008	0.050
	内江市	0.015	0.006	0.023
	乐山市	0.016	0.007	0.025
	南充市	0.021	0.010	0.031

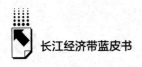

城市		一级指标指数	二级指标	
			科技研发成果	成果转化与产业化
四川	眉山市	0.022	0.012	0.032
	宜宾市	0.027	0.011	0.044
	广安市	0.023	0.000	0.046
	达州市	0.010	0.004	0.016
	雅安市	0.016	0.008	0.024
	巴中市	0.007	0.001	0.013
	资阳市	0.024	0.014	0.034
贵州	贵阳市	0.146	0.121	0.172
	六盘水市	0.021	0.003	0.039
	遵义市	0.032	0.013	0.051
	安顺市	0.038	0.006	0.070
	毕节市	0.009	0.002	0.016
	铜仁市	0.011	0.012	0.011
云南	昆明市	0.084	0.145	0.022
	曲靖市	0.002	0.004	0.001
	玉溪市	0.005	0.008	0.002
	保山市	0.003	0.004	0.001
	昭通市	0.001	0.001	0.000
	丽江市	0.002	0.003	0.001
	普洱市	0.002	0.002	0.001
	临沧市	0.001	0.002	0.000

（四）科技创新绩效指数

科技创新绩效指数由2个二级指标构成，分别是投入产出绩效、驱动转型绩效。表5显示了长江经济带110个城市科技创新绩效指数结果。科技创新绩效表现较好的城市包括江苏的苏州市、南京市、无锡市、镇江市、常州市，浙江的金华市、舟山市、宁波市，四川的成都市，湖北的武汉市。此外，重庆市，安徽的合肥市，江西的南昌市，江苏的泰州市、徐州市、南通市，云南的昆明市，浙江的杭州市、嘉兴市，上海市的绩效表现也不错。江苏的扬州市、盐城市，湖南的长沙市，江西的九江市、萍乡市、新余市，安徽的马鞍山市，浙江的台州市、温州市，四川的南充市的绩效水平紧随其后。在以上这些城市中，江苏有 10 个，安徽有 2 个，浙江有 7 个，湖北、湖南、云南各有 1 个，江西有 4 个，四川有 2 个，贵州没有城市进入。绩效表现不佳的城市则有四川的雅安市、广安市、巴中市，湖南的怀化市，云南的昭通市、临沧市，贵州的铜仁市、六盘水市、安顺市、毕节市。

从二级指标来看，在投入产出绩效方面分别是四川的南充市、资阳市，云南的昆明市，浙江的金华市，江苏的南京市、苏州市、镇江市，江西的南昌市、抚州市，湖北的武汉市的表现较好。在驱动转型绩效方面分别是江苏的苏州市、无锡市、常州市、南京市、镇江市，浙江的金华市、舟山市、宁波市，四川的成都市，安徽的合肥市的表现较好。可以发现，一些城市虽然一级指标指数不高，但在具体的二级指标上却表现突出。如四川的南充市、资阳市，云南的昆明市的投入产出绩效水平较高。

表 5　2022 年长江经济带 110 个城市科技创新绩效指数

城市		一级指标指数	二级指标	
			投入产出绩效	驱动转型绩效
上海市		0.329	0.133	0.460
江苏	南京市	0.497	0.359	0.589
	无锡市	0.470	0.227	0.632
	徐州市	0.347	0.270	0.398
	常州市	0.442	0.196	0.606
	苏州市	0.577	0.318	0.750
	南通市	0.337	0.183	0.439
	连云港市	0.260	0.062	0.392
	淮安市	0.281	0.117	0.390
	盐城市	0.308	0.141	0.420
	扬州市	0.325	0.207	0.404
	镇江市	0.443	0.315	0.527
	泰州市	0.352	0.121	0.506
	宿迁市	0.266	0.127	0.360

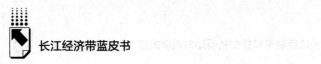
续表

城市		一级指标指数	二级指标	
			投入产出绩效	驱动转型绩效
浙江	杭州市	0.340	0.200	0.434
	宁波市	0.399	0.185	0.541
	温州市	0.298	0.168	0.385
	嘉兴市	0.339	0.144	0.469
	湖州市	0.291	0.144	0.389
	绍兴市	0.272	0.152	0.352
	金华市	0.513	0.371	0.608
	衢州市	0.261	0.118	0.357
	舟山市	0.452	0.272	0.572
	台州市	0.304	0.166	0.396
	丽水市	0.227	0.097	0.314
安徽	合肥市	0.380	0.179	0.514
	芜湖市	0.288	0.118	0.402
	蚌埠市	0.230	0.096	0.319
	淮南市	0.264	0.226	0.290
	马鞍山市	0.313	0.127	0.437
	淮北市	0.228	0.115	0.303
	铜陵市	0.235	0.063	0.350
	安庆市	0.240	0.174	0.284
	黄山市	0.281	0.218	0.322
	滁州市	0.284	0.127	0.388
	阜阳市	0.215	0.131	0.270
	宿州市	0.239	0.214	0.255
	六安市	0.239	0.137	0.307
	亳州市	0.184	0.104	0.238
	池州市	0.237	0.083	0.340
	宣城市	0.238	0.112	0.321
江西	南昌市	0.367	0.348	0.380
	景德镇市	0.281	0.220	0.322
	萍乡市	0.313	0.279	0.337
	九江市	0.317	0.260	0.355
	新余市	0.310	0.205	0.380

续表

城市		一级指标指数	二级指标	
			投入产出绩效	驱动转型绩效
江西	鹰潭市	0.283	0.082	0.417
	赣州市	0.267	0.259	0.273
	吉安市	0.276	0.222	0.311
	宜春市	0.227	0.143	0.283
	抚州市	0.264	0.345	0.210
	上饶市	0.210	0.131	0.262
湖北	武汉市	0.385	0.338	0.416
	黄石市	0.209	0.125	0.265
	十堰市	0.143	0.071	0.191
	宜昌市	0.272	0.075	0.403
	襄阳市	0.249	0.093	0.353
	鄂州市	0.251	0.042	0.390
	荆门市	0.205	0.063	0.300
	孝感市	0.161	0.048	0.237
	荆州市	0.177	0.095	0.231
	黄冈市	0.152	0.127	0.168
	咸宁市	0.184	0.129	0.221
	随州市	0.193	0.121	0.241
湖南	长沙市	0.320	0.208	0.395
	株洲市	0.194	0.055	0.287
	湘潭市	0.228	0.117	0.302
	衡阳市	0.145	0.089	0.183
	邵阳市	0.131	0.060	0.179
	岳阳市	0.191	0.045	0.289
	常德市	0.218	0.061	0.322
	张家界市	0.113	0.107	0.118
	益阳市	0.184	0.074	0.257
	郴州市	0.194	0.056	0.286
	永州市	0.168	0.098	0.215
	怀化市	0.096	0.046	0.130
	娄底市	0.156	0.046	0.229
重庆市		0.381	0.257	0.463

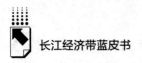
城市		一级指标指数	二级指标	
			投入产出绩效	驱动转型绩效
四川	成都市	0.401	0.180	0.549
	自贡市	0.217	0.131	0.274
	攀枝花市	0.211	0.255	0.182
	泸州市	0.188	0.199	0.180
	德阳市	0.221	0.059	0.329
	绵阳市	0.278	0.122	0.382
	广元市	0.152	0.095	0.190
	遂宁市	0.140	0.087	0.175
	内江市	0.175	0.151	0.191
	乐山市	0.182	0.124	0.220
	南充市	0.297	0.431	0.208
	眉山市	0.153	0.140	0.162
	宜宾市	0.201	0.065	0.293
	广安市	0.067	0.039	0.085
	达州市	0.152	0.089	0.194
	雅安市	0.103	0.045	0.141
	巴中市	0.054	0.042	0.062
	资阳市	0.266	0.386	0.186
贵州	贵阳市	0.249	0.203	0.280
	六盘水市	0.073	0.015	0.111
	遵义市	0.156	0.079	0.208
	安顺市	0.066	0.028	0.092
	毕节市	0.064	0.015	0.097
	铜仁市	0.075	0.072	0.077
云南	昆明市	0.348	0.405	0.310
	曲靖市	0.146	0.069	0.198
	玉溪市	0.195	0.027	0.306
	保山市	0.185	0.255	0.138
	昭通市	0.076	0.049	0.094
	丽江市	0.123	0.041	0.178
	普洱市	0.122	0.058	0.164
	临沧市	0.061	0.051	0.068

附录：长江经济带科技创新驱动力评价方法

本报告构建的长江经济带科技创新驱动力指标评价体系如附表1所示。各项指标所采用的科技和经济统计数据主要来源于《中国城市统计年鉴》、各省市统计年鉴和统计公报，科技部、各省科技厅、各市科技局及相关部门网站。此外，论文数据由Web of Science网站检索得到，风险投资机构数据由清科数据库的投资界网站得到。需要说明的是，信息化水平指标采用人均互联网宽带接入用户数衡量；高等院校数量指标的统计方法是，1所一流大学折算为2所一流学科建设大学，1所一流学科建设大学折算为2所普通高校；国家级重点实验室指标的统计方法是，1家国家实验室折算为3家国家级重点实验室；国家级园区指标在统计中包括国家级高新区和国家级经济技术开发区；生产性服务业占服务业比重指标采用生产性服务业的从业人数占服务业总从业人数的比重表示。[①]

指标指数的具体计算过程如下：首先，运用极值法对各项三级指标的变量数据进行0~1标准化处理；其次，基于AHP-EVM模型，分别采用层次分析法（AHP）和熵值法（EVM）得到主观指标权重和客观指标权重，并根据客观指标权重对主观指标权重进行修正，从而得到综合指标权重；最后，通过将标准化后的各三级指标数值乘以权重再加总得到各城市的二级指标指数，同理可得各城市的科技创新驱动力专项指数（一级指标指数）和综合指数。

附表1　长江经济带科技创新驱动力指标评价体系

一级指标	二级指标	三级指标	单位
科技创新投入	科技研发投入	研发经费	亿元
		研发强度	%
		科技经费占地方财政支出比重	%

[①] 根据《中国城市统计年鉴》中的服务业类别，本报告将交通运输、仓储和邮政业，信息传输、计算机服务和软件业，金融业，租赁和商务服务业，科学研究、技术服务和地质勘查业认定为生产性服务业；将批发和零售业、住宿和餐饮业等其他类别认定为生活性服务业。

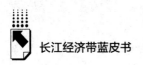

续表

一级指标	二级指标	三级指标	单位
科技创新投入	人力资源投入	研发人员数	人
		每万人从业人口中研发人员数	人
		每十万城市人口中的在校研究生数量	人
	创新基础投入	人均GDP	元
		地方财政支出	亿元
		人均教育投入	元
		信息化水平	户/百人
科技创新载体	科技研发载体	高等院校数量	所
		国家工程技术中心、国家级企业技术中心	家
		国家级重点实验室	家
		国家重大科学装置	家
		规上工业企业中设立研发机构企业占比	%
		独角兽企业数	家
	高新产业载体	国家级园区面积	平方公里
		国家级大学科技园区	家
	创新培育载体	国家级科技企业孵化器	家
		国家级众创空间	家
		风险投资机构	家
科技创新产出	科技研发成果	国内授权发明专利总量	件
		每万人国内授权发明专利数	件
		科技论文发表总量	篇
		每万人科技论文发表量	篇
	成果转化与产业化	技术合同交易额总量	亿元
		人均技术合同交易额	元
		高新技术产业产值总量	亿元
		人均高新技术产业产值	元
科技创新绩效	投入产出绩效	每亿元研发投入产生的国内授权发明专利数	件
		每亿元研发投入形成的高新技术产业产值	亿元
		每亿元科技经费产生的科技论文数	篇
	驱动转型绩效	高新技术产业产值占工业总产值比重	%
		从业人员人均规上工业增加值	元
		生产性服务业占服务业比重	%

参考文献

王振等：《长江经济带创新驱动发展的协同战略研究》，上海人民出版社，2018。

黄亮、王振、范斐：《基于突变级数模型的长江经济带 50 座城市科技创新能力测度与分析》，《统计与信息论坛》2017 年第 4 期。

王振、卢晓菲：《长三角城市群科技创新驱动力的空间分布与分层特征》，《上海经济研究》2018 年第 10 期。

B.6
长江经济带产业转型升级指数报告
（2023～2024）

马 双[*]

摘 要： 本报告从结构优化、质量提升、产业创新、环境友好四个维度，系统评价了长江经济带 126 个城市的产业转型升级水平。依据综合指数及四个专项指数，对 126 个城市进行了评价，并着重对长江经济带 20 个重点城市进行了分析。研究表明，长江经济带产业转型升级水平呈现出东高西低、组团集聚的空间特征，上海等 20 座重点城市的产业转型升级表现较为优异。

关键词： 产业创新 产业转型升级 长江经济带

产业转型升级有助于提升产业链水平、增强产业核心竞争力，是推动长江经济带高质量发展的关键。只有持续强化产业转型升级、培育新动能，推动长江经济带建设现代化经济体系，才能使经济社会发展格局、产业结构调整等与资源环境承载能力相适应，实现长江经济带高质量发展。因此，分析研究长江经济带各城市的产业转型升级情况显得尤为必要。本报告沿用之前的包含 4 个领域（一级指标）、9 个主题（二级指标）、23 项具体指标的产业转型升级指数指标体系（详见附录），对 2022 年长江经济带范围内 126 个城市的产业转型升级情况进行全面评价，以期为相关研究和政府决策提供参考。

---

* 马双，博士，上海社会科学院信息研究所副研究员，主要研究方向为区域创新发展。

一 长江经济带126个城市产业转型升级综合指数

2022年长江经济带城市产业转型升级综合指数测算结果如表1所示。上海在长江经济带126个城市中处于龙头地位，其产业转型升级综合指数高达0.653，领先优势十分明显，是当之无愧的产业转型升级的"领头羊"。南京、武汉、长沙、杭州、成都、苏州、无锡紧随其后，综合指数均在0.5以上，这些城市具备雄厚的产业基础和强劲的创新发展动能，是长江经济带区域内重要的节点城市。

从空间分布上来看，长江经济带126个城市的产业转型升级分布呈现出东高西低、组团集聚的空间特征。一方面，长三角沿长江上游至下游，城市的产业转型升级水平呈现逐渐递增的趋势，云南、贵州和四川各地级市的产业转型升级指数总体较低，中游的湖北、湖南、江西等地次之，长江下游城市的产业转型升级指数最高，尤其是以上海等为龙头的长三角地区城市。另一方面，各地区城市形成以直辖市和省会城市为核心的组团集聚区域，这些集聚区域的产业转型升级指数较高，它们散落分布于长江经济带各个区域，并向周围城市辐射递减。总体而言，长江经济带各城市间的产业转型升级指数的差异在不断缩小，地区发展更加均衡。

表1 2022年长江经济带城市产业转型升级综合指数情况

城市	指数	城市	指数	城市	指数
上海	0.653	景德镇	0.403	德阳	0.375
南京	0.578	萍乡	0.393	绵阳	0.405
无锡	0.506	九江	0.423	广元	0.373
徐州	0.409	新余	0.410	遂宁	0.384
常州	0.464	鹰潭	0.436	内江	0.364
苏州	0.508	赣州	0.372	乐山	0.376
南通	0.416	吉安	0.364	南充	0.373
连云港	0.406	宜春	0.366	眉山	0.363
淮安	0.411	抚州	0.376	宜宾	0.389

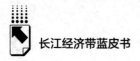
续表

城市	指数	城市	指数	城市	指数
盐城	0.388	上饶	0.349	广安	0.376
扬州	0.420	武汉	0.557	达州	0.349
镇江	0.449	黄石	0.365	雅安	0.370
泰州	0.420	十堰	0.372	巴中	0.381
宿迁	0.448	宜昌	0.462	资阳	0.364
杭州	0.550	襄阳	0.404	阿坝	0.264
宁波	0.457	鄂州	0.393	甘孜	0.251
温州	0.427	荆门	0.369	凉山	0.266
嘉兴	0.435	孝感	0.372	贵阳	0.453
湖州	0.428	荆州	0.348	六盘水	0.342
绍兴	0.440	黄冈	0.332	遵义	0.404
金华	0.414	咸宁	0.419	安顺	0.326
衢州	0.460	随州	0.399	铜仁	0.278
舟山	0.445	恩施	0.238	毕节	0.329
台州	0.411	长沙	0.552	黔东南	0.314
丽水	0.457	株洲	0.409	黔南	0.260
合肥	0.487	湘潭	0.408	黔西南	0.269
芜湖	0.424	衡阳	0.401	昆明	0.443
蚌埠	0.392	邵阳	0.434	曲靖	0.332
淮南	0.385	岳阳	0.447	玉溪	0.383
马鞍山	0.403	常德	0.406	保山	0.336
淮北	0.408	张家界	0.413	昭通	0.336
铜陵	0.395	益阳	0.391	丽江	0.352
安庆	0.388	郴州	0.411	普洱	0.333
黄山	0.414	永州	0.392	临沧	0.328
滁州	0.394	怀化	0.401	德宏	0.209
阜阳	0.373	娄底	0.361	怒江	0.175
宿州	0.361	湘西	0.265	迪庆	0.195
六安	0.333	重庆	0.474	大理	0.181
亳州	0.369	成都	0.509	楚雄	0.189
池州	0.372	自贡	0.403	红河	0.206
宣城	0.381	攀枝花	0.306	文山	0.187
南昌	0.433	泸州	0.394	西双版纳	0.192

资料来源:《中国城市统计年鉴 2023》、各省市 2023 年统计年鉴、2022 年度国家和地方统计公报。

二　长江经济带126个城市产业转型升级分项指数

产业转型升级综合指数包含结构优化、质量提升、产业创新、环境友好四个领域，各领域分项指数情况存在差异。

（一）结构优化指数

结构优化领域包含产业结构和就业结构两个子领域，2022年长江经济带城市结构优化指数测算结果如表2所示。在126个城市中，结构优化指数较好的城市大多位于长江下游的长三角区域。从区域尺度来看，东部区域41个城市的平均指数为0.559，中部区域38个城市的平均指数为0.471，西部区域47个城市的平均指数为0.389。

表2　2022年长江经济带城市结构优化指数

城市	一级指标	二级指标	
		产业结构	就业结构
上海	0.815	0.703	0.982
南京	0.727	0.597	0.924
无锡	0.602	0.557	0.669
徐州	0.495	0.405	0.630
常州	0.586	0.518	0.689
苏州	0.691	0.745	0.609
南通	0.499	0.476	0.532
连云港	0.492	0.358	0.693
淮安	0.508	0.402	0.667
盐城	0.481	0.385	0.626
扬州	0.520	0.469	0.596
镇江	0.560	0.500	0.651
泰州	0.510	0.469	0.572
宿迁	0.655	0.655	0.655
杭州	0.704	0.627	0.821
宁波	0.573	0.492	0.695

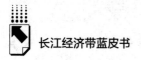

城市	一级指标	二级指标	
		产业结构	就业结构
温州	0.582	0.565	0.608
嘉兴	0.555	0.480	0.668
湖州	0.593	0.572	0.625
绍兴	0.564	0.587	0.531
金华	0.561	0.489	0.668
衢州	0.744	0.699	0.812
舟山	0.647	0.584	0.742
台州	0.537	0.439	0.686
丽水	0.761	0.732	0.804
合肥	0.582	0.496	0.711
芜湖	0.517	0.447	0.622
蚌埠	0.459	0.342	0.635
淮南	0.498	0.411	0.628
马鞍山	0.540	0.435	0.698
淮北	0.553	0.487	0.652
铜陵	0.502	0.450	0.580
安庆	0.454	0.379	0.567
黄山	0.548	0.485	0.643
滁州	0.464	0.375	0.597
阜阳	0.462	0.340	0.643
宿州	0.447	0.326	0.628
六安	0.409	0.335	0.521
亳州	0.460	0.349	0.626
池州	0.537	0.401	0.742
宣城	0.523	0.465	0.608
南昌	0.548	0.450	0.694
景德镇	0.501	0.443	0.587
萍乡	0.550	0.534	0.576
九江	0.493	0.421	0.601
新余	0.531	0.475	0.614
鹰潭	0.542	0.518	0.578
赣州	0.486	0.400	0.615

城市	一级指标	二级指标	
		产业结构	就业结构
吉安	0.450	0.392	0.537
宜春	0.450	0.377	0.560
抚州	0.451	0.383	0.553
上饶	0.487	0.400	0.617
武汉	0.623	0.525	0.768
黄石	0.475	0.429	0.543
十堰	0.459	0.391	0.562
宜昌	0.462	0.366	0.605
襄阳	0.442	0.360	0.566
鄂州	0.437	0.369	0.539
荆门	0.431	0.339	0.570
孝感	0.420	0.320	0.569
荆州	0.378	0.272	0.538
黄冈	0.372	0.262	0.538
咸宁	0.475	0.341	0.675
随州	0.411	0.319	0.550
恩施	0.281	0.357	0.167
长沙	0.626	0.509	0.802
株洲	0.493	0.398	0.636
湘潭	0.511	0.410	0.662
衡阳	0.468	0.392	0.582
邵阳	0.444	0.320	0.631
岳阳	0.506	0.391	0.680
常德	0.512	0.359	0.742
张家界	0.474	0.395	0.592
益阳	0.446	0.284	0.690
郴州	0.513	0.396	0.687
永州	0.421	0.312	0.584
怀化	0.453	0.339	0.624
娄底	0.496	0.375	0.677
湘西	0.398	0.413	0.375
重庆	0.558	0.463	0.701

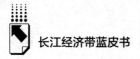

续表

城市	一级指标	二级指标	
		产业结构	就业结构
成都	0.641	0.568	0.749
自贡	0.460	0.310	0.685
攀枝花	0.489	0.348	0.701
泸州	0.438	0.345	0.579
德阳	0.447	0.346	0.599
绵阳	0.446	0.375	0.553
广元	0.402	0.256	0.622
遂宁	0.390	0.308	0.514
内江	0.403	0.291	0.571
乐山	0.446	0.332	0.618
南充	0.400	0.263	0.607
眉山	0.463	0.319	0.681
宜宾	0.442	0.337	0.600
广安	0.412	0.303	0.576
达州	0.405	0.288	0.581
雅安	0.445	0.287	0.683
巴中	0.367	0.206	0.609
资阳	0.426	0.262	0.672
阿坝	0.327	0.316	0.342
甘孜	0.304	0.279	0.342
凉山	0.319	0.303	0.342
贵阳	0.568	0.499	0.671
六盘水	0.439	0.328	0.604
遵义	0.461	0.323	0.669
安顺	0.417	0.294	0.603
铜仁	0.349	0.208	0.560
毕节	0.414	0.253	0.655
黔东南	0.278	0.353	0.167
黔南	0.272	0.343	0.167
黔西南	0.270	0.339	0.167

城市	一级指标	二级指标	
		产业结构	就业结构
昆明	0.608	0.522	0.737
曲靖	0.406	0.309	0.551
玉溪	0.484	0.369	0.656
保山	0.368	0.198	0.622
昭通	0.392	0.281	0.557
丽江	0.457	0.333	0.643
普洱	0.412	0.232	0.683
临沧	0.296	0.129	0.547
德宏	0.309	0.487	0.042
怒江	0.231	0.356	0.042
迪庆	0.262	0.409	0.042
大理	0.203	0.310	0.042
楚雄	0.208	0.318	0.042
红河	0.255	0.397	0.042
文山	0.253	0.394	0.042
西双版纳	0.261	0.407	0.042

资料来源：《中国城市统计年鉴2023》、各省市2023年统计年鉴。

（二）质量提升指数

质量提升领域包含生产效率和投资效益两个子领域，2022年长江经济带城市质量提升指数评价结果如表3所示。在126个城市中，质量提升指数较高的城市主要位于长江下游长三角区域的江苏，长江中游地区的湖北、湖南，长江上游地区的四川。从区域尺度来看，东部区域41个城市的平均指数为0.301，中部区域38个城市的平均指数为0.327，西部区域47个城市的平均指数为0.249。

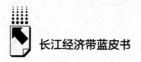

表3 2022年长江经济带城市质量提升指数

城市	一级指标	二级指标	
		生产效率	投资效益
上海	0.333	0.531	0.134
南京	0.391	0.638	0.145
无锡	0.404	0.680	0.128
徐州	0.305	0.430	0.179
常州	0.393	0.677	0.109
苏州	0.326	0.549	0.104
南通	0.305	0.458	0.153
连云港	0.315	0.461	0.169
淮安	0.368	0.502	0.234
盐城	0.284	0.433	0.134
扬州	0.344	0.510	0.179
镇江	0.385	0.657	0.112
泰州	0.348	0.543	0.154
宿迁	0.305	0.401	0.209
杭州	0.317	0.509	0.125
宁波	0.334	0.543	0.125
温州	0.241	0.346	0.136
嘉兴	0.253	0.416	0.091
湖州	0.261	0.421	0.101
绍兴	0.294	0.457	0.130
金华	0.211	0.305	0.116
衢州	0.273	0.429	0.117
舟山	0.348	0.598	0.098
台州	0.221	0.313	0.129
丽水	0.222	0.303	0.140
合肥	0.290	0.468	0.113
芜湖	0.302	0.502	0.103
蚌埠	0.288	0.429	0.147
淮南	0.298	0.406	0.191
马鞍山	0.302	0.487	0.118
淮北	0.311	0.413	0.209
铜陵	0.322	0.504	0.140

续表

城市	一级指标	二级指标	
		生产效率	投资效益
安庆	0.305	0.402	0.209
黄山	0.333	0.461	0.205
滁州	0.292	0.421	0.163
阜阳	0.269	0.301	0.238
宿州	0.286	0.271	0.302
六安	0.212	0.274	0.149
亳州	0.236	0.265	0.206
池州	0.290	0.405	0.176
宣城	0.239	0.341	0.137
南昌	0.321	0.457	0.185
景德镇	0.339	0.486	0.192
萍乡	0.288	0.349	0.227
九江	0.417	0.404	0.431
新余	0.402	0.558	0.247
鹰潭	0.349	0.490	0.208
赣州	0.247	0.320	0.173
吉安	0.260	0.260	0.259
宜春	0.292	0.293	0.291
抚州	0.278	0.301	0.255
上饶	0.217	0.273	0.162
武汉	0.363	0.577	0.149
黄石	0.252	0.375	0.129
十堰	0.242	0.345	0.138
宜昌	0.512	0.573	0.451
襄阳	0.328	0.490	0.165
鄂州	0.393	0.596	0.190
荆门	0.302	0.398	0.207
孝感	0.296	0.305	0.287
荆州	0.266	0.298	0.234
黄冈	0.242	0.234	0.250
咸宁	0.375	0.366	0.383
随州	0.383	0.407	0.359

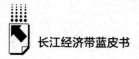

续表

城市	一级指标	二级指标	
		生产效率	投资效益
恩施	0.121	0.179	0.063
长沙	0.503	0.521	0.484
株洲	0.294	0.422	0.165
湘潭	0.297	0.401	0.193
衡阳	0.334	0.311	0.358
邵阳	0.488	0.209	0.766
岳阳	0.444	0.435	0.452
常德	0.334	0.391	0.276
张家界	0.463	0.326	0.599
益阳	0.303	0.324	0.281
郴州	0.354	0.283	0.425
永州	0.358	0.238	0.479
怀化	0.359	0.222	0.496
娄底	0.261	0.221	0.300
湘西	0.137	0.212	0.063
重庆	0.326	0.447	0.205
成都	0.266	0.382	0.150
自贡	0.354	0.488	0.219
攀枝花	0.334	0.429	0.239
泸州	0.374	0.367	0.380
德阳	0.271	0.357	0.185
绵阳	0.239	0.343	0.135
广元	0.327	0.344	0.311
遂宁	0.351	0.353	0.350
内江	0.304	0.292	0.316
乐山	0.380	0.357	0.404
南充	0.314	0.337	0.290
眉山	0.249	0.306	0.193
宜宾	0.335	0.450	0.220
广安	0.386	0.432	0.340
达州	0.344	0.316	0.372
雅安	0.299	0.327	0.271

续表

城市	一级指标	二级指标	
		生产效率	投资效益
巴中	0.405	0.303	0.507
资阳	0.247	0.285	0.210
阿坝	0.106	0.149	0.063
甘孜	0.087	0.111	0.063
凉山	0.120	0.178	0.063
贵阳	0.340	0.482	0.199
六盘水	0.260	0.332	0.188
遵义	0.366	0.333	0.399
安顺	0.214	0.339	0.089
铜仁	0.181	0.186	0.177
毕节	0.278	0.245	0.311
黔东南	0.140	0.217	0.063
黔南	0.184	0.306	0.063
黔西南	0.213	0.364	0.063
昆明	0.311	0.439	0.183
曲靖	0.251	0.358	0.144
玉溪	0.329	0.493	0.165
保山	0.260	0.275	0.246
昭通	0.295	0.188	0.403
丽江	0.252	0.297	0.207
普洱	0.257	0.228	0.285
临沧	0.308	0.210	0.406
德宏	0.097	0.132	0.063
怒江	0.064	0.066	0.063
迪庆	0.099	0.136	0.063
大理	0.113	0.164	0.063
楚雄	0.135	0.207	0.063
红河	0.144	0.226	0.063
文山	0.083	0.104	0.063
西双版纳	0.092	0.122	0.063

资料来源：《中国城市统计年鉴 2023》、各省市 2023 年统计年鉴。

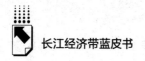

（三）产业创新指数

产业创新领域包含创新投入、创新产出、成果转化三个子领域，2022年度长江经济带城市产业创新指数评价结果如表4所示。在126个城市中，产业创新指数较高的城市大多位于长江下游区域。从区域尺度来看，东部区域41个城市的平均指数为0.165，中部区域38个城市的平均指数为0.095，西部区域47个城市的平均指数为0.069。

表4　2022年长江经济带城市产业创新指数

城市	一级指标	二级指标		
		创新投入	创新产出	成果转化
上海	0.793	0.332	0.979	1.000
南京	0.471	0.331	0.884	0.266
无锡	0.290	0.557	0.181	0.171
徐州	0.145	0.280	0.128	0.055
常州	0.164	0.291	0.119	0.103
苏州	0.320	0.380	0.335	0.264
南通	0.146	0.287	0.111	0.067
连云港	0.093	0.195	0.027	0.065
淮安	0.051	0.143	0.024	0.001
盐城	0.095	0.191	0.045	0.059
扬州	0.106	0.227	0.071	0.040
镇江	0.115	0.236	0.097	0.038
泰州	0.091	0.194	0.038	0.053
宿迁	0.061	0.191	0.014	0.000
杭州	0.491	0.492	0.617	0.396
宁波	0.229	0.342	0.167	0.192
温州	0.162	0.385	0.071	0.064
嘉兴	0.242	0.675	0.063	0.051
湖州	0.147	0.342	0.037	0.082
绍兴	0.185	0.410	0.060	0.110
金华	0.196	0.535	0.047	0.053
衢州	0.120	0.356	0.017	0.019

城市	一级指标	二级指标		
		创新投入	创新产出	成果转化
舟山	0.054	0.145	0.017	0.013
台州	0.191	0.365	0.046	0.169
丽水	0.090	0.282	0.014	0.002
合肥	0.403	0.574	0.313	0.343
芜湖	0.209	0.498	0.056	0.108
蚌埠	0.132	0.393	0.020	0.020
淮南	0.077	0.223	0.020	0.011
马鞍山	0.117	0.293	0.032	0.051
淮北	0.087	0.270	0.009	0.008
铜陵	0.113	0.330	0.006	0.031
安庆	0.087	0.266	0.014	0.008
黄山	0.035	0.102	0.005	0.007
滁州	0.127	0.375	0.025	0.018
阜阳	0.058	0.175	0.016	0.001
宿州	0.050	0.156	0.010	0.000
六安	0.052	0.152	0.011	0.007
亳州	0.063	0.203	0.007	0.001
池州	0.041	0.121	0.006	0.008
宣城	0.071	0.208	0.010	0.015
南昌	0.140	0.173	0.189	0.078
景德镇	0.096	0.298	0.010	0.010
萍乡	0.077	0.247	0.005	0.003
九江	0.050	0.137	0.016	0.010
新余	0.056	0.161	0.002	0.017
鹰潭	0.107	0.332	0.002	0.017
赣州	0.086	0.226	0.039	0.017
吉安	0.057	0.168	0.009	0.010
宜春	0.066	0.206	0.012	0.003
抚州	0.082	0.253	0.006	0.010
上饶	0.052	0.155	0.006	0.010
武汉	0.563	0.429	0.687	0.571
黄石	0.094	0.234	0.011	0.052

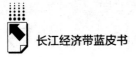
续表

城市	一级指标	二级指标		
		创新投入	创新产出	成果转化
十堰	0.084	0.246	0.010	0.018
宜昌	0.130	0.255	0.038	0.105
襄阳	0.118	0.201	0.018	0.130
鄂州	0.054	0.170	0.005	0.005
荆门	0.068	0.193	0.007	0.019
孝感	0.062	0.184	0.009	0.010
荆州	0.055	0.128	0.018	0.029
黄冈	0.049	0.137	0.007	0.015
咸宁	0.134	0.425	0.004	0.013
随州	0.038	0.120	0.001	0.004
恩施	0.026	0.082	0.000	0.003
长沙	0.312	0.403	0.376	0.197
株洲	0.156	0.344	0.034	0.107
湘潭	0.142	0.358	0.037	0.059
衡阳	0.092	0.250	0.023	0.025
邵阳	0.049	0.155	0.007	0.002
岳阳	0.070	0.221	0.010	0.002
常德	0.020	0.046	0.014	0.005
张家界	0.020	0.066	0.001	0.000
益阳	0.087	0.269	0.009	0.009
郴州	0.070	0.204	0.005	0.019
永州	0.072	0.234	0.005	0.001
怀化	0.079	0.253	0.008	0.002
娄底	0.081	0.245	0.006	0.015
湘西	0.029	0.092	0.004	0.001
重庆	0.330	0.341	0.424	0.251
成都	0.455	0.332	0.547	0.477
自贡	0.056	0.146	0.010	0.023
攀枝花	0.049	0.139	0.011	0.009
泸州	0.054	0.151	0.016	0.009
德阳	0.113	0.307	0.010	0.045
绵阳	0.277	0.776	0.072	0.056

续表

城市	一级指标	二级指标		
		创新投入	创新产出	成果转化
广元	0.025	0.080	0.001	0.002
遂宁	0.042	0.125	0.003	0.009
内江	0.035	0.099	0.005	0.009
乐山	0.043	0.126	0.004	0.009
南充	0.039	0.120	0.009	0.002
眉山	0.047	0.142	0.004	0.009
宜宾	0.074	0.171	0.006	0.052
广安	0.041	0.135	0.000	0.002
达州	0.045	0.134	0.005	0.009
雅安	0.062	0.165	0.031	0.009
巴中	0.026	0.085	0.001	0.002
资阳	0.054	0.163	0.005	0.009
阿坝	0.017	0.058	0.000	0.000
甘孜	0.017	0.058	0.000	0.000
凉山	0.017	0.058	0.000	0.000
贵阳	0.190	0.350	0.125	0.118
六盘水	0.080	0.260	0.003	0.002
遵义	0.080	0.208	0.021	0.029
安顺	0.071	0.193	0.003	0.030
铜仁	0.073	0.240	0.004	0.001
毕节	0.060	0.197	0.003	0.001
黔东南	0.028	0.072	0.003	0.013
黔南	0.022	0.072	0.001	0.000
黔西南	0.026	0.072	0.002	0.009
昆明	0.177	0.223	0.168	0.149
曲靖	0.067	0.219	0.004	0.001
玉溪	0.069	0.206	0.003	0.016
保山	0.050	0.162	0.001	0.001
昭通	0.040	0.130	0.001	0.001
丽江	0.032	0.106	0.000	0.001
普洱	0.017	0.055	0.001	0.001
临沧	0.044	0.133	0.001	0.008

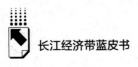

城市	一级指标	二级指标		
		创新投入	创新产出	成果转化
德宏	0.029	0.084	0.001	0.010
怒江	0.025	0.084	0.001	0.000
迪庆	0.026	0.084	0.001	0.000
大理	0.025	0.084	0.001	0.000
楚雄	0.025	0.084	0.001	0.000
红河	0.025	0.084	0.001	0.000
文山	0.026	0.084	0.001	0.001
西双版纳	0.026	0.084	0.001	0.001

资料来源:《中国城市统计年鉴2023》、各省市2023年统计年鉴。

(四)环境友好指数

环境友好领域包含资源利用和环境保护两个子领域,2022年度长江经济带城市环境友好指数评价结果如表5所示。在126个城市中,环境友好指数较高的城市中位于长江中游地区的相对较多。从区域尺度来看,东部区域41个城市的平均指数为0.701,中部区域38个城市的平均指数为0.687,西部区域47个城市的平均指数为0.618。

表5 2022年长江经济带城市环境友好指数

城市	一级指标	二级指标	
		资源利用	环境保护
上海	0.751	0.522	0.981
南京	0.739	0.515	0.963
无锡	0.734	0.492	0.976
徐州	0.702	0.453	0.952
常州	0.688	0.423	0.953
苏州	0.696	0.429	0.963
南通	0.728	0.473	0.984

续表

城市	一级指标	二级指标	
		资源利用	环境保护
连云港	0.728	0.492	0.964
淮安	0.689	0.408	0.971
盐城	0.696	0.420	0.971
扬州	0.696	0.430	0.963
镇江	0.711	0.459	0.964
泰州	0.722	0.460	0.983
宿迁	0.736	0.491	0.982
杭州	0.726	0.487	0.965
宁波	0.696	0.429	0.964
温州	0.740	0.501	0.979
嘉兴	0.722	0.489	0.956
湖州	0.713	0.494	0.933
绍兴	0.730	0.486	0.973
金华	0.715	0.484	0.946
衢州	0.655	0.469	0.840
舟山	0.678	0.427	0.929
台州	0.728	0.492	0.964
丽水	0.722	0.485	0.960
合肥	0.724	0.470	0.978
芜湖	0.682	0.468	0.897
蚌埠	0.707	0.478	0.935
淮南	0.656	0.473	0.840
马鞍山	0.634	0.443	0.824
淮北	0.656	0.503	0.808
铜陵	0.624	0.489	0.759
安庆	0.712	0.478	0.946
黄山	0.714	0.461	0.967
滁州	0.712	0.482	0.942
阜阳	0.712	0.497	0.926
宿州	0.656	0.399	0.914
六安	0.684	0.468	0.900
亳州	0.737	0.528	0.945

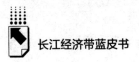

续表

城市	一级指标	二级指标	
		资源利用	环境保护
池州	0.576	0.468	0.684
宣城	0.693	0.473	0.912
南昌	0.719	0.460	0.978
景德镇	0.660	0.481	0.839
萍乡	0.631	0.505	0.757
九江	0.701	0.510	0.893
新余	0.595	0.516	0.675
鹰潭	0.738	0.519	0.957
赣州	0.675	0.457	0.892
吉安	0.696	0.482	0.911
宜春	0.652	0.478	0.827
抚州	0.707	0.479	0.935
上饶	0.637	0.522	0.752
武汉	0.742	0.516	0.968
黄石	0.643	0.492	0.794
十堰	0.726	0.491	0.961
宜昌	0.718	0.503	0.932
襄阳	0.748	0.529	0.967
鄂州	0.669	0.517	0.821
荆门	0.675	0.474	0.876
孝感	0.725	0.496	0.955
荆州	0.716	0.486	0.947
黄冈	0.691	0.460	0.922
咸宁	0.685	0.470	0.900
随州	0.767	0.551	0.983
恩施	0.563	0.263	0.864
长沙	0.756	0.520	0.991
株洲	0.711	0.460	0.962
湘潭	0.685	0.503	0.868
衡阳	0.711	0.488	0.935
邵阳	0.723	0.525	0.921
岳阳	0.741	0.515	0.966

续表

城市	一级指标	二级指标	
		资源利用	环境保护
常德	0.743	0.533	0.953
张家界	0.639	0.461	0.817
益阳	0.743	0.539	0.948
郴州	0.685	0.457	0.913
永州	0.718	0.509	0.927
怀化	0.707	0.475	0.938
娄底	0.589	0.480	0.698
湘西	0.492	0.341	0.644
重庆	0.715	0.501	0.929
成都	0.728	0.478	0.978
自贡	0.738	0.512	0.964
攀枝花	0.247	0.006	0.487
泸州	0.698	0.458	0.938
德阳	0.682	0.499	0.865
绵阳	0.722	0.493	0.951
广元	0.745	0.489	1.000
遂宁	0.767	0.562	0.972
内江	0.723	0.446	1.000
乐山	0.596	0.506	0.686
南充	0.756	0.533	0.978
眉山	0.698	0.479	0.918
宜宾	0.704	0.480	0.928
广安	0.640	0.455	0.825
达州	0.578	0.476	0.680
雅安	0.672	0.444	0.900
巴中	0.723	0.531	0.915
资阳	0.755	0.539	0.972
阿坝	0.653	0.334	0.972
甘孜	0.653	0.334	0.972
凉山	0.653	0.334	0.972
贵阳	0.711	0.499	0.923
六盘水	0.580	0.490	0.670

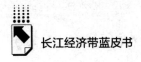
续表

城市	一级指标	二级指标	
		资源利用	环境保护
遵义	0.699	0.500	0.898
安顺	0.612	0.489	0.735
铜仁	0.523	0.495	0.552
毕节	0.545	0.489	0.602
黔东南	0.914	0.859	0.969
黔南	0.595	0.221	0.969
黔西南	0.595	0.221	0.969
昆明	0.659	0.467	0.851
曲靖	0.607	0.483	0.731
玉溪	0.628	0.461	0.795
保山	0.691	0.492	0.890
昭通	0.611	0.482	0.740
丽江	0.667	0.479	0.854
普洱	0.646	0.511	0.782
临沧	0.690	0.518	0.861
德宏	0.406	0.207	0.605
怒江	0.406	0.207	0.605
迪庆	0.406	0.207	0.605
大理	0.406	0.207	0.605
楚雄	0.406	0.207	0.605
红河	0.406	0.207	0.605
文山	0.406	0.207	0.605
西双版纳	0.406	0.207	0.605

资料来源：《中国城市统计年鉴2023》、各省市2023年统计年鉴。

三　长江经济带20个重点城市产业转型升级分析

根据前述综合指数，选择各个省会城市和相对较为发达的城市共20个作为重点城市进行分析，这20个城市可以进一步分为四个梯队。其中，上海进入 20 个重点城市的第一梯队，南京、武汉、长沙、杭州进入第二梯队，成都、苏州、无锡、合肥、重庆、常州、宁波进入第三梯队，贵阳、昆明、嘉兴、南昌、温州、金华、台州、常德位于 20 个重点城市第四梯队（见表 6）。

表 6　2022 年长江经济带 20 个重点城市产业转型升级梯队

类别	城市	平均指数
第一梯队	上海	0.653
第二梯队	南京、武汉、长沙、杭州	0.559
第三梯队	成都、苏州、无锡、合肥、重庆、常州、宁波	0.487
第四梯队	贵阳、昆明、嘉兴、南昌、温州、金华、台州、常德	0.428

上海位列长江经济带 20 个重点城市产业转型升级第一梯队，是长江经济带产业转型升级的重要引擎。从构成产业转型升级综合指数的 4 个一级指标来看，上海结构优化一级指标指数最高，其指数为 0.815，这主要得益于上海产业结构和就业结构表现突出。2022 年，上海第三产业增加值占 GDP 比重高达 74.1%，比第二名的南京高出近 12 个百分点。产业集聚度达到 1.12，在所有城市中居首位。先进生产性服务业从业人员比重达到 27.8%，是所有城市中唯一超过 25% 的城市。质量提升一级指标指数为 0.333，2022 年上海的人均 GDP 达 18.0 万元，仅低于无锡（19.8 万元）和苏州（18.6 万元），全员劳动生产率 23.4 万元/人，也名列前茅，但建设用地土地生产率、投资效益系数、工业企业固定资产利润率等指标相较而言表现一般。上海产业创新一级指标指数为 0.793，保持了显著的领先水平，这主要得益于上海大量的研发经费投入、活跃的专利科技活动和高水平的成果转化能力，其中 R&D 经费投入强度达 4.4%、发明专利授权数达 3.7 万件、技术合同成交额达 4003.5 亿元，各项指标均居首位。但在 R&D 人员投入强度和科教支出占财政预算支出比重上，上海略有不足。上海环境友好指数为 0.751。这一指标指数上升的原因主要是单位工业增加值颗粒物排放量、单位工业增加值二氧化硫排放量、单位工业增加值氮氧化物排放量均有所改善（见表 7）。

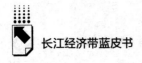

表7　2022年上海产业转型升级一级指标

一级指标	上海
结构优化	0.815
质量提升	0.333
产业创新	0.793
环境友好	0.751

南京、武汉、长沙、杭州这4个城市进入长江经济带产业转型升级20个重点城市的第二梯队，四座城市均为省会城市。

南京作为江苏省省会，在结构优化、质量提升和产业创新三个一级指标上均表现优异。具体而言，南京结构优化一级指标指数为0.727。2022年，南京先进生产性服务业从业人员比重近25%，非农产业从业人员比重为99.97%，均位列前茅。产业结构中，第三产业增加值占GDP比重为62.2%，产业集聚度达1.11，表现优异。质量提升方面，建设用地土地生产率0.052亿元/千米^2，人均GDP达17.9万元。产业创新一级指标指数为0.471，其中科教支出占财政支出比重达24.2%，授权发明专利数为28291件，技术合同交易额近1000亿元。环境友好一级指标南京表现不太理想，指数仅为0.739。

武汉产业转型升级综合指数0.557。这得益于其在产业创新一级指标上表现良好，其指数仅低于上海。其中，武汉的创新产出指数达到0.687，成果转化指数为0.571。2022年武汉授权发明专利数量23658件，高水平期刊科技类论文发表数量近4000篇，技术合同成交额达1355.2亿元，均名列前茅。武汉结构优化一级指标指数为0.623，其中就业结构二级指标表现突出，2022年武汉先进生产性服务业从业人员比重近20%。武汉环境友好方面的二级指标资源利用指数达0.516，单位工业增加值用电量和污水处理厂集中处理率均表现较好。武汉质量提升一级指标指数为0.363，其中2022年武汉人均GDP达到13.8万元，名列前茅。

长沙是中部省会城市，质量提升一级指标表现极好，指数达0.503。其中，二级指标生产效率和投资效益指数分别达到 0.521 和 0.484。长沙结构优化一级指标指数为 0.626。2022 年长沙第二产业增加值占 GDP 比重、第三产业增加值占 GDP 比重和产业集聚度分别达到 40.0%、56.8% 和 1.08。长沙产业创新取得成效，2022 年长沙授权发明专利数 12365 件，高水平期刊科技类论文发表数量 2000 篇。长沙环境友好一级指标较高，主要得益于环境保护二级指标指数高达 0.991，其中单位工业增加值颗粒物排放量、单位工业增加值二氧化硫排放量、单位工业增加值氮氧化物排放量均得到有效控制。

杭州是东部发达省份浙江的省会城市，其结构优化一级指标指数 0.704，其中第三产业增加值占 GDP 比重达 68.2%，仅次于上海，先进生产性服务业从业人员比重超过 20%，仅次于上海和南京。质量提升方面，杭州的人均 GDP、全员劳动生产率、投资效益系数分别达到 15.3 万元、21.9 万元/人和 106.9，成效显著。产业创新一级指标指数 0.491，主要得益于杭州创新投入、创新产出和成果转化 3 个二级指标的均衡发展，其中科教支出占财政预算支出比重达 27.8%，授权发明专利数量 30100 件，R&D 研发经费投入强度 3.6%，表现亮眼。杭州环境友好一级指标指数为 0.726，未来在单位工业产值污染排放物方面应有进一步的完善和提升（见表 8）。

表8　2022 年南京、武汉、长沙、杭州产业转型升级一级指标

一级指标	南京	武汉	长沙	杭州
结构优化	0.727	0.623	0.626	0.704
质量提升	0.391	0.363	0.503	0.317
产业创新	0.471	0.563	0.312	0.491
环境友好	0.739	0.742	0.756	0.726

成都等 7 个城市进入长江经济带 20 个重要城市产业转型升级的第三梯队。这 7 个城市可以分为两类，其一是沿江各省的省会或直辖市，包括成都、合肥、重庆，这些省会城市和其他城市相比，在产业创新一级指标上存在突出优势。一方面，创新产出成果丰富，得益于丰富的大学和科研院所等

科技创新载体和较为雄厚的产业基础，成都、合肥、重庆的创新产出指数比较靠前。另一方面，成果转化成效显著，成都、合肥、重庆的成果转化指数达到0.477、0.343和0.251。此外，成都、合肥和重庆在结构优化一级指标上指数也较高。2022年，成都二级指标产业结构和就业结构指数分别为0.568和0.749，合肥二级指标产业结构和就业结构指数分别为0.496和0.711，重庆二级指标产业结构和就业结构指数分别为0.463和0.701。此外，三者在环境友好上一级指标指数分别为0.728、0.724和0.715。

7个城市中除了省会城市，还包括4个江浙经济发达的地级市，即无锡、苏州、常州和宁波。这些地级市凭借雄厚的经济基础和产业基础，在产业转型升级方面具备一定优势。首先，生产效率极高，人均产值达到高水平。2022年，无锡、苏州、宁波和常州4个城市的人均GDP分别达到19.8万元、18.6万元、17.8万元和16.4万元，均位列前茅；4个城市产业集聚度均在1.0以上，全员劳动生产率较快提升。此外，4个城市的就业结构不断优化完善，创新投入和创新产出也进一步增加，产业创新能力显著增强（见表9）。

表9　2022年长江经济带20个重要城市产业转型升级第三梯队一级指标

城市	结构优化	质量提升	产业创新	环境友好
成都	0.641	0.266	0.455	0.728
苏州	0.691	0.326	0.320	0.696
无锡	0.602	0.404	0.290	0.734
合肥	0.582	0.290	0.403	0.724
重庆	0.558	0.326	0.330	0.715
常州	0.586	0.393	0.164	0.688
宁波	0.573	0.334	0.229	0.696

浙湘部分发达城市、赣贵滇三省的省会城市进入长江经济带产业转型升级20个重要城市的第四梯队。其中嘉兴、温州、金华、台州、常德等是较为发达的地级市，GDP基本位于省内的中上游，而南昌、贵阳和昆明则为内陆省会城市，凭借发达的经济和优质的产业就业结构，使产业转型升级表现

良好。贵阳质量提升指数为 0.340，其中 2022 年贵阳投资效益系数 210.9，工业企业资产利润率 11.1%，建设用地土地生产率为 0.099 亿元/千米^2，生产效率和投资效益显著增强；昆明结构优化指数为 0.608，2022 年昆明第三产业增加值占 GDP 比重 63.7%，外贸依存度为 26.5%，产业结构进一步优化；嘉兴产业创新指数为 0.242，2022 年科教支出占财政预算支出比重达到 24.8%；南昌 4 个一级指标指数较为均衡。金华和台州产业创新指数分别为 0.196 和 0.191，其中金华创新投入二级指标指数为 0.535，台州成果转化指数为 0.169，表现优异；温州和常德的环境友好一级指标表现较好，指数分别达到 0.740 和 0.743（见表 10）。

表 10　2022 年长江经济带 20 个重要城市产业转型升级第四梯队一级指标

城市	结构优化	质量提升	产业创新	环境友好
贵阳	0.568	0.340	0.190	0.711
昆明	0.608	0.311	0.177	0.659
嘉兴	0.555	0.253	0.242	0.722
南昌	0.548	0.321	0.140	0.719
温州	0.582	0.241	0.162	0.740
金华	0.561	0.211	0.196	0.715
台州	0.537	0.221	0.191	0.728
常德	0.512	0.334	0.020	0.743

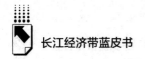

附录：产业转型升级评价方法

本报告使用权重优化模型，运用层次分析法和熵值法对各子系统进行了综合权重分析，指标体系如附表1。首先需要确定各级指标的具体权重，通过运用层次分析法（AHP）和熵值法（EVM）对各子系统进行综合权重分析。该研究方法主要是为了尽可能避免出现指标权重的不确定性，以达到各指标赋权的主客观一致性，同时也确保各子系统内部权重之和为1。

附表1 产业转型升级指数指标体系

一级指标		二级指标		三级指标		
名称	权重	名称	权重	序号	名称	权重
结构优化	0.3	产业结构	0.6	1	第二产业增加值占GDP比重	0.2
				2	第三产业增加值占GDP比重	0.3
				3	产业集聚度	0.2
				4	外贸依存度	0.3
		就业结构	0.4	5	非农产业从业人员比重	0.5
				6	先进生产性服务业从业人员比重	0.5
质量提升	0.3	生产效率	0.5	7	人均GDP	0.4
				8	全员劳动生产率	0.3
				9	建设用地土地生产率	0.3
		投资效益	0.5	10	投资效益系数	0.5
				11	工业企业固定资产利润率	0.5
产业创新	0.2	创新投入	0.3	12	R&D经费投入强度	0.35
				13	R&D人员投入强度	0.35
				14	科教支出占财政预算支出比重	0.3
		创新产出	0.3	15	授权发明专利数量	0.5
				16	高水平期刊科技类论文发表数量	0.5
		成果转化	0.4	17	技术合同交易额	0.5
				18	国家企业技术中心数量	0.5
环境友好	0.2	资源利用	0.5	19	单位工业增加值用电量	0.5
				20	污水处理厂集中处理率	0.5
		环境保护	0.5	21	单位工业增加值颗粒物排放量	0.4
				22	单位工业增加值二氧化硫排放量	0.3
				23	单位工业增加值氮氧化物排放量	0.3

B.7

长江经济带社会发展指数报告
（2023~2024）

杨　昕*

摘　要： 本报告选取长江经济带全域内 126 个地级市以上行政单元作为
样本，通过构建包括社会事业、社会保障、社会均衡、社会活力在内的长
江经济带社会发展指数，全面分析过去长江流域发展动态。与上一年相
比，长江经济带社会发展指数有所波动，各地社会经济发展复苏进度不
一。从区域差距来看，上中下游之间仍在拉大，特别是上游和下游之间。
从分项指标看，长江经济带全域的社会事业发展相对稳定，城乡发展相对
均衡，社会保障事业虽然向好但进步空间仍较大。总体而言，长江下游三
角区的 3 省 1 市继续大幅领先全域，与中游和上游地区形成阶梯式的断层，
上游和中游城市在社会保障领域仍存在明显滞后，需进一步采取针对性举
措促进社会全面发展。

关键词： 长江经济带　社会发展　社会发展指数

　　长江经济带各省市遵循习近平总书记提出的坚持共抓大保护、不搞大
开发，坚持生态优先、绿色发展，以科技创新为引领，统筹推进生态环境
保护和经济社会发展，加强政策协同和工作协同，坚持谋长远之势、行长
久之策、建久安之基的发展原则，不断推动长江经济带高质量发展，以期

---

* 杨昕，经济学博士，上海社会科学院信息研究所研究员，主要研究方向为人口发展与社会
政策。

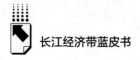

更好地支撑和服务中国式现代化。2023～2024年，长江经济带流域各地纷纷探索合作跨区发展的有效途径，区域协同联动能力明显增强。本报告采集2023年长江经济带126个城市的最新数据，对其发展状况进行总结与分析。

长江经济带社会发展指标体系是跟踪观察长江经济带全域发展的重要依据和分析工具，自2018年构建完成以来沿用至今。本指标体系以全域范围内的126个城市为样本，形成长江经济带社会发展综合指数和单一维度指数，以定量的方式全面、系统地展示长江经济带全域社会发展状况。为了保持年度之间的可比性，本报告将继续从社会事业、社会保障、社会均衡和社会活力四个维度进行考察，在具体的指标选取上，将综合考虑统计口径、发布时间、数据可获得性等方面的影响。本指数的考察维度较为全面，能准确地呈现长江经济带全域内各城市的社会发展水平、城市之间的差异，为寻找长江经济带社会发展短板、推动长江经济带社会发展提供数据支持和决策参考。

一　指标体系构建

（一）指标选取

本报告旨在全面反映长江经济带各城市的社会经济发展现状，分析将从社会事业、社会保障、社会均衡和社会活力等四个维度着手进行。其中，社会事业领域涉及教育事业、卫生事业和文化事业的发展水平，以财政在教育、医疗卫生和文化事业发展的人均投入，师资配置、万人在校大学生数、万人卫生机构床位数、万人卫生技术人员数、公共图书馆总流通人次等指标反映；社会保障领域涉及社会保险和最低生活保障，以人均财政投入，城镇职工基本养老保险、城镇职工基本医疗保险、城镇职工失业保险的参保率和城乡最低生活保障水平来反映；社会均衡领域关注生产效率与公平的良性互动，既纳入了反映收入和消费水平及收入消费年度变化的指标，也纳入了反映城乡居民收入和消费差距的指标，包括城乡居民人均可支配收入、城镇就业人员平均工资、城乡居民人均可支配收入增长率、城乡居民人均生活消费支出、城乡居民人均生活消费支出增长率、城乡居民可支配收入比、城乡居民人均生活消费支出比；社会活力领域涉及城市未来发展潜力，包括人口活力、劳动力资源、经济规模和经济增长速度等。根据以上内容，长江经济带社会发展水平指数可用包括4项一级指标，10项二级指标和29项三级指标在内的指标体系予以概括（见表1）。

表1 长江经济带社会发展指数指标体系

一级指标	二级指标	三级指标	权重(%)
社会事业	教育事业	人均教育财政投入①(元)	3
		万人专任教师数(人)	2.5
		义务教育生师比②	2.5
		高中生师比③	2.5
		万人在校大学生数(人)	2.5
	卫生事业	人均医疗卫生财政投入(元)	3
		万人卫生机构床位数(张)	2.5
		万人卫生技术人员数(人)	2.5
	文化事业	人均文化体育与传媒财政投入(元)	3
		公共图书馆总流通人次④(人次)	2
社会保障	保障水平	人均社会保障和就业财政投入(元)	5
		城乡最低生活保障⑤(元/月)	5
	保障面	城镇职工基本养老保险参保率⑥(%)	5
		城镇职工基本医疗保险参保率(%)	5
		城镇职工失业保险参保率(%)	5
社会均衡	收入水平	城乡居民人均可支配收入(元)	3
		城镇就业人员平均工资(元)	2
		城乡居民人均可支配收入增长率(%)	3
	消费水平	城乡居民人均生活消费支出(元)	3
		城乡居民人均生活消费支出增长率(%)	3
	城乡差距	城乡居民人均可支配收入比	5
		城乡居民人均生活消费支出比	5

续表

一级指标	二级指标	三级指标	权重(%)
社会活力	人力资源[7]	出生人口规模(万人)	3.5
		劳动年龄人口占比(%)	3.5
		人口自然增长率(‰)	2.5
		常住人口规模(万人)	3.5
	经济基础	GDP 增长率(%)	4
		人均 GDP(万元)	4
		地均 GDP(万元/公里^2)	4

①人均教育财政投入=一般预算财政支出中教育经费支出额/常住人口。人均医疗卫生财政投入、人均文化体育和传媒财政投入、人均社会保障和就业财政投入,与人均教育财政投入的计算相同。

②义务教育生师比=(初中在校学生数+小学在校学生数)/(初中专任教师数+小学专任教师数)。

③高中生师比=高中在校学生数/高中专任教师数。

④鉴于文化事业从业人员的范畴各地有差异,本报告以公共图书馆总流通人次作为衡量文化事业的指代指标。

⑤为当地城镇和乡村最低生活保障标准的平均数。

⑥城镇职工基本养老保险参保率=(城镇职工基本养老保险参保职工人数/各行业从业人口)×100%。城镇职工基本医疗保险参保率、城镇职工失业保险参保率,与城镇职工基本养老保险参保率相同。

⑦鉴于当下各地以常住人口规模作为发布口径,大部分地区不再单独发布外来人口数据,且教育水平只有人口普查时才采集,无法反映年度变化,对人力资源的三级指标作出调整,以出生人口规模、劳动年龄人口占比、人口自然增长率和常住人口规模作为人口活力的代表指标。

(二)指数计算

沿用极值化方法对各三级指标数据进行标准化处理,正向指标的标准化公式为:

$$x'_{ij} = \frac{x_{ij} - \min\{x_{ij}\}}{\max\{x_{ij}\} - \min\{x_{ij}\}}$$

其中,x_{ij} 代表二级指标 x 第 i 项三级指标中第 j 个城市的统计性原始数据;$\min\{x_{ij}\}$ 为三级指标 x_i 的最小值,$\max\{x_{ij}\}$ 为三级指标 x_i 的最大值;x'_{ij} 为标准化后的数据,$x'_{ij} \sim [0,1]$。

负向指标的标准化公式为:

$$x'_{ij} = \frac{\max\{x_{ij}\} - x_{ij}}{\max\{x_{ij}\} - \min\{x_{ij}\}}$$

本报告中除义务教育生师比、高中生师比、城乡居民可支配收入比和城乡居民人均生活消费比使用负向指标标准化公式外，其余指标均使用正向指标标准化公式计算。

各二级指标、一级指标和社会发展指数为下一级指标指数的加权平均值。

（三）数据来源

本报告中的所有数据均来自各级政府部分公开发布的统计年鉴、统计公报及政府部门的相关文件，主要来源如下：

（1）各省、市、州2023年国民经济和社会发展统计公报；

（2）各省、市、州2024年、2023年的统计年鉴；

（3）各市、州2023年一般公共预算支出决算表；

（4）各市、州人力资源和社会保障部门公布的社会保障事业发展报告；

（5）各市、州医保局公布的医疗保险事业发展报告。

二 长江经济带126个城市社会发展领域整体评价

（一）社会发展指数的总体情况

在采集2023年全流域126个城市相关数据的基础上，根据指数计算公式，得到所有城市的社会发展指数。

由表2可知，126个城市的社会发展指数最大值为75.50，最小值为24.62，平均值为36.23。其中，社会事业指数最大值为18.07，最小值为7.70，平均值为10.95；社会保障指数最大值23.35，最小值1.76，平均值为6.47；社会均衡指数最大值19.09，最小值5.35，平均值为11.89；社会活力指数最大值15.66，最小值3.00，平均值为6.92。

如果分上中下游来看，则长江经济带上游47个城市中社会发展指数均值为31.55，最大值51.78，最小值25.08。其中，社会事业指数均值为

11.22，最大值 17.21，最小值 9.05；社会保障指数均值为 4.23，最大值
14.47，最小值 1.76；社会均衡指数均值为 9.89，最大值 15.35，最小值
5.35；社会活力指数均值 6.20，最大值 11.67，最小值 3.00。

中游 38 个城市中社会发展指数均值为 33.57，最大值 55.28，最小值
24.62。其中，社会事业指数均值为 10.34，最大值 13.81，最小值 8.08；社
会保障指数均值为 5.32，最大值 15.90，最小值 2.52；社会均衡指数均值为
11.86，最大值 15.59，最小值 7.12；社会活力指数均值为 6.05，最大值
11.13，最小值 3.55。

下游 41 个城市中社会发展指数均值为 44.05，最大值 75.50，最小值
26.49。其中，社会事业指数均值为 11.19，最大值 18.07，最小值 7.70；社
会保障指数均值为 10.09，最大值 23.35，最小值 1.91；社会均衡指数均值
为 14.22，最大值 19.09，最小值 9.10；社会活力指数均值为 8.55，最大值
15.66，最小值 5.41（见表 2）。

表2　长江经济带126个城市社会发展指数总体情况

地区	样本数（个）	指数	均值	最大值	最小值	标准差
全流域	126	社会发展指数	36.23	75.50	24.62	9.72
		社会事业	10.95	18.07	7.70	1.82
		社会保障	6.47	23.35	1.76	4.50
		社会均衡	11.89	19.09	5.35	2.91
		社会活力	6.92	15.66	3.00	2.20
上游	47	社会发展指数	31.55	51.78	25.08	5.41
		社会事业	11.22	17.21	9.05	1.82
		社会保障	4.23	14.47	1.76	2.47
		社会均衡	9.89	15.35	5.35	1.97
		社会活力	6.20	11.67	3.00	1.58
中游	38	社会发展指数	33.57	55.28	24.62	6.27
		社会事业	10.34	13.81	8.08	1.32
		社会保障	5.32	15.90	2.52	2.85
		社会均衡	11.86	15.59	7.12	1.99
		社会活力	6.05	11.13	3.55	1.64

地区	样本数(个)	指数名称	均值	最大值	最小值	标准差
下游	41	社会发展指数	44.05	75.50	26.49	11.39
		社会事业	11.19	18.07	7.70	2.11
		社会保障	10.09	23.35	1.91	5.29
		社会均衡	14.22	19.09	9.10	2.83
		社会活力	8.55	15.66	5.41	2.37

（二）社会发展水平综合评价

根据社会发展指数结果，可以看到2023年长江经济带的社会发展指数均值较2022年有所上升，36.23的均值高于2022年的34.71；从中位数来看，2023年全流域社会发展指数中位数为32.91，也高于2022年的31.61。比较2022年和2023年社会发展指数的极值和标准差，会看到2023年社会发展指数的最大值小于2022年，最小值大于2022年，极值差和标准差均小于2022年，而2022年的极值差和标准差又小于2021年，这表明近3年来长江经济带全流域的社会发展差距在持续缩小，虽然目前还没有出现质的变化，但量变的累积正在形成。在4项一级指数中，社会均衡和社会活力指数表现相对较好，社会保障领域发展仍是4项一级指数中表现偏弱的部分（见表3）。

表3　2022~2023年长江经济带全流域社会发展指数

年份	均值	最大值	最小值	标准差	中位数
2022	34.71	78.10	20.42	10.53	31.61
2023	36.23	75.50	24.62	9.72	32.91

将社会发展指数以5为区间进行分组，得到社会发展指数区间频次。图1直观表明虽然2023年长江经济带126个城市社会发展指数的偏态分布较

2022年并没有本质变化，但波峰向右移动，众数所在区间从2022年的25~29向右移动到30~34，且35~39、45~49、50~54、55~59组的城市数量均有不同程度的增加，而20~24组城市数量从2022年的15个下降到1个。也就是说在2023年长江经济带全流域126个城市中社会发展指数相对较高的城市在增加，而指数较低的城市在减少，这个趋势与2021~2022年的变化相反。这表明，2023年长江经济带全流域的社会发展随经济的恢复而改善明显。

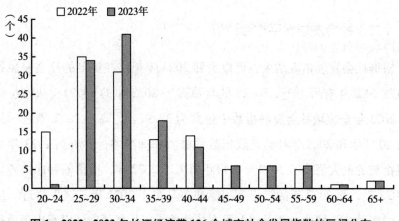

图1　2022~2023年长江经济带126个城市社会发展指数的区间分布

　　为了便于比较，本报告按照往年的划分标准，将长江经济带126个城市分为4个类别（见表4）。其中一级城市指数在50及以上的，共计15个，分别为上海、杭州、舟山、苏州、宁波、南京、嘉兴、武汉、无锡、绍兴、常州、湖州、成都、衢州、合肥；二级城市社会发展指数区间为[40, 50），共计17个，分别为长沙、扬州、丽水、金华、镇江、温州、荆州、泰州、台州、贵阳、芜湖、重庆、南通、南昌、盐城、鹰潭、攀枝花；三级城市社会发展指数区间为[30, 40），共计59个；四级城市社会发展指数区间为30以下，共计35个。

表4 2023年长江经济带126个城市社会发展领域类别划分

城市类别	指数区间	指数均值		包含城市个数（个）	
		2022年	2023年	2022年	2023年
社会发展一级城市	≥50	58.45	57.09	13	15
社会发展二级城市	[40,50)	43.47	44.14	19	17
社会发展三级城市	[30,40)	33.62	33.76	44	59
社会发展四级城市	<30	26.17	27.59	50	35

比较2022年和2023年，可以看到2023年社会发展四级城市数量大幅减少，而三级城市数量明显增加，一级和二级城市的总量不变，但一级城市数量增加、二级城市数量下降，且各级城市的综合发展指数均值除一级城市略降外，其他各组均有不同程度的上升。

（三）社会发展细分领域评价

从10项二级指标看，2023年长江经济带全域的城乡差距、文化事业和卫生事业是分项指数中均值满分达标率排名前三的分项，3项二级指数的均值满分达标率[①]分别达到65.98%、51.38%和43.20%。（见表5、图2）

表5 2022年、2023年长江经济带126城市社会发展二级指数得分统计

二级指数	均值		最大值		最小值		中位数	
	2022年	2023年	2022年	2023年	2022年	2023年	2022年	2023年
教育事业（13）	4.84	4.92	10.07	8.36	1.64	2.76	4.81	4.76
卫生事业（8）	2.31	3.46	5.32	5.92	0.83	1.54	2.21	3.41
文化事业（5）	0.60	2.57	3.36	5.00	0.11	2.00	0.44	2.44
保障水平（10）	2.29	2.24	10.00	10.00	0.41	0.58	1.71	1.74
保障面（15）	3.98	4.22	14.62	14.06	0.29	0.26	3.14	3.16
收入水平（8）	3.20	0.55	6.57	7.70	0.88	0.01	3.19	0.36
消费水平（6）	2.11	2.32	6.00	4.98	0.00	0.28	1.74	2.20

[①] 均值满分达标率＝均值/权重。如城乡差距指数均值为6.80，权重为10，满分达标率为68.00%。

续表

二级指数	均值		最大值		最小值		中位数	
	2022年	2023年	2022年	2023年	2022年	2023年	2022年	2023年
城乡差距(10)	6.80	6.60	9.59	9.59	9.59	2.38	7.10	6.81
人力资源(13)	5.03	3.42	11.81	8.29	11.81	0.39	4.69	3.18
经济基础(12)	3.52	3.50	8.17	9.46	0.42	0.87	3.37	3.18

注：括号内为每个二级指数的权重。

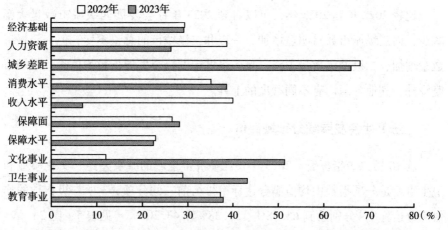

图2　2022~2023年长江经济带126个城市社会发展二级指数满分达标率

比较2022年和2023年10项二级指数的均值，会看到教育事业、卫生事业、文化事业、保障面和消费水平有不同程度上升，比较中位数则会看到卫生事业、文化事业、保障水平、保障面、消费水平有不同程度上升。

三　长江经济带126个城市社会发展四大领域分析

（一）社会事业领域

2023年，长江经济带大部分城市（特别是下游三角洲地区）实现了5%~7%的经济增长。经济的恢复在很大程度上有利于社会事业的发展，各地政府在教育、医疗卫生、文化事业、保障和就业方面的实际财政投入都随着社会经济的恢复而有所调整。在教育事业方面，全流域人均财政教育投入从上年的 2375.28 元提升至 2520.47 元，提升幅度 6.11%，高于 2021~2022 年度 5.65% 的增幅；在卫生事业方面，一方面人均医疗卫生财政投入从 2022 年的 1567.86 元下降到 1171.47 元，下降幅度超过 25%，另一方面，卫生机构床位数和卫生技术人员规模有一定程度的扩充，平均万人卫生机构床位数和平均万人卫生技术人员数分别从 2022 年 71.26 张和 84.56 人上升到 71.33 张和 84.64 人，财政投入和卫生资源的调整，显然是从现实发展需求出发的。

长江经济带社会事业领域十大优势地区分别为上海、阿坝藏族羌族自治州、迪庆藏族自治州、甘孜藏族自治州、杭州、南京、丽水、衢州、舟山和湘西土家族苗族自治州，与 2022 年相比，衢州和湘西土家族苗族自治州为新入榜地区。与往年一样，入选社会事业领域十大优势地区的有两类，一类是经济基础较好或近年经济发展速度较快的地区，另一类则是中央和地方政府重点扶持的民族地区。这 10 个地区中，有 3 个来自上游，1 个来自中游，6 个来自下游，除直辖市上海以外，杭州、南京也均为省会城市。在社会事业领域十大优势城市中，上海、南京、阿坝藏族羌族自治州、舟山连续五年上榜。

社会事业领域十大优势市州中有 5 个城市为社会发展一级城市，分别为上海、杭州、南京、衢州和舟山；1 个为社会发展二级城市，为丽水；3 个为社会发展三级城市，分别为阿坝藏族羌族自治州、迪庆藏族自治州、甘孜藏族自治州；还有 1 个四级城市，湘西土家族苗族自治州（见表 6）。与 2022 年相比，有部分城市的社会发展指数有一定程度下降，从二级城市降为三级，这也是 2023 年社会事业领域十大优势城市的等级分布有所分散的原因。从各项细目指数来看，一级城市在社会事业发展的各个领域都有较为良好的表现，教育、卫生、文化等均衡发展，二级城市的社会事业发展优势主要体现在人均财政投入方面，无论是教育、卫生或是文化事业的财政投入都可与经济发达省份的省会城市齐平甚至更高，在师资队伍方面的建设也做得较好。

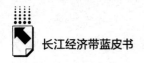

表 6 2023 年长江经济带社会事业领域优势城市

城市	社会事业指数	城市类别	二级指数		
			社会保障	社会均衡	社会活力
上海	18.07	一级	23.35	18.42	15.66
阿坝藏族羌族自治州	17.21	三级	6.72	7.39	7.60
迪庆藏族自治州	16.53	三级	6.56	7.97	4.76
甘孜藏族自治州	16.37	三级	6.05	5.35	7.25
杭州	15.55	一级	19.72	18.78	11.33
南京	15.24	一级	17.63	13.75	11.45
丽水	14.54	二级	10.93	14.56	7.15
衢州	14.28	一级	14.84	15.37	6.49
舟山	14.15	一级	16.54	19.09	10.56
湘西土家族苗族自治州	13.81	四级	2.52	7.43	3.55

（二）社会保障领域

在社会发展细分领域中，社会保障方面的进步相对较小，特别是在2022~2023 年全国就业形势吃紧的背景下，但长江经济带全流域的社会保障工作仍稳步推进。地区平均城乡最低生活保障水平从 2022 年的 691 元/月提升至 728 元/月，提升幅度 5.35%；地方财政中社会保障和就业投入的总额达到 9708.62 亿元，人均 1605.45 元，在职员工的城镇职工基本养老保险、城镇职工基本医疗保险参保率分别达到 48.54%、39.39%，城镇职工失业保险参保率达到 19.62%。

长江经济带 126 个城市中社会保障领域十大优势城市分别为上海、杭州、宁波、苏州、南京、舟山、嘉兴、武汉、无锡和湖州，其中 9 个与2022 年相同，除武汉以外，其余 9 个城市均来自长江经济带下游的江浙沪三地（见表 7）。其中上海、杭州、苏州、南京、宁波均连续五年上榜，湖州和嘉兴也连续三年上榜。

社会保障领域十大优势城市全部都是社会发展一级城市，在社会事业、社会均衡和社会活力方面也都表现较好。这也从侧面说明，社会保障可能是社会发展中的最短板，社会保障工作做得好的地区，往往在其他方面也不会落后。

进入社会保障领域十大优势城市之列的各城市社会发展指数均超过 50，其中上海、杭州和舟山都超过 60，分别为 75.50、65.38 和 60.34，而宁波、苏州、南京的指数也在 59 上下。

表7 2023年长江经济带社会保障领域优势城市

城市	社会保障指数	城市类别	二级指数		
			社会事业	社会均衡	社会活力
上海	23.35	一级	18.07	18.42	15.66
杭州	19.72	一级	15.55	18.78	11.33
宁波	18.20	一级	12.17	17.55	11.14
苏州	17.85	一级	12.15	17.50	11.76
南京	17.63	一级	15.24	13.75	11.45
舟山	16.54	一级	14.15	19.09	10.56
嘉兴	16.22	一级	11.38	18.67	9.82
武汉	15.90	一级	12.65	15.59	11.13
无锡	15.73	一级	11.73	15.29	12.42
湖州	15.08	一级	11.76	17.85	7.28

（三）社会均衡领域

社会均衡的发展状况在本报告中通过收入和消费水平以及城乡收入消费差距两个层面来衡量。总体而言，2022~2023 年长江经济带 126 个城市的社会均衡发展继续呈现出向好态势，各个地区的城乡居民人均可支配收入和人均生活消费水平均有所提升，地区之间的差距和各地区内部的城乡差距都有不同程度的缩小。2023 年，长江经济带全流域 126 个城市的平均城乡居民人均可支配收入为 37861.47 元，较 2022 年的 36183.69 元增加 1677.78 元，名义增长 4.64%，平均城乡居民人均生活消费支出为 25402.87 元，较 2022 年的 23801.92 元高出 1600.95 元，名义增长 6.73%。2023 年，全流域 126

个城市的城乡居民人均可支配收入比在1.53~3.39变动，平均比值为2.1，较2022年的2.15减少了0.05，而城乡居民人均生活消费支出比的城乡比在1.18~2.31变动，平均值为1.60，较2022年的1.63减少了0.03。

2023年，长江经济带126个城市的社会均衡领域十大优势城市分别为舟山、杭州、嘉兴、上海、湖州、绍兴、宁波、苏州、温州和台州，同样都在长江下游地区，其中浙江又以8市占据绝对优势。这说明浙江作为全国共同富裕先行示范地区，在推动共同富裕方面作出了较明显的成绩，不仅经济产出总量居全国前列，且在城乡之间、各城市之间都呈现出较其他区域更好的发展均衡性。

表8为社会均衡领域十大优势城市综合指数和二级指数，除个别城市在社会活力领域相对落后之外，其他几个方面的发展都较为接近。

表8　2023年长江经济带社会均衡领域优势城市

城市	社会均衡指数	城市类别	二级指数		
			社会事业	社会保障	社会活力
舟山	19.09	一级	14.15	16.54	10.56
杭州	18.78	一级	15.55	19.72	11.33
嘉兴	18.67	一级	11.38	16.22	9.82
上海	18.42	一级	18.07	23.35	15.66
湖州	17.85	一级	11.76	15.08	7.28
绍兴	17.65	一级	12.17	14.88	9.99
宁波	17.55	一级	12.17	18.20	11.14
苏州	17.50	一级	12.15	17.85	11.76
温州	16.81	二级	10.45	10.21	7.74
台州	16.55	二级	9.64	10.84	7.53

（四）社会活力领域

本报告对社会活力的代表指标进行了调整，主要从人口和经济的增长潜力来进行衡量。在人口增长潜力方面，从人口自然增长率、人口结构和人口存量规模三个方面测度，在经济增长潜力方面，则从经济增长速度、人均经济产出和地均经济产出方面测度。2022 年以来，全国范围内的人口活力都有所减弱，即使在经济发展最有活力的长江下游地区，这一问题也无法通过人口的迁移流动解决。表现在指数方面，则是全流域各市州的社会活力指数分值普遍较低，这也是 2023 年长江经济带社会发展综合指数的最高值略有下降的原因之一。

2023 年，长江经济带 126 个城市社会活力指数的平均值为 6.92，是 4 个方面中平均值最低的部分，最大值只有 15.66。从人口发展潜力来看，2023 年长江经济带全流域常住人口规模为 6.06 亿人，较 2022 年仅增长了不到 80 万人。如果仅考虑人口自然增长率，则 126 个城市中只有 31 个城市为正，占比不到 25%，且自然增长率为正的城市大部分位于经济相对落后、人口净流出的地区。在经济最发达的长江下游 3 省 1 市的 41 个城市中，仅 5 个城市的人口自然增长率为正，占比仅为 12.20%，且其中 3 个城市的人口自然增长率不到 1‰，最高也只有 1.82‰。与 2022 年相比，全流域中自然增长率为负值的城市数量有大幅上升。

从经济发展潜力来看，2023 年的经济发展较为稳健，除个别城市外，126 个城市的 GDP 增长率基本在 5%~8%，但人均 GDP 和地均 GDP 的差异较大，其中人均 GDP 最高为 20.62 万元，最低只有 2.97 万元；而地均 GDP 的差异更大，最高为 7.75 亿元/公里^2，最低仅 33.49 万元/公里^2。

如果分上中下游来看，区域差异也非常明显。长江上游 3 省 1 市，一直是长江经济带中经济和社会发展水平相对落后的地区，虽然自 2020 年开始成渝双城经济圈建设上升成为国家发展战略的重要组成部分，近年来在产业升级转型、科技创新等领域有明显进步，但从社会发展层面来看，广大的农村地区和民族地区的基础薄弱，仍是这一区域的短板。这一区域除了社会事业以外，在社会保障、社会均衡和社会活力方面都仍有较大的提升空间。

长江中游地区主要属于两湖平原，是我国中部核心区域，具有承东启西、连南接北的区位优势，区域内拥有发达的立体交通网络和相对丰富的水资源、土地资源和矿产资源。长江中游城市群也是国家级城市群，武汉拥有的丰富科教资源，能够为产业升级和创新转型提供支持。随着《长江中游城市群发展规划》的实施，这一区域正逐步成为我国经济发展的重要增长极。但从社会发展层面来看，中游与下游地区的差距仍然明显，且由于中游地区与长三角和珠三角空间距离都比较近，其人口流出也比较多。

长江下游三角洲地区仍是我国经济和社会发展的领头羊。上海、江苏和浙江在经济总量上稳居前列，社会发展水平也有相应表现。安徽作为长三角地区产业转移的承接区，积极融入长三角一体化进程，在科技创新、产业转型方面取得了明显进展，社会发展方面也有不俗表现。

2023年长江经济带社会活力领域十大优势城市是上海、合肥、常州、无锡、苏州、成都、南京、杭州、宁波和武汉，除长江中游城市群和成渝双城经济圈的首位城市武汉和成都外，其余均是长江下游三角洲地区城市，其中上海、无锡、苏州、南京、武汉、常州、宁波、杭州连续三年上榜，十个城市均为一级社会发展城市（见表9）。

表9　2023年长江经济带社会活力领域优势城市

城市	社会活力指数	城市类别	二级指数		
			社会事业	社会保障	社会均衡
上海	15.66	一级	18.07	23.35	18.42
合肥	13.34	一级	11.26	12.17	13.73
常州	12.45	一级	10.78	13.20	16.01
无锡	12.42	一级	11.73	15.73	15.29
苏州	11.76	一级	12.15	17.85	17.50
成都	11.67	一级	11.60	14.47	14.03
南京	11.45	一级	15.24	17.63	13.75
杭州	11.33	一级	15.55	19.72	18.78
宁波	11.14	一级	12.17	18.20	17.55
武汉	11.13	一级	12.65	15.90	15.59

四 长江经济带14个重要节点城市的社会发展情况

节点城市在城市体系中具有重要的地位和独特的作用。它们不仅是区域内的交通枢纽、经济中心、文化与教育中心、信息与创新中心、政策与行政中心、生态与环境中心，还在区域协同发展和一体化中发挥着关键的带动和辐射作用。节点城市的发展对于区域的整体进步具有重要意义。长江经济带全域有14个重要节点城市，除上海和重庆2个直辖市，以及南京、杭州、合肥、南昌、武汉、长沙、成都、贵阳和昆明这9个省会城市，还包括长江三角洲的区域中心城市苏州、无锡和宁波。

（一）综合指数及一级指数情况

在14个重要节点城市中，上海的社会发展综合指数最高为75.50，且在社会事业、社会保障、社会均衡和社会活力4个方面除社会均衡外均最高。比较14个重要节点城市综合指数和分项指数的极值差，会看到上海仍是长江经济带流域最发达的城市，在各个方面都具有明显优势，特别是在社会保障领域（见表10、图3）。但由于受到人口发展潜力的制约，社会活力方面与其他地区的差距有所缩小。

从4个一级指标指数来看，上海、杭州、苏州和宁波是长江经济带社会发展最为均衡的城市，长沙的社会事业和社会活力相对偏弱，贵阳、昆明、南昌的社会保障和社会活力是社会发展中需面临的重要问题，重庆还需要采取有效举措在社会均衡发展方面作出成绩。

表10 2023年长江经济带14个重要节点城市社会领域发展指数

城市	综合指数	一级指数			
		社会事业	社会保障	社会均衡	社会活力
上海	75.50	18.07	23.35	18.42	15.66
杭州	65.38	15.55	19.72	18.78	11.33

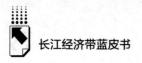

城市	综合指数	一级指数			
		社会事业	社会保障	社会均衡	社会活力
苏州	59.26	12.15	17.85	17.50	11.76
宁波	59.06	12.17	18.20	17.55	11.14
南京	58.06	15.24	17.63	13.75	11.45
武汉	55.28	12.65	15.90	15.59	11.13
无锡	55.16	11.73	15.73	15.29	12.42
成都	51.78	11.60	14.47	14.03	11.67
合肥	50.49	11.26	12.17	13.73	13.34
长沙	48.63	10.92	12.38	15.19	10.15
贵阳	43.71	13.01	8.82	13.02	8.86
重庆	42.99	10.79	11.20	10.50	10.51
南昌	41.98	12.77	9.27	11.76	8.17
昆明	36.07	11.41	7.31	9.56	7.78

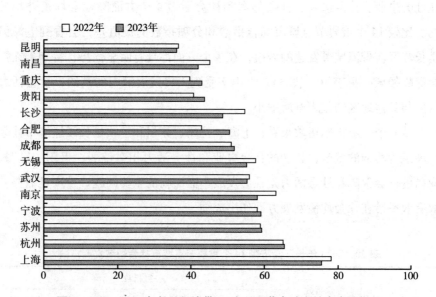

图3 2022~2023年长江经济带14个重要节点城市社会发展指数

（二）对比分析

重要节点城市都是直辖市、省会城市或者区域中心城市，在经济总量、发展速度、公共产品供给、社会管理等方面起到区域引领作用。但由于14个节点城市所在省份区域不同，它们在不同的发展领域有着自己的特点。本报告将从教育供给、医疗卫生、社会保障、城乡均衡和人力资源几个方面对其进行比较。

1. 教育供给

教育是社会公共服务的主要内容之一，对于区域人口素质提升、劳动生产率提升、科技进步等都具有重要促进作用。本报告将人均教育财政投入、义务教育生师比、高中生师比、万人在校大学生和万人专任教师数作为衡量指标。在人均教育财政投入方面，上海的人均教育财政投入达到4848.90元，远高于其他城市，在14个节点城市中，有5个城市的人均教育财政投入超过3000元，有7个城市在2000~3000元，但还有2个城市在2000元以下，最高投入是最低投入的2.96倍。从基础教育的师资配置来看，不同城市的义务教育阶段和高中教育阶段的情况有所差异。上海、南京、无锡、苏州、杭州、成都等义务教育阶段和高中教育阶段生师比都较为宽松，特别是高中生师比，武汉、长沙、南昌、贵阳和昆明等城市的高中师生比较为宽松，但义务教育阶段的师资配置较为紧张。从万人专任教师数来看，上海、无锡、苏州、杭州等城市均低于100人，而南昌、贵阳则超过140人，这种差异可能与各级各类学校在校生人数的规模差别显著相关（见图4）。

上海、南京由于其财政经费投入、教师队伍、高等教育发展等各个方面都较为均衡，没有明显短板，因而在14个节点城市中脱颖而出，相对落后的城市则大多在一个或几个方面存在短板。

2. 医疗卫生

本报告用人均医疗卫生财政投入、万人卫生机构床位数和万人卫生技术人员数等3个指标衡量地区医疗卫生事业的发展水平。从人均医疗卫生财政

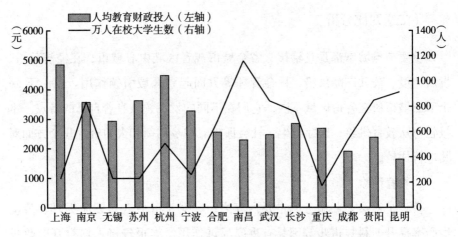

图4　2023年长江经济带重要节点城市教育供给相关指标

投入情况看，下游的上海、南京、宁波等城市投入力度较大，而上游的城市投入力度相对有限，这与政府财政收入有直接关系。人均财政投入最高的几乎是投入最低的4倍。但从医疗资源配置来看，下游地区的城市相对较为紧张，特别是宁波、苏州，而上海、南京等特大型或超大型城市资源也不充裕，这可能与医疗资源配置的原则及城市人口规模和结构有关。宁波2023年的万人卫生机构床位数为51.56张，较2022年的48.87张已经有所增加，但与其他节点城市相比，仍显得床位紧张。从万人卫生技术人员数来看，杭州（128.72人）、昆明（120.16人）、南京（118.05人）、贵阳（115.00人）均超过了115人，但南昌、重庆、苏州等城市还不到90人。从全部数据来看，2023年绝大多数节点城市的万人卫生机构床位数和万人卫生技术人员数都有所增长（见图5）。

在14个重要节点城市中，医疗卫生事业发展综合水平最高的是上海，人均财政投入最高，万人卫生机构床位数和万人卫生技术人员人数也较高，而指数较低的宁波、苏州等城市，虽然人均财政投入不低，但较低水平的床位数和专业技术人员人数拉低了整体指数。

3. 社会保障

本报告用人均社会保障和就业财政投入、城镇职工基本养老保险参保

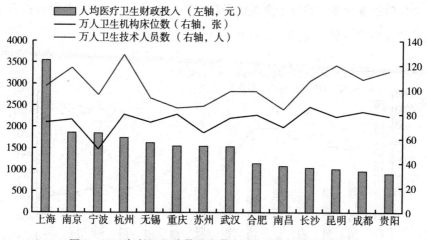

图5　2023年长江经济带重要节点城市医疗卫生相关指标

率、城镇职工基本医疗保险参保率、城镇职工失业保险参保率、城乡最低生活保障等5个指标对126个城市的社会保障事业发展水平进行衡量。从人均社会保障和就业财政投入情况看，重要节点城市的整体格局没有发生变化，上海、重庆、宁波、杭州等城市的人均投入均超过2500元，其中上海达到4774.49元，而长沙、南昌、贵阳和成都等城市均低于1500元，最高投入是最低投入的4倍多。从城镇职工基本养老保险、城镇职工基本医疗保险和城镇职工失业保险的参保率来看，节点城市的参保情况较其他城市要高很多，特别是城镇职工基本养老保险，最低的在职职工参保率都在60%左右，而最高的甚至超过90%；基本医疗保险的参保率较养老保险低，有5个节点城市的参保率不到60%，最低的只有40%上下；与养老保险和医疗保险相比，失业保险参保率更低些，最高的城市不到80%，而最低的只有30%左右。这说明哪怕是节点城市，对于失业保险的扩面工作也还有很大的进步空间。从城乡最低生活保障标准来看，14个节点城市之间的差距在2.5倍左右，长江下游的6个城市中最低生活保障水平均高于1000元/月，而上游有3个城市在700元/月以下（见图6）。

在14个重要节点城市中，社会保障综合水平最高的是上海，无论是人均社会保障和就业财政投入，还是城乡最低生活保障，或者是城镇职工基本社会保险的参保率，均处于全流域最高水平；相对而言，无论是财政投入还是社会保险覆盖面，长江上游的节点城市均相对靠后。

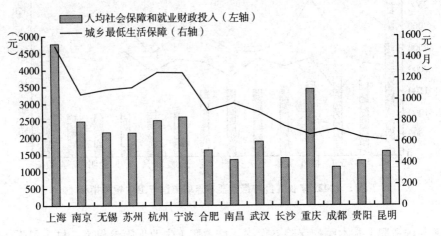

图6　2023年长江经济带重要节点城市社会保障相关指标

4. 城乡均衡

长江经济带全流域的城乡均衡发展工作的进步都较为明显，节点城市尤其如此，本报告用城乡居民人均可支配收入、城乡居民人均生活消费支出、城乡居民人均可支配收入比、城乡居民人均生活消费支出比等4个指标进行衡量。从城乡居民人均可支配收入角度看，上海、苏州、杭州、南京、宁波等5个城市均超过了7万元，其中上海达到8.49万元，但南昌、成都、昆明、贵阳和重庆等城市则不到6万元，城乡居民人均可支配收入最高的城市是最低城市的2.25倍。从城乡居民人均生活消费支出来看，上海、杭州、苏州、宁波等4个城市均高于4.5万元，其中上海和杭州超过5万元，而南昌和重庆2个城市不超过3万元，城乡居民人均生活消费支出最多的城市是最低城市的1.97倍。随着经济的整体恢复，所有节点城市的城乡居民人均可支配收入和人均生活消费支出均较2022年有所增长，特别是生活消费支出，这一方面是经济恢复的原因，另一方与政府出台刺激政策有关。从城乡居民人均可支配收入比来看，14个节点城市中有8个城市的比值在2以下，与 2022 年持平，其中长沙、宁波和杭州市是比值最低的 3 个城市，分别为 1.56、1.66 和 1.67，均低于 2022 年。从城乡居民人均生活消费支出比来看，14 个节点城市中，除昆明外其余城市的比值均低于 2，其中长沙、成都和无锡是比值最低的 3 个城市，分别为 1.45、1.50、1.52，也都低于 2022 年（见图 7）。

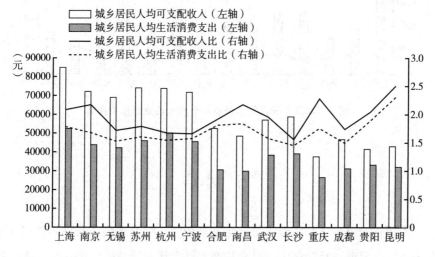

图 7 2023 年长江经济带重要节点城市城乡差距相关指标

5.人力资源

本报告在人力资源方面，主要考察人口存量、人口增长潜力和劳动力的转化可能，因此选取常住人口规模、人口自然增长率和劳动年龄人口占比这 3 个衡量指标。在常住人口规模这一指标上，重庆、上海两个直辖市有着天然优势，成都也以 2140 万人跻身前三，而南昌和贵阳两个城市则均不到 700 万人。从人口自然增长率来看长江上游和中游的省会城市具有优势，有 4 个城市超过 1.5‰，其中贵阳以 4.52‰拔得头筹，重庆、苏州和上海则是人口自然增长率最低的 3 个城市。从劳动年龄人口占比这一指标来看，14 个重要节点城市的差别并不明显，最高和最低的城市之间仅相差不到 7 个百分点（见图 8）。

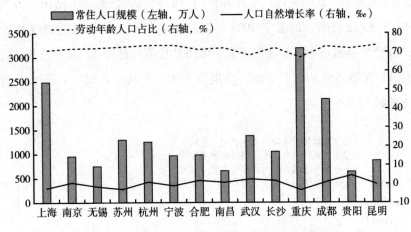

图8　2023年长江经济带重要节点人力资源相关指标

五　小结

　　本报告通过建立长江经济带社会发展指数，综合评价了长江经济带126个城市社会事业、社会保障、社会均衡和社会活力领域的发展状况。整体来看，2023年长江经济带各城市的公共服务、社会保障、人口变动以及收入和消费等方面继续保持了相对稳定的发展状态。相对而言，社会事业发展和社会均衡水平的改善工作做得较好，社会保障水平和覆盖面都有进一步的提升，但仍有较明显的进步空间。与2022年相比，全流域的教育、卫生和文化事业的财政投入和资源配置都随着实际工作重心的变化而作出了部分调整，财政投入的重点有所转移，但资源配置的改善趋势没有变化。从指数测算结果来看，长江经济带社会发展的空间异质性仍很明显，下游地区的优势仍很突出。从14个重要节点城市看，上海、杭州、苏州和宁波是社会发展各领域较为均衡的城市，武汉、成都这两个省会城市进步明显，而昆明、南昌、重庆、贵阳的提升空间仍较大。

B.8
长江经济带共同富裕水平指数报告
（2023~2024）

乐 菡*

摘　要： 长江经济带是中国实现区域均衡增长和共同富裕的重要战略区域。本报告以长江经济带的 11 个省市为研究对象，构建了多维度评估框架，系统分析了长江经济带共同富裕的发展水平和区域差异。研究基于政治、经济、社会三大宏观维度，结合公平与可持续性，量化评估了各地区的共同富裕水平。结果表明，长江经济带下游地区在经济发展和社会投入方面表现突出，中游地区稳步提升，而上游地区在社会投入与可持续发展方面仍面临挑战。本报告针对长江经济带上中下游地区的差异，提出了重视政策保障、高质量发展与科学分配结合、加强社会投入、坚持生态优先、因地制宜制定差异化政策等建议，以推进共同富裕的全面实现。

关键词： 共同富裕　区域差异　长江经济带

一　引言

自 2017 年起，上海社会科学院信息研究所长江经济带研究室以长江经济带城市为样本，构建了长江经济带收入分配指数，旨在从公平与效率两大原则评估长江经济带城市的收入分配情况。然而，随着共同富裕战略的提出，长江经济带的核心衡量标准从公平与效率转向富裕与共享。因此，过去

---

* 乐菡，上海社会科学院信息研究所助理研究员，主要研究方向为人口经济学。

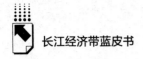

的收入分配指数体系已不再适应当前共同富裕战略背景下的需求。本报告在以往研究的基础上，围绕长江经济带地区共同富裕的本质、内涵、目标及测度指标体系，从政治、经济、社会三个宏观维度，探讨长江经济带实现共同富裕的路径。旨在通过这些维度的探讨，为推动长江经济带的高质量发展提供理论基础和实证依据。

党的二十大报告将"共同富裕"作为"中国式现代化"的重要特征，中国式现代化是人口规模巨大的现代化，是全体人民共同富裕的现代化，是物质文明和精神文明相协调的现代化，是人与自然和谐共生的现代化，是走和平发展道路的现代化。共同富裕不仅是社会主义的本质要求，也是中国现代化进程中必须完成的重要目标。不同于以往鼓励部分地区和人群"先富起来"的发展模式，新时代的共同富裕强调全体人民共同享有经济社会发展的成果，是一种更加均衡和普惠的富裕。在这样的背景下，共同富裕的内涵和路径进一步明确，即要通过高质量的发展和科学的分配制度实现全体人民的物质和精神富足。这也意味着，中国式现代化的共同富裕特征在于兼顾效率与公平、物质文明与精神文明以及人与自然的和谐共处。

为了更好地评估和推动长江经济带地区的共同富裕，本报告构建了一套综合的指标体系来量化共同富裕的水平和进展，以期为长江经济带各地区提供共同富裕的具体评估工具，并揭示区域之间在共同富裕实现过程中的差异和短板，为政策制定者提供科学依据。本报告旨在通过系统地衡量政治、经济、社会等各个方面的发展状况，探索各地区如何更有效地缩小发展差距，推进共同富裕的全面实现。综上所述，本研究不仅是对长江经济带共同富裕进程的实证分析，也是对实现共同富裕的可行路径和政策建议的深入探讨。

二 共同富裕的内涵

共同富裕作为社会主义的核心目标，其内涵丰富，本文从政治、经济和社会三个维度来探讨共同富裕的本质，以更好理解如何实现这一战略目标。

从政治维度来看，共同富裕体现了社会主义制度的内在优越性和中国共产党执政的核心理念。实现共同富裕的关键在于坚持中国特色社会主义道路，以人民为中心的发展思想，推动国家富强和民族复兴，从而充分展示中国特色社会主义的优越性。[1] 政治维度上的共同富裕要求建立完善的制度体系，以保障社会资源的合理分配，确保人人都享有均等的发展机会，政治保障机制是实现共同富裕的重要支柱，健全的制度设计和法律框架，有效减小贫富差距，实现共同富裕。[2]

从经济维度来看，共同富裕的实现依赖高质的经济增长和科学的分配机制。共同富裕不仅意味着经济总量的持续增长，更强调收入分配的均衡性和经济发展的包容性。我国当前已进入先富带动后富、逐步实现共同富裕的阶段。在新时代的背景下，共同富裕的理念被进一步深化，即通过建立多层次的分配体系（初步分配、再分配、第三次分配），实现收入的合理再分配，缩小区域和城乡差距。[3] 习近平总书记在中央财经委员会第十次会议上强调，共同富裕是全体人民的富裕，是人民群众物质生活和精神生活都富裕，不是少数人的富裕，也不是整齐划一的平均主义。经济维度的共同富裕需要通过产业升级、创新驱动以及区域协同发展来提高整体经济效益，进而通过合理的分配制度确保全体人民共享发展成果。

从社会维度来看，共同富裕强调社会资源的共建共享和人的全面发展。社会维度的共同富裕体现在教育、医疗、文化等基本公共服务的普惠性和可及性上，强调社会成员在享有发展机会和公共资源上的平等。与"金字塔形""哑铃形""丁字形"的分配结构相比，共同富裕倡导形成"橄榄形"社会结构，意味着大部分人有着稳定和体面的就业机会，避免社会的两极

---

① 刘培林、钱滔、黄先海等：《共同富裕的内涵，实现路径与测度方法》，《管理世界》2021年第8期。

② 张莉：《批判、超越与引领：马克思民主思想价值意蕴的三重维度》，《理论导刊》2023年第5期。

③ 李实、朱梦冰：《推进收入分配制度改革 促进共同富裕实现》，《管理世界》2022年第1期。

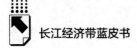

分化。① 同时，共同富裕还意味着精神文明建设和社会认同感的提升，通过加强文化教育和思想引导，提升人民的精神生活质量，增强社会凝聚力。

长江经济带覆盖 11 个省市，横跨东、中、西三个区域，是我国区域发展"不平衡、不充分"的缩影。它既包含了东部的示范区，如浙江的共同富裕先行示范区和上海浦东的社会主义现代化建设引领区，也包括了逐步富裕的中部崛起地区，如合肥的综合性国家科学中心和武汉的未来科技城，还涵盖了西部大开发地区，如贵州的西部大开发综合改革示范区。本报告从政治、经济、社会三大维度理解共同富裕的本质内涵，选取长江经济带的 11 个省市作为研究对象，以评估长江经济带的共同富裕水平，分析不同区域实现共同富裕过程中遇到的挑战，提出实现共同富裕的路径，为中国的全面共同富裕提供政策参考。这些不同区域的发展特点和所面临的挑战，使共同富裕的实现路径需要因地制宜，采用多样化和精细化的策略。

三 文献综述

共同富裕是中国特色社会主义的核心理念，已有的文献从多个角度对其内涵、实现路径及评估体系进行了深入探讨。本报告对相关文献的综述集中在三个方面：共同富裕的定义与内涵、实现共同富裕的不同路径以及共同富裕指数体系的构建。

（一）共同富裕的定义与内涵

学者们普遍认为，共同富裕是社会主义的本质要求，是经济发展成果由全体人民共享的一种状态。毛泽东最早提出共同富裕的理念，旨在让全体人民过上富裕的生活。邓小平在改革开放后进一步阐述了这一理念，提出"先富带后富，最终实现共同富裕"的发展战略。习近平总书记在新时代对

① 刘培林、钱滔、黄先海等：《共同富裕的内涵，实现路径与测度方法》，《管理世界》2021年第 8 期。

共同富裕的内涵作出了新的解读，强调共同富裕不仅是物质上的富足，更是精神上的丰富，是全体人民的共同富裕，而非少数人的富裕。①

（二）实现共同富裕的不同路径

关于实现共同富裕的路径，不同学者从多方面提出了多样化的实现方式。李实提出，共同富裕的实现应依赖于多层次的收入分配体系，包括初次分配、再分配和第三次分配。其中，初次分配强调效率，通过市场机制提升经济效率；再分配通过财政手段调节收入差距，促进公平；第三次分配则鼓励社会慈善和公益事业，提升社会互助水平。② 此外，佟佳颖提出构建企业薪酬共同富裕指数，以此作为实现共同富裕的企业管理工具，强调企业在薪酬制度中贯彻共同富裕理念，通过降低薪酬差距、增加员工的获得感和幸福感来促进共同富裕的实现。薪酬共同富裕指数的构建和验证表明，企业的薪酬公平性与员工的工作满意度密切相关，是实现企业层面共同富裕的重要手段。③

（三）共同富裕指数体系的构建

共同富裕的实现需要科学的评估工具和指标体系。近年来，许多学者致力于构建能够全面反映共同富裕水平的指标体系。陈丽君等提出了共同富裕评价指数，从发展性、共享性和可持续性三个维度来衡量共同富裕水平，其中涵盖了经济发展、社会保障、生态环境等方面。④ 新时代共同富裕指标体系的构建需与共同富裕的内涵相契合，遵循"共同中包容差异性""富裕中

---

① 刘培林、钱滔、黄先海等：《共同富裕的内涵，实现路径与测度方法》，《管理世界》2021年第8期。

② 李实、朱梦冰：《推进收入分配制度改革 促进共同富裕实现》，《管理世界》2022年第1期。

③ 佟佳颖：《企业促进共同富裕行为评价模型研究》，华北电力大学（北京）硕士学位论文，2024。

④ 陈丽君、郁建兴、徐铱娜：《共同富裕指数模型的构建》，《治理研究》2021年第4期。

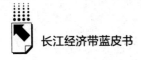

体现全面性""注重统一性,力求简洁性""彰显中国化"等基本原则。①
此外,佟佳颖提出了企业薪酬共同富裕指数,作为衡量企业层面共同富裕建
设的工具,进一步丰富了共同富裕的评估体系。在评估指标的具体构建上,
指标应涵盖收入水平、财富分配、公平性以及社会参与度等多个方面,以实
现对共同富裕水平的客观评价。②

综上所述,已有文献对共同富裕的内涵、实现路径以及评估体系进行了
广泛而深入的探讨,形成了一定的理论共识。本报告在已有研究基础上,结
合长江经济带的区域特点,构建适应该地区的共同富裕指标体系,并对共同
富裕的现状和路径进行深入分析。

四 长江经济带共同富裕水平指标体系的构建

(一)指数设计思路

长江经济带共同富裕水平指标体系编制主要包括指标选取、指标权重赋
值、形成指数三个重要环节。第一步也是最重要的一步是长江经济带共同富
裕相关指标的选取,深刻理解共同富裕的内涵是构建共同富裕指标体系的前
提,前文对共同富裕的政治内涵、经济内涵、社会内涵三个维度进行了深入
剖析,本部分基于政治、经济、社会三大维度选取相应的 7 个二级指标全面
衡量共同富裕,并借鉴李实③、刘培林等④、谭燕芝等⑤学者选取了 20 个具
有代表性的指标构建了共同富裕水平指标体系。第二步是对选取的指标进行

---

① 杨宜勇、王明姬、纪竞垚:《新时代共同富裕评价指标体系设计构想——兼述对全国及分
省共同富裕程度的测算》,《国家治理》2023 年第 3 期。
② 佟佳颖:《企业促进共同富裕行为评价模型研究》,华北电力大学(北京)硕士学位论文,
2024。
③ 李实:《共同富裕的目标和实现路径选择》,《经济研究》2021 年第 11 期。
④ 刘培林、钱滔、黄先海等:《共同富裕的内涵、实现路径与测度方法》,《管理世界》2021
年第 8 期。
⑤ 谭燕芝、王超、陈铭仕等:《中国农民共同富裕水平测度及时空分异演变》,《经济地理》
2022 年第 8 期。

赋权，根据理论文献和德尔菲法对指标进行赋权，权重直接体现了指数在长江经济带共同富裕水平指标体系中的影响。第三步是计算长江经济带共同富裕水平，基于筛选的指标和设置的权重，对 11 个省市的共同富裕水平指数进行测算。

（二）构建原则

当前中国特色社会主义进入了新时代，如期完成了第一个百年奋斗目标，脱贫攻坚战取得全面胜利，促进全体人民共同富裕成为中国共产党当下更为重要的目标选择。在这一时期，构建和细化长江经济带的共同富裕水平指标体系具有重要意义，一方面，有利于真实、客观地反映出当前中国将近50%的人口共享发展成果的结果，另一方面有利于为不同资源禀赋的城市提供共同富裕的不同路径选择。当前长江经济带的共同富裕水平指标体系构建主要考虑了科学性原则、可衡量性原则、有效性原则。

1. 科学性原则

贯彻落实党的十九大报告提出的在全面建成小康社会的基础上基本实现社会主义现代化的要求，以 2035 年人民生活更为富裕、城乡区域发展差距和居民生活水平差距显著缩小，全体人民共同富裕为目标方向。对标党的十九大报告精神，系统、科学地选取共同富裕指标，建设体现效率、促进公平的收入分配指标体系。

2. 可衡量性原则

共同富裕水平指标体系强调理论与实践相结合的原则，在经济发展和收入分配的经济理论基础上，按照可衡量性原则要求，对各类指标的数据进行筛选整理，选取统计数据支撑指标，对于一些主观指标或不可获得、或数据缺失较多的指标予以剔除，充分利用公开统计年鉴、统计公报等数据客观度量长江经济带各城市实现共同富裕的真实轨迹。

3. 有效性原则

有效性原则是指在指标评价体系中所选取的指标都具有明确的内涵意义，能够客观地反映出评价对象的基本特征。

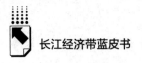

（三）指标选取及权重设定

共同富裕水平指标体系既要体现国富民强的政治内涵，又要凸显从逐步富裕到全面富裕的奋斗过程，更要强调共建共享的分配格局，基于此，本报告根据共同富裕的政治内涵、经济内涵、社会内涵三大维度和七大表征指标（二级指标），进一步考虑11省市的数据可获取性，共选取了20个测度指标，构建了长江经济带共同富裕水平指标体系。本研究政治内涵所包括的二级指标为国家强盛和民族复兴两大类指标，其中国家强盛类指标主要包括人均GDP、产业结构、R&D占财政支出比重等宏观类指标；民族复兴类指标主要包括GDP增速、城镇化率以及恩格尔系数等动态指标。本研究经济内涵所包含的二级指标为物质富裕、精神富裕、逐步富裕三大类指标，其中物质富裕指标主要包括居民人均可支配收入、工资性收入占比、财产性收入占比等能够反映居民收入水平的指标；精神富裕指标主要包括人均拥有公共图书馆藏量、教育经费占GDP比重、文教娱乐消费支出占可支配收入比重等能够反映文教娱乐等方面情况的指标；逐步富裕指标从横向和纵向两方面选取指标，横向指标选取了城乡收入比、城乡消费比，纵向指标选取了居民人均可支配收入增速。本研究社会内涵所包含的二级指标为社会分配结构和社会保障水平两大类，其中社会分配结构指标主要选取农村居民经营性收入占比等；社会保障水平选取人均城乡居民医疗保险基金支出、人均基本养老保险基金支出、人均城乡居民社会养老保险基金支出。自2022年起，人力资源和社会保障部不再发布城镇登记失业率数据，因此三级指标体系中删除了原来版本中的就业稳定类指标，并调整了社会分配结构指标的权重。

指标性质分为正向指标和负向指标，其中正向指标是指该指标数值的变动方向与共同富裕水平评价体系是一致的，该指标的数值增加与共同富裕水平的提高方向一致；反之则为负向指标，即该指标的数值增加与共同富裕水平的提高方向相反。具体的指标体系如表1所示。

表 1 长江经济带共同富裕水平指标体系

一级指标	二级指标	三级指标	指标性质
政治	国家强盛	人均 GDP	+
		产业结构	+
		R&D 占财政支出比重	+
	民族复兴	GDP 增速	+
		城镇化率	+
		恩格尔系数	−
经济	物质富裕	居民人均可支配收入	+
		工资性收入占比	+
		财产性收入占比	+
	精神富裕	人均拥有公共图书馆藏量	+
		教育经费占 GDP 比重	+
		文教娱乐消费支出占可支配收入比重	+
	逐步富裕	居民人均可支配收入增速	+
		城乡收入比	−
		城乡消费比	−
社会	社会分配结构	最低工资标准	+
		农村居民经营性收入占比	+
	社会保障水平	人均城乡居民医疗保险基金支出	+
		人均基本养老保险基金支出	+
		人均城乡居民社会养老保险基金支出	+

指标赋权，体现了各子系统及其内部指标在评价体系中的重要性，目前较多使用的赋权方法包括平均法、专家评分法、熵值法、主成分分析法等。考虑到共同富裕水平指标体系的复杂性特征，以及时间维度上的纵向可比性，本报告拟在等值赋权法（平均赋权法）的基础上，采用德尔菲法（专家咨询法）进行指标的进一步甄选和指标赋权，并收集基础数据，运用综合法、平均法等指数测算方法展开指标测度和分析评价，得出评估结果，具体指标权重如表 2 所示。

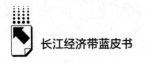
表 2　长江经济带共同富裕水平评价体系权重分配

一级指标	权重	二级指标	权重	三级指标	权重
政治	0.3	国家强盛	0.5	人均 GDP	1/3
				产业结构	1/3
				R&D 占财政支出比重	1/3
		民族复兴	0.5	GDP 增速	1/3
				城镇化率	1/3
				恩格尔系数	1/3
经济	0.4	物质富裕	0.4	居民人均可支配收入	1/3
				工资性收入占比	1/3
				财产性收入占比	1/3
		精神富裕	0.3	人均拥有公共图书馆藏量	1/3
				教育经费占 GDP 比重	1/3
				文教娱乐消费支出占可支配收入比重	1/3
		逐步富裕	0.3	人均可支配收入增速	1/3
				城乡收入比	1/3
				城乡消费比	1/3
社会	0.3	社会分配结构	0.6	最低工资标准	1/2
				农村居民经营性收入占比	1/2
		社会保障水平	0.4	人均城乡居民医疗保险基金支出	1/3
				人均基本养老保险基金支出	1/3
				人均城乡居民社会养老保险基金支出	1/3

（四）数据来源

研究主要数据来源于《中国统计年鉴》、长江经济带 11 个省市的统计年鉴以及统计公报。

（五）标准化处理及测算公式

为了消除不同指标量纲对研究结果的影响，本研究采用 min-max 标准化方法来消除数据量纲的影响，对于正向指标的处理公式为：

$$y_i = \frac{x_i - \min\{x_j\}}{\max\{x_j\} - \min\{x_j\}}$$

对于负向指标的处理公式为：

$$y_i = \frac{\max\{x_j\} - x_i}{\max\{x_j\} - \min\{x_j\}}$$

其中，$\max\{x_j\}$ 为样本数据的最大值，$\min\{x_j\}$ 为样本数据的最小值。

五 长江经济带共同富裕水平总体特征

（一）总体结果

具体来看，2022 年长江经济带 11 省市的共同富裕水平为 0.245~0.693，各省份的变化情况显示出一定的差异，这些差异主要受到经济基础、社会公平程度、基础设施建设及政策支持力度等多方面因素的影响。具体来看，四川的共同富裕指数从 2021 年的 0.277 上升到 2022 年的 0.414，表现出较大提升，尤其是在社会公平和基础设施建设方面取得显著进步。这一提升主要得益于四川省在加强教育普及、提高医疗服务可及性以及推进农村基础设施建设等方面的多项政策措施。例如，四川加大了对偏远地区学校和医院的财政支持，改善了城乡基础设施条件，这些努力有效推动了社会公平和共同富裕的进程。湖北的指数从 0.386 提高到 0.421，也反映了其在社会公共服务和再分配政策上的改进。此外，云南的指数从 2021 年的 0.215 上升到 2022 年的 0.309，表明其在基础设施和社会服务方面有所改善。这些变化表明，尽管部分地区的富裕水平有所波动，但整体上中上游地区在政策支持下逐步实现了追赶，体现了“先富带后富”的共同富裕路径，逐步缩小了地区间的差距（见表3）。

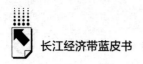

表3 2021~2022年长江经济带11省市共同富裕水平

地区	2021年	2022年
上海	0.715	0.693
江苏	0.494	0.483
浙江	0.582	0.557
安徽	0.373	0.335
湖北	0.386	0.421
湖南	0.399	0.381
江西	0.421	0.353
四川	0.277	0.414
重庆	0.377	0.306
贵州	0.252	0.245
云南	0.215	0.309

（二）一级指标结果

从各省市的一级指标指数来看，上海在政治、经济和社会三个方面均表现突出，指数分别为0.873、0.554和0.700，这得益于上海在优化营商环境、加大社会保障投入、完善教育和医疗体系等方面的政策措施。江苏和浙江在经济维度上指数分别为0.443和0.559，表现较为优异。湖北和湖南在社会公平和分配结构方面取得了进展，湖北社会指数为0.410，湖南社会指数为0.319，这些进展主要得益于各自的再分配政策和教育投入的均衡化。贵州和云南在精神富裕方面有一定优势，贵州精神富裕指数为0.615，云南为0.403，但经济基础薄弱，物质富裕指数较低。整体来看，中上游地区虽然在某些维度上有所提升，但仍需在基础设施和经济发展方面加强投入，以缩小与下游省市的差距（见表4）。

表4 2022年长江经济带11省市共同富裕指数一级指标结果

地区	政治	经济	社会
上海	0.873	0.554	0.700
江苏	0.606	0.443	0.414

地区	政治	经济	社会
浙江	0.649	0.559	0.462
安徽	0.317	0.414	0.247
湖北	0.463	0.397	0.410
湖南	0.387	0.424	0.319
江西	0.296	0.462	0.266
四川	0.272	0.543	0.383
重庆	0.257	0.313	0.345
贵州	0.141	0.307	0.265
云南	0.230	0.316	0.378

（三）二级指标结果

表5展示了长江经济带11个省市在7个二级指标上的指数情况，这些二级指标为深入理解各地区在共同富裕实现过程中的具体表现提供了数据支撑。

首先，从国家强盛指标来看，上海指数遥遥领先，江苏和浙江分别为0.493和0.473，表明上海在科研投入、产业结构优化等方面具有显著优势，极大地推动了国家的现代化进程。其他省份在该指标上指数较低，尤其是贵州（0.020）和云南（0.059），反映出其在产业发展、科技创新等方面的弱势。

在民族复兴方面，浙江以0.825的指数名列前茅，紧随其后的是上海（0.746）和江苏（0.720），这表明这些地区在社会建设和文化发展方面表现出色。相较之下，重庆（0.201）和贵州（0.262）指数较低，说明在社会文化进步和现代化发展方面，这些省市尚需加强。

物质富裕指标上，上海（0.790）、四川（0.591）、浙江（0.567）指数较高，显示了这些省市在居民生活条件和经济水平上的领先地位。相对而言，贵州（0.025）和湖北（0.110）的指数较低，反映出其居民在收入水平和生活物质条件方面存在较大差距。

在精神富裕方面，贵州指数最高（0.615），其次是湖南（0.465）和江西（0.425）。这表明尽管贵州在物质富裕方面指数较低，但其在文化生活、

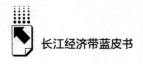

社区凝聚力等方面却有较好的表现。

逐步富裕方面，湖北以 0.920 的指数位居前列，显示出其在居民可支配收入增速方面的良好表现。安徽（0.880）和江西（0.859）也在逐步富裕指标上表现突出，这反映了这些省市在缩小收入差距和提升居民生活水平方面的有效性。

社会分配结构上，四川（0.612）指数最高，湖北（0.605）和江苏（0.570）紧随其后。这表明四川在确保收入分配公平性、提高社会整体和谐性方面有显著成效，而贵州和安徽在该指标上的指数相对较低，说明在社会分配结构上可能存在一些不平衡现象。

在社会保障方面，上海体现了其在社会福利体系的完善程度和公共服务供给方面的显著优势。而其他省份如重庆（0.040）和四川（0.040）指数较低，显示了这些地区在医疗、养老等社会保障方面仍有较大提升空间。

总体来看，表 5 反映出长江经济带各省市在不同维度的表现差异显著。下游省市如上海、江苏、浙江在国家强盛、物质富裕和社会保障方面表现领先，而中上游省市如贵州、云南则在精神富裕和社会分配结构上有一定优势。未来，需要进一步推动各地的均衡发展，特别是在基础设施、教育和社会保障等方面加强对中上游地区的政策支持，以实现共同富裕的整体目标。

表 5　2021 年长江经济带 11 省市共同富裕指数二级指标结果

地区	国家强盛	民族复兴	物质富裕	精神富裕	逐步富裕	社会分配结构	社会保障水平
上海	1.000	0.746	0.790	0.368	0.425	0.500	1.000
江苏	0.493	0.720	0.433	0.209	0.690	0.570	0.180
浙江	0.473	0.825	0.567	0.354	0.754	0.553	0.327
安徽	0.262	0.373	0.124	0.335	0.880	0.363	0.074
湖北	0.305	0.621	0.110	0.257	0.920	0.605	0.118
湖南	0.258	0.517	0.128	0.465	0.776	0.497	0.051
江西	0.131	0.461	0.192	0.425	0.859	0.409	0.052
四川	0.221	0.323	0.591	0.274	0.749	0.612	0.040
重庆	0.314	0.201	0.121	0.290	0.591	0.549	0.040
贵州	0.020	0.262	0.025	0.615	0.375	0.367	0.112
云南	0.059	0.401	0.169	0.403	0.426	0.511	0.178

六 结论和对策建议

2021~2022 年，长江经济带上中下游地区的共同富裕水平指数出现了显著变化。数据显示，下游地区共同富裕水平保持较高水平，而中游地区则表现相对稳定，上游地区尽管在经济和社会发展方面面临一定挑战，但也在政策支持下取得了积极进展。这些区域间的差异性表明，推动共同富裕需要结合各地具体发展阶段和资源禀赋，实施有针对性的政策干预。

通过对共同富裕的本质、实现路径和指标体系的综合分析，结合长江经济带上中下游区域的特点，本报告得出以下结论和对策建议。

（一）高度重视政治维度的共同富裕保障

共同富裕不仅是经济目标，更是政治目标，要求通过制度保障实现全体人民的公平发展。应继续深化社会主义制度优势，通过完善法律和政策框架，确保社会资源合理分配，缩小贫富差距。

（二）推动长江经济带的高质量经济增长与科学分配的结合

高质量发展是实现共同富裕的前提，应通过产业升级、技术创新和区域协调发展来提升整体经济水平，特别是结合长江经济带上中下游各区域的具体发展需求，制定符合区域特征的经济发展策略。同时，通过初次分配、再分配和第三次分配相结合的方式，确保经济成果全体共享。在实践中，初次分配需要兼顾效率，激励创新和创造价值，再分配和第三次分配则要注重公平，确保社会弱势群体的基本生活得到保障，从而实现效率与公平的有机统一。

（三）加强社会领域投入，实现全体人民共享发展

社会公共服务的均等化是实现共同富裕的重要途径，应加大对教育、医

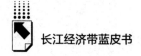

疗、文化等领域的投入，特别是长江经济带上游的四川、重庆、贵州等省市，这些地区在社会领域的投入相对不足，应增加基础教育和医疗卫生的投入，以缩小区域差距，提升公共服务的普惠性和可及性，形成"橄榄形"社会结构，减少社会矛盾，增强社会凝聚力。

（四）坚持生态优先，实现绿色发展与共同富裕的协调统一

共同富裕不仅是物质和精神的富足，还包括生态环境的改善。应坚持"绿水青山就是金山银山"的理念，在实现经济发展的同时，保护和改善生态环境，为人民提供良好的生活环境。例如，通过推进生态补偿机制、发展绿色能源、实施大气污染防治行动计划等具体政策，特别是鼓励长江经济带上游省市充分发挥其丰富的生态资源优势，推动绿色产业发展，确保经济发展与生态环境保护相协调，进一步增强绿色发展的实践可行性。

（五）发挥社会主义制度的组织优势

应通过高效有力的组织化手段，如建设社区协作网络以及动员各级党组织，巩固脱贫攻坚成果，并通过全体人民的共同奋斗来扎实推进共同富裕。中国共产党作为中国特色社会主义的核心领导力量，应继续在政治、经济和社会各方面引领全体人民，共同创造更加美好的生活。

（六）因地制宜，制定长江经济带差异化政策

针对长江经济带上中下游不同区域的实际情况，制定差异化的共同富裕政策，尤其是加强对中上游欠发达地区的政策支持，通过区域协调发展和精准施策，推动整体均衡发展，实现共同富裕。上游地区应加强基础设施建设和生态环境保护，中游地区应加大科技创新和产业升级的投入，下游地区则需继续发挥其经济优势，助力中上游地区发展，推动全带共赢。

参考文献

郁建兴、任杰：《共同富裕的理论内涵与政策议程》，《政治学研究》2021年第3期。

胡鞍钢、周绍杰：《2035中国：迈向共同富裕》，《北京工业大学学报》（社会科学版）2022年第1期。

万海远、陈基平：《共同富裕的理论内涵与量化方法》，《财贸经济》2021年第12期。

张来明、李建伟：《促进共同富裕的内涵，战略目标与政策措施》，《改革》2021年第9期。

李军鹏：《共同富裕：概念辨析，百年探索与现代化目标》，《改革》2021年第10期。

蒋永穆、谢强：《扎实推动共同富裕：逻辑理路与实现路径》，《经济纵横》2021年第4期。

李实、杨一心：《面向共同富裕的基本公共服务均等化：行动逻辑与路径选择》，《中国工业经济》2022年第2期，第27~41页。

沈满洪：《生态文明视角下的共同富裕观》，《治理研究》2021年第5期。

周文、施炫伶：《共同富裕的内涵特征与实践路径》，《政治经济学评论》2022年第3期。

姜长云：《新发展格局，共同富裕与乡村产业振兴》，《南京农业大学学报》（社会科学版）2022年第1期。

产业篇

B.9

长江经济带农业发展报告
（2023~2024）

戴伟娟*

摘　要： 长江经济带地区的农业拥有和全国平均水平相似的产业结构。该地区以约24%的农业用地生产了全国35%以上的粮食，贡献了全国农业约43%的增加值，吸纳了约44%的农业就业人员。从长江经济带上中下游地区情况来看，半数以上的农业就业集中在上游，中下游农业就业人员数减少较快；上游农业增加值占比较高，中下游粮食产量与增加值相比占比更大；上中下游发展速度趋于一致，速度明显下滑。从农业现代化发展水平来看，长江经济带地区中游和上游地区的机械化水平加快提升；上游和下游地区的设施化水平提高较快；农业劳动生产率仍低于全国平均水平，上游地区提高较慢；作为谷物和油菜籽的主产区，长江经济带地区尤其是下游的土地单产较高。未来，长江经济带地区将继续推动更多政策、资源和力量向农业和农村倾斜，长江经济带地区的农业发展主要聚焦农产品稳

---

* 戴伟娟，博士，上海社会科学院城市与人口发展研究所助理研究员。

产提产、全产业链发展、农业科技与创新、农产品深加工和农文旅融合发展等几个领域。

关键词： 现代农业　农业现代化　长江经济带

长江经济带 11 个省市中包含了我国多个农业强省和农业大省，是我国农业生产及农业经济发展的重要功能区，在我国农业发展总格局中具有重要战略地位。

一　长江经济带地区农业发展总体概况

（一）农业投入

长江经济带横贯我国东中西三大自然和经济区域，跨越我国南北方分界线，覆盖温带、亚热带、热带、高原等多个温度带，地形地貌、土壤水文、气象气候、动植物资源等存在明显的地域差异，农业资源条件丰富多样。仅从农业最基础的两大资源要素：土地和从业人员数量来看，长江经济带农业投入较大，占全国比重较高。

1. 土地投入稳步提高，占全国比重相对稳定

从耕地面积来看，2023 年长江经济带耕地总面积为 38343 千公顷，与上年相比增加了 457 千公顷，增长率为 1.2%。从农作物播种面积来看，2023 年长江经济带总播种面积为 68103 千公顷，与上年相比略有增加，增长率为 0.9%，增幅低于全国平均增长率（1.0%），长江经济带地区农作物总播种面积占全国的比重为 39.7%，与上年持平。2019 年以来，长江经济带地区农作物总播种面积稳步增加，占全国总量的比重相对稳定，与 2011 年相比略有降低（见表 1）。

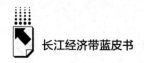

表1　2011年、2019~2023年长江经济带地区农作物总播种面积变化及全国比较

单位：千公顷，%

项目	2011年	2019年	2020年	2021年	2022年	2023年	2023年比2022年增加
长江经济带	64692	65405	66272	66856	67477	68103	0.9
全国	160360	165931	167487	168695	169991	171624	1.0
比重	40.3	39.4	39.6	39.6	39.7	39.7	—

资料来源：2012年、2020~2024年《中国统计年鉴》；下文关于农作物总播种面积的数据，若无特殊注明，来源相同。

2.劳动力投入下降明显，占全国的比重略有增加

2023年，长江经济带地区的第一产业就业人员有7372万人，占全国第一产业就业人员的比重为44%。与上年相比，长江经济带第一产业就业人员减少了293万人，占全国的比重有所增加。从三次产业的就业结构来看，2023年底，长江经济带地区第一产业就业人员数占全社会就业人员数的比重为22%，略低于全国平均水平，一定程度上说明长江经济带地区的非农就业转移程度相似，只略高于全国（见表2）。

表2　长江经济带地区第一产业就业人员数及其变化

单位：万人，%

项目	2010年	2020年	2021年	2022年	2023年
长江经济带第一产业就业人员数	12838	7693	7423	7665	7372
全国第一产业就业人员数	27931	17715	17072	17663	16882
长江经济带第一产业就业人员数占全国的比重	46	43	43	43	44
长江经济带第一产业就业人员数占全社会就业人员数的比重	39	23	23	23	22
全国第一产业就业人员数占全社会就业人员数的比重	37	24	23	24	23

资料来源：2012年、2021~2023年《中国统计年鉴》；下文关于第一产业就业人员的数据，若无特殊注明，来源相同。

3.固定资产投入下游增幅较大，部分地区呈负增长

2023年，全国农林牧渔业固定资产投资（不含农户）增幅有所下降，为1.2%，低于2022年的4.2%。从长江经济带的情况来看，各地对农业的投入仍不平衡，11省市中，仍有4个地区农业固定资产投资负增长。其中，湖南省继续保持负增长，贵州增幅下降明显。下游地区的上海、浙江和江苏三地由负增长转为正增长，浙江省增幅显著。总体来看，2023年长江经济带下游地区农林牧渔业固定资产投资增幅较大，中游和上游地区增幅正负不均，湖南和贵州的下降幅度较大，重庆和四川的增幅较大。与上年相比，2023年长江经济带地区的农林牧渔业固定资产投资（不含农户）增幅下降明显，只有浙江的增幅超过30%，其他6个正增长的地区增幅均未超过20%（见图1）。

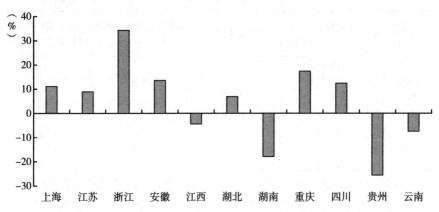

图1　2023年长江经济带各地区农林牧渔业固定资产投资比上年增长情况

（二）农业规模

作为我国重要的农业产区，长江经济带地区是我国粮、棉、油、猪等大宗农产品的主要生产区，也是我国茶叶、水产品、蚕桑、水果、中药材等特色农产品的主产区，为我国农产品供给提供了重要保障。

1.农业经济持续增长，对全国的贡献相对稳定

近年来，长江经济带地区的农业经济总量持续增长。2023年，11个省

市共实现第一产业增加值约 38378 亿元，在全国第一产业经济总量中的比重为 42.8%，与上年持平。从最近几年来的情况看，长江经济带地区的农业对全国的贡献虽然有所下降，但对我国农业经济发展的支撑作用相对稳定，占全国的比重在 42.8%~43.7%，变化不超过 1 个百分点。

从第一产业对地方经济的贡献度来看，近年来长江经济带地区的第一产业增加值占 GDP 的比重相对稳定，为 6.6%~7.3%。2023 年，长江经济带地区的第一产业增加值占 GDP 比重为 6.6%，为几年来最低。2017 年以来，长江经济带地区第一产业增加值占 GDP 比重均低于全国平均水平，说明长江经济带地区的经济对农业的依存度相对较低（见表 3）。

表 3　2017~2023 年长江经济带地区第一产业增加值变化趋势

单位：亿元，%

年份	长江经济带第一产业增加值	占全国比重	长江经济带第一产业增加值占 GDP 比重	全国第一产业增加值占 GDP 比重
2017	26944	43.4	7.3	7.6
2018	27828	43.0	6.9	7.2
2019	30597	43.4	6.7	7.1
2020	34113	43.7	7.2	7.7
2021	35896	43.2	6.8	7.3
2022	37786	42.8	6.8	7.3
2023	38378	42.8	6.6	7.1

资料来源：2023 年数据来源于《中国统计年鉴 2024》；以前年度的各省数据来自国家统计局网站地区数据中的年度数据，全国数据来自国家统计局网站中的年度数据；下文有关第一产业增加值的数据，若无特殊注明，来源相同。其中，2019 年、2020 年数据为 2021 年调整后的数据。

2. 粮食产量持续处于高位，达到新高

2023 年，长江经济带地区的粮食总产量约 24516 万吨，比上年多 363 万多吨。近年来，长江经济带地区粮食总产量在高位小幅震荡。2015 年，长江经济带地区和全国一样实现了 12 年连续增长，2016 年减产后 2017 年显著回调，并明显高于 2015 年的产量，2018 年和 2019 年的产量虽然持续下降，但仍高于 2015 年，2020 年起连续 2 年增产，2022 年回调后在 2023 年达到新高。

从占全国总产量的比重来看，近年来长江经济带地区粮食产量占全国的比重一直在35%~36.4%波动。2023年，长江经济带地区粮食产量占全国总产量的比重为35.3%，与上年相比基本持平，较2014年总体呈下降趋势（见图2）。

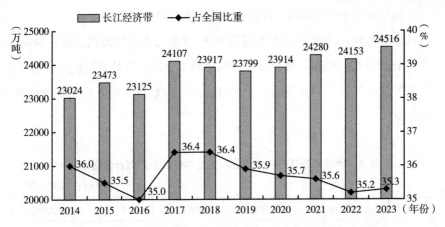

图2　2014~2023年长江经济带地区粮食总产量及占全国比重

资料来源：2023年数据来源于《中国统计年鉴2024》；以前年度的各省数据来自国家统计局网站地区数据中的年度数据，全国数据来自国家统计局网站中的年度数据；下文有关粮食产量的数据，若无特殊注明，来源相同。

除粮食外，长江经济带地区也是我国棉花、油菜等其他大宗农作物，以及麻、茶叶、烟叶、柑橘等特色农产品的重要产区。

（三）农业结构

1.种植业占比超过半数，与全国相比林业和渔业比重较大

长江经济带地区的农业结构与全国相近，种植业占据半壁江山，其次是牧业，均超过20%，渔业占一成左右，林业及农林牧渔服务业比重均在5%左右。2023年，长江经济带地区的种植业总产值为35543亿元，在农业结构中占比54.0%；其次为牧业和渔业，占比分别为23.1%和11.4%；林业和农林牧渔服务业占比较小，分别为5.6%和5.9%。

与全国的平均水平相比，2023年，长江经济带地区的渔业和林业比重仍高于全国平均水平，种植业和牧业比重仍低于全国平均水平，农林牧渔服

务业比重与全国平均水平持平。其中，渔业和林业比重均较全国高 1.2 个百分点，种植业和牧业比重较全国分别低 0.9 个百分点和 1.5 个百分点（见表 4）。

2. 种植业比重有所提高，畜牧业比重持续下降

从纵向来看，2023 年长江经济带的种植业比重继续提高，比上年提高了 1.6 个百分点；林业、渔业和农林牧渔服务业的占比均有所提高；牧业占比继续下降，与上年相比下降 2.3 个百分点，牧业占比的降幅高于全国 0.9 个百分点。

表 4　2023 年长江经济带地区农业内各行业总产值及全国比较

单位：亿元，%

项目	种植业	林业	牧业	渔业	农林牧渔服务业
长江经济带	35543	3657	15241	7520	3895
内部构成	54.0	5.6	23.1	11.4	5.9
全国	87073	7006	38965	16116	9347
内部构成	54.9	4.4	24.6	10.2	5.9
占全国比重	40.8	52.2	39.1	46.7	41.7

资料来源：各省数据来自国家统计局网站地区数据中的年度数据；全国数据来自国家统计局网站中的年度数据；长江经济带数据根据 11 个省市的数据计算得到；若无特殊注明，下文有关农业总产值的数据来源与此相同。

3. 牧业和服务业对全国的贡献下降明显，其他行业贡献有所增加

从长江经济带地区各行业的总产值对全国的贡献来看，2023 年，长江经济带地区第一产业中的各个行业在全国举足轻重，除牧业外，占全国总量的比重均超过 40%，其中林业和渔业约占全国半壁江山，比重分别为 52.2% 和 46.7%。

与上年相比，长江经济带地区种植业、林业和渔业总产值占全国的比重均有所上升，分别上升了 0.6 个、0.8 个和 0.4 个百分点；牧业总产值占全国的比重继续下降，比上年下降了 1.4 个百分点；农林牧渔服务业总产值对全国的贡献也有所下降，降幅达到 1.3 个百分点。

二　长江经济带农业发展的地区比较

本报告对长江经济带各地区的比较主要基于各地农业发展基础、农业发展速度和农业现代化水平三个方面。从对农业现代化的衡量指标来看，目前在我国最常应用的是 2013 年《国家现代农业示范区建设水平监测评价办法（试行）》提出的"国家现代农业示范区建设水平监测评价指标体系"。考虑到可比性和数据可获得性等，本报告仅选择农业物质装备水平、基础设施投入、农业生产效率等方面的几个指标对各地区的农业现代化水平进行简要分析比较。

（一）农业发展基础

长江经济带地区横跨 11 个省市，各地区的农业禀赋、农业要素投入和农业在当地经济中的相对地位差别较大，比较各地农业发展水平需要以此为基础。

1. 上游耕地资源丰富，农业大省分布相对均衡

从农业要素投入来看，长江经济带地区上游的农地较多。从耕地面积来看，2023 年上游地区的耕地面积占长江经济带地区的比重约为 42%，而中游和下游均占 29% 左右。从农作物播种面积来看，上游地区占长江经济带地区的比重约为 39%，而中游和下游分别占 34% 和 28%。

从 11 个省市情况来看，四川、湖北、湖南、安徽、江苏和云南 6 个省份的播种面积较多，占长江经济带的比重均超过 10%，四川超过了 15%。上游、中游和下游地区均各有两个省份，分布相对均衡（见表 5）。

表 5　2023 年长江经济带第一产业要素投入比较

地区	耕地面积（千公顷）	耕地面积比重（%）	农作物播种面积（千公顷）	农作物播种面积比重（%）	一产就业人员数（万人）	一产就业比重（%）
上海	161	0.42	273	0.40	20	0.27
江苏	4140	10.80	7590	11.14	620	8.41

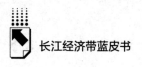

续表

地区	耕地面积（千公顷）	耕地面积比重(%)	农作物播种面积（千公顷）	农作物播种面积比重（%）	一产就业人员数（万人）	一产就业比重（%）
浙江	1321	3.44	2041	3.00	197	2.67
安徽	5564	14.51	9044	13.28	768	10.42
江西	2718	7.09	5797	8.51	391	5.30
湖北	4752	12.39	8309	12.20	874	11.86
湖南	3667	9.56	8715	12.80	773	10.49
重庆	1870	4.88	3506	5.15	361	4.90
四川	5253	13.70	10264	15.07	1535	20.82
贵州	3415	8.91	5344	7.85	649	8.80
云南	5485	14.30	7218	10.60	1184	16.06
上游	16022	41.79	26333	38.67	3729	50.58
中游	11137	29.05	22821	33.51	2038	27.65
下游	11185	29.17	18949	27.82	1605	21.77
长江经济带	38344	100.00	68103	100.00	7372	100.00

注：上游包括重庆、四川、贵州和云南四省市，中游包括江西、湖北、湖南三省，下游包括上海、江苏、浙江、安徽四省市。如无特殊说明，下文同。

资料来源：《中国统计年鉴2024》。

2. 半数以上一产就业集中在上游，中下游农业劳动力减少较快

从农业劳动力投入情况来看，2023年，长江经济带地区超过50%的一产就业人员集中在上游，中下游地区集中了长江经济带约28%和22%的农业劳动力。从11个省市情况来看，上游的川滇、中游的两湖、下游的安徽等几个地区是长江经济带地区一产劳动力集中的区域，一产就业人员数占长江经济带的比重均超过10%，其中一产劳动力主要集中在上游地区的四川和云南，分别约占长江经济带的21%和16%。

纵向来看，与上年相比，上游地区的一产就业人员占比有所增加，中游和下游地区均有所下降。与中下游相比，长江经济带上游地区的农业劳动力减少速度相对较慢。

3. 上游农业产值占比相对较高，中下游粮食产量占比较大

与农地资源分布情况相比，长江经济带地区上、中、下游的农业产出差距相对较小，上、中、下游地区的一产增加值与农作物播种面积比重比较接近。2023 年，上、中、下游地区一产增加值占长江经济带的比重分别为 39.69%、31.65% 和 28.66%。与上年相比，上、中、下游地区对长江经济带一产增加值的贡献相对稳定，上游地区略有提高，中游和下游地区略有降低。从 11 省市的情况来看，四川、江苏、两湖地区和云南五个区域仍是长江经济带地区的农业大省，第一产业增加值占比均超过 10%。

表 6　2023 年长江经济带第一产业产出比较

地区	第一产业增加值（亿元）	占长江经济带比重（%）	粮食产量（万吨）	占长江经济带比重（%）
上海	96	0.25	102	0.42
江苏	5076	13.23	3798	15.49
浙江	2332	6.08	639	2.61
安徽	3497	9.11	4151	16.93
江西	2450	6.38	2198	8.97
湖北	5073	13.22	2777	11.33
湖南	4621	12.04	3068	12.51
重庆	2075	5.41	1096	4.47
四川	6057	15.78	3594	14.66
贵州	2894	7.54	1120	4.57
云南	4207	10.96	1974	8.05
上游	15232	39.69	7783	31.75
中游	12145	31.65	8043	32.81
下游	11001	28.66	8689	35.44
长江经济带	38378	100.00	24515	100.00

资料来源：国家统计局网站地区年度数据。

从粮食产量来看，2023 年长江经济带的上、中、下游地区的粮食产量更加接近，下游和中游的占比更高，上、中、下游地区的粮食产量分别占总产量的 31.75%、32.81% 和 31.75%，与 2022 年相比，上、中、下游地区的粮食产量占比相对稳定。从 11 省市的情况来看，安徽、江苏、四川和两湖

地区是长江经济带地区的农业大区，粮食产量占比均超过 10%，其中下游的江苏省和安徽省的粮食产量占长江经济带地区粮食总产量的比重均在 15%以上，分别为 15.59%和 16.93%。值得注意的是，安徽省作为产粮大省，一产增加值比重（9.3%）显著低于粮食产量比重（16.93%），而安徽种植业比重不高（为 46.5%），即粮食在种植业中的比重较高。

（二）农业发展增速

受经济增速减缓、渔牧业退养、纠偏"非粮化"种植政策等因素的影响，2023 年长江经济带地区的农业发展速度明显下滑，发展最快省份的增速不超过 5%。2023 年，长江经济带上游、中游和下游第一产业增加值的增长率分别为 3%、1%和 1%。与上年相比，中下游回落幅度明显高于上游。长江经济带整体增速由 2022 年的 5%下滑到 2%，与全国平均水平持平。

从各省市来看，上海继续负增长，浙江、安徽、江西、湖南的农业发展不明显。相对来说，云南和重庆的增速相对较高，分别为 5%和 3%，但与上年相比，除云南和上海外，其余 9 个地区的发展速度均明显放缓（见表 7）。

表 7　2018~2023 年长江经济带第一产业增加值年增长情况

单位：%

地区	2018 年	2019 年	2020 年	2021 年	2022 年	2023 年
上海	-6	3	3	-9	-3	-1
江苏	2	4	6	4	5	2
浙江	2	6	3	2	5	0
安徽	2	11	9	6	5	0
江西	2	10	9	4	5	0
湖北	1	7	8	13	7	2
湖南	3	18	16	2	6	0
重庆	8	13	16	7	5	3
四川	4	9	16	2	5	2
贵州	6	6	11	8	5	1

地区	2018 年	2019 年	2020 年	2021 年	2022 年	2023 年
云南	7	22	18	8	4	5
上游	6	12	16	5	5	3
中游	2	12	12	7	6	1
下游	2	6	6	4	5	1
长江经济带	3	10	11	5	5	2
全国	4	9	11	6	6	2

（三）农业现代化水平

农业现代化主要指农业生产和农业组织的现代化，最终体现为农业生产力的提高。

1. 下游地区机械化水平普遍较高，中上游地区加快提升

考虑到数据可得性，本报告以农业机械总动力和农作物耕种收综合机械化率作为各地农业机械化程度的衡量指标。从农业机械总动力占全国的比重来看，2023 年，长江经济带上、中、下游地区该指标分别为 11.0%、13.0% 和 12.7%。其中，中游地区从 2021 年开始，替代下游成为长江经济带地区农业机械总动力最高的地区。上游地区的农业机械化程度虽然仍然相对较低，但近年来保持了较高的增速。

从长江经济带 11 省市的机械规模来看，2023 年农业机械总动力较高的仍是安徽省和湖南省，分别占我国农业机械总动力的 6.3% 和 6.0%，均已超过 6500 万千瓦，其次为江苏、湖北和四川，农业机械总动力均超过 4000 万千瓦。

与 2022 年相比，2023 年长江经济带地区及其三个区段的农业机械总动力均有所提高，其中，上游和中游地区的机械动力增加幅度较大，分别比上年增长 2.4% 和 2.0%，下游地区的增幅较小，增幅为 1.8%。总体来看，2023 年长江经济带上、中、下游地区的增幅均有所减小（见表 8）。

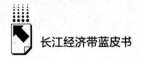

表8 2013年、2015年、2020~2023年长江经济带各省市农业机械总动力

单位：万千瓦，%

地区	2013年	2015年	2020年	2021年	2022年	2023年	占全国的比重
上海	113	119	102	103	100	105	0.1
江苏	4406	4826	5214	5148	5264	5360	4.7
浙江	2462	2361	1813	1774	1768	1794	1.6
安徽	6140	6581	6800	6924	7070	7195	6.3
江西	2014	2261	2591	2695	2838	2954	2.6
湖北	4081	4468	4626	4731	4879	4976	4.4
湖南	5434	5894	6589	6676	6756	6840	6.0
重庆	1199	1300	1498	1532	1566	1586	1.4
四川	3953	4405	4754	4834	4923	5027	4.4
贵州	2241	2575	2582	2705	2806	2869	2.5
云南	3070	3333	2787	2839	2914	3014	2.6
上游	10463	11613	11621	11911	12208	12497	11.0
中游	11529	12623	13806	14103	14473	14769	13.0
下游	13121	13887	13929	13949	14202	14454	12.7
长江经济带	35113	38123	39356	39963	40883	41719	36.7

资料来源：国家统计局网站地方年度数据。

从主要农作物综合机械化水平来看，2023年，我国全国农作物耕种收综合机械化率超过73%。[①] 长江经济带下游的机械化水平较高，明显超过全国平均水平。如上海主要农作物耕种收综合机械化综合率在2019年就已达到95%，[②] 2023年，江苏省农作物耕种收综合机械化率达87%，[③] 浙江省2021年部署实施农业"双强"行动，即科技强农、机械强农，目标是打造

① 《着力提高粮食综合生产能力（全面推进乡村振兴）》，《人民日报》2023年10月28日，第01版。
② 《上海农业机械化发展报告》，上海市农业农村委，http://nyncw.sh.gov.cn/2019fzbg/20200316/5de954f98b264842be22fcbc7fd256d2.html。
③ 《江苏农作物耕种收综合机械化率87% 高出全国10个百分点》，新华报业网，2024年9月20日。

农业高质高效、农民持续增收的农业现代化省域样本，2023 年农作物耕种收综合机械化率达到 81.35%。[①] 安徽省 2022 年启动实施"两强一增"行动，农业科技进步贡献率达 66%，2023 年主要农作物耕种收综合机械化率达 85%。[②] 中游的机械化水平也相对较高，"六山一水二分田，一分道路和庄园"的江西省主要农作物综合机械化率达到 79%；[③] 湖北省农作物耕种收综合机械化率达 74%，高于全国平均水平，水稻、油菜耕种收综合机械化率分别为 87%、71%，位居全国前列；[④] 湖南省境内"七山一水两分田"，多数地方为丘陵山区，是"牛进得去、铁牛进不去"的地方，机械化水平相对较低，2023 年，农作物耕种收综合机械化率为 58.6%，其中水稻耕种收综合机械化达 83.5%。[⑤] 而上游地区由于地势原因机械化程度较低，正在通过"宜机化"改造、完善特色农作物全程机械化体系等措施提高机械化水平。如重庆市宜机化农田面积只有 770 万余亩，仅占全市耕地面积的 27%，[⑥] 2023 年农作物耕种收综合机械化率达到 56.7%；[⑦] 贵州山地和丘陵地形占比达 92%，正不断加快丘陵山区适用小型农业机械推广应用，2023 年全省农作物耕种收综合机械化率达到 52%；[⑧] 云南全省耕地面积约 8093 万亩，但坡度在 6 度以下、适宜耕种收全程机械化的耕地仅有约 1864 万亩，云南省大力推广发展适宜丘陵山区的农业机械，适山化农机装备量、机械质量、使用率都有了明显提升，截至 2023 年，主要农作物耕种收综合机械化

---

① 方堃：《浙江：以科技创新塑造农业发展新优势》，《农民日报》2024 年 11 月 23 日。

② 《安徽省 2023 年国民经济和社会发展统计公报》。

③ 《关于〈江西省"十四五"农业农村现代化规划〉实施情况中期评估的报告》。

④ 王林松、李丽：《湖北主要农作物生产全程机械化走在全国前列》，《农民日报》2024 年 3 月 4 日。

⑤ 《数说湖南 75 ｜ 七十五载谱新篇 鱼米之"湘"今胜昔——新中国 75 年湖南经济社会发展成就系列报告之二》，湖南省统计局，2024 年 9 月 29 日。

⑥ 赵伟平：《重庆将开展"六大行动"力争到 2025 年全市农作物耕种收综合机械化率超 60%》，《重庆日报》2022 年 8 月 6 日。

⑦ 渝闻：《2023 年重庆农作物耕种收综合机械化率达 56.7%》，《中国农机化导报》2024 年 1 月 21 日。

⑧ 《贵州省 2023 年全面推进农机产业发展和农机应用》，贵州省农业农村厅农业机械化管理处，2024 年 1 月 29 日。

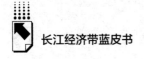

率达到53.0%。[①]

2.设施化水平不断提高，上下游增幅较大

从耕地灌溉面积比重来看，长江经济带地区有近2/3的耕地为可灌溉耕地。2023年，长江经济带上、中、下游地区耕地的可灌溉比重分别为43.3%、74.7%和88.9%。中游地区和下游地区的有效灌溉面积比重较高，尤其是下游地区，远超过全国平均水平（55.7%），上游地区则因为地形地势等，可灌溉耕地比重偏低。

2023年，长江经济带地区有效灌溉面积约为2520.4万公顷，与上年相比有所增加。从耕地中有效灌溉面积比重来看，下游、中游和上游地区之间的差距明显。下游地区已经基本实现设施化，中游的设施化水平也相对较高，接近75%，但上游地区有效灌溉面积比重仍不足50%，低于全国平均水平约12个百分点。

从11个省市来看，长江经济带中、下游各地区的耕地有效灌溉面积比重较高。根据2023年的数据，中、下游7个省市的有效灌溉面积比重均显著超过全国平均水平，上游地区除四川略高外均低于全国平均水平。其中，下游江浙沪三地的耕地可灌溉比重达到93%以上，[②] 安徽省有效耕地灌溉面积比重为84.1%。中游3省有效灌溉耕地比重也较高，江西、湖南和湖北的有效灌溉面积比重分别为80.4%、79.6%和67.8%。

从增长情况来看，最近几年上游省份可灌溉面积增长较快。与2015年相比，到2023年末，长江经济带11个省市中，6个省份的有效灌溉面积有所增加，其中增幅较大的是上游地区，比2015年增加了11%，中游地区增加了3.5%，下游地区略有减少（见表9）。

总体来看，长江经济带下游和中游地区农田灌溉设施建设配套情况较好，抗自然风险能力较强。虽然上游地区的设施水平较低，但有效灌溉面积增速相对更快，与中下游地区的差距有逐步缩小之势。

---

① 《云南省农业农村工作取得显著成效》，经济网，2024年9月19日。

② 耕地面积和有效灌溉面积均来源于《中国统计年鉴》，部分地区的"灌溉面积/耕地面积"大于1，其原因可能是口径不同，即使存在这种情况，其大小程度和排序也可作为参照。

表9 2015年、2017~2023年长江经济带各省市有效灌溉面积比较

单位：千公顷

地区	2015年	2017年	2018年	2019年	2020年	2021年	2022年	2023年
上海	188	191	191	191	165	162	161	162
江苏	3953	4132	4180	4205	4225	3826	3851	3857
浙江	1432	1445	1441	1405	1416	1260	1226	1241
安徽	4400	4504	4538	4581	4609	4510	4576	4679
江西	2028	2039	2032	2036	2038	2158	2166	2187
湖北	2899	2919	2932	2969	3086	3111	3209	3220
湖南	3113	3146	3164	3176	3193	2875	2876	2918
重庆	687	694	697	698	698	665	670	681
四川	2735	2873	2933	2954	2992	2784	2976	2994
贵州	1065	1114	1132	1154	1165	1270	1185	1230
云南	1758	1851	1898	1922	1978	1988	2035	2036
上游	6245	6533	6660	6728	6834	6707	6866	6941
中游	8040	8105	8128	8181	8317	8144	8251	8325
下游	9973	10272	10350	10382	10414	9758	9814	9938
长江经济带	24259	24909	25137	25292	25566	24609	24931	25204
全国	65873	67816	68272	68679	69161	69609	70359	71644

资料来源：历年《中国统计年鉴》，2021年数据来自国家统计局网站分省年度地区数据。

3. 农业劳动生产率仍低于全国平均水平，上游地区增长较慢

农业劳动生产率①是衡量农业生产效率的重要指标之一。如果按照每个农业就业人员创造的农业增加值来衡量，2023年长江经济带地区的农业劳动生产率虽然有所提高，达到5.2万/人，但仍低于全国平均水平。

从上中下游的情况来看，2023年，长江经济带地区上游、中游和下游地区农业劳动生产率分别为4.1万元/人、6.0万元/人和6.9万元/人。总体上，长江经济带地区的上、中、下游地区的农业劳动生产率依次上升。其中，中、下游地区均高于全国平均水平，上游地区比全国平均水平低

---

① 根据国家核算方案，2012~2015年全员劳动生产率为地区生产总值（以2010年价格计算）与全部就业人员的比值，依此口径，农业劳动生产率为第一产业增加值与第一产业就业人员的比值。

1.2万元/人。从增长率来看，中、下游地区的增长幅度较高，2023年的农业劳动生产率分别较上年提高了10.4%和8.8%，上游地区的增长率较低，为4.7%。

从11省市来看，农业劳动生产率处于第一梯队的是地处下游的浙江省和江苏省的，分别11.8万元/人和8.2万元/人，处于第二梯队的是处于中游3省和上游的重庆市，农业劳动生产率在人均5.5万元/人以上，下游和上游的其他省市处于第三梯队，均低于长江经济带和全国的平均水平（见表10）。

表10 2023年长江经济带各地区农业劳动生产率

地区	农业增加值 （亿元）	农业就业人员数 （万人）	农业劳动生产率 （万元/人）
上海	96	20	4.8
江苏	5076	620	8.2
浙江	2332	197	11.8
安徽	3497	768	4.6
江西	2450	391	6.3
湖北	5073	874	5.8
湖南	4621	773	6.0
重庆	2075	361	5.7
四川	6057	1535	3.9
贵州	2894	649	4.5
云南	4207	1184	3.6
上游	15232	3729	4.1
中游	12145	2038	6.0
下游	11001	1605	6.9
长江经济带	38378	7372	5.2
全国	89755	16882	5.3

注：此处农业增加值为第一产业增加值，农业就业人员为第一产业就业人员数，农业劳动生产率为每个农业就业人员实现的增加值。2020年及以前年度第一产业就业人员数根据2020年第七次全国人口普查数据做了调整，2020年数据与本报告以前年度从业人员数据相比差别较大。

4. 土地单产水平较高，尤其是下游地区

农业土地生产率也是衡量农业生产效率的重要指标之一，受自然条件及设施投入水平等差异的影响。总体来看，主要大宗农产品中，长江经济带地区的谷物和油菜籽的单产普遍较高，棉花和花生的单产普遍较低，但也有部分省份的单产较高（如安徽省和江苏省的花生）。

从粮食单产来看，中、下游地区的粮食单产较高，上游地区由于地势等农业生产条件不适宜原因低于全国平均水平。从谷物单产来看，长江经济带地区的单产普遍较高。2023年，该地区11个省市中有6个省份的单产高于全国平均水平（6419公斤/公顷）。其中，下游地区的单产较高，如单产最高的上海为8039公斤/公顷，在全国名列前茅，其次是江苏，为7197公斤/公顷，再次是浙江、重庆、湖南和四川，均超过全国平均水平。相对来说，多山的云南和贵州两省不是适宜的谷物产区，单位土地产出率较低，湖北、安徽和江西的谷物单产则稍低于全国平均水平。

从花生单产来看，长江经济带地区的土地产出效率普遍低于全国平均水平。2023年，仍只有下游的安徽和江苏2个省高于全国平均水平（4008公斤/公顷），其中，安徽省的花生单产较高，为4958公斤/公顷，在全国也名列前茅。

从油菜籽单产来看，长江经济带地区的土地产出效率相对较高。2023年，长江经济带地区11个省市中有6个省市单产高于全国平均水平（2091公斤/公顷），其中，江苏省和上海市的单位土地产量在全国名列前茅，分别为2934公斤/公顷和2794公斤/公顷，但与以前年度相比，单产有明显下降。

总体来看，长江经济带地区的谷物和油菜籽的土地单产较高，尤其是下游地区（见表11）。

表11 2023年长江经济带地区主要农产品单位面积产量比较

单位：公斤/公顷

地区	粮食	谷物	花生	油菜籽
全国	5845	6419	4008	2091
上海	8010	8039	2838	2794

续表

地区	粮食	谷物	花生	油菜籽
江苏	6957	7197	4279	2934
浙江	6234	6768	3111	2133
安徽	5659	6106	4958	2354
江西	5824	6068	3170	1456
湖北	5900	6381	3634	2341
湖南	6441	6642	2710	1747
重庆	5409	6664	2289	2037
四川	5612	6492	2703	2507
贵州	4037	5155	2561	1777
云南	4652	5209	2032	2041

资料来源：《中国统计年鉴 2024》。

三 2024年长江经济带地区农业发展展望

2024 年，长江经济带地区将继续推动更多政策、资源和力量向农业和农村倾斜，长江经济带地区的农业发展主要聚焦农产品稳产提产、"土特产"全产业链发展、农业科技创新、农产品深加工和农文旅融合发展等几个方面。

（一）继续以建设高标准农田为抓手，确保稳产保供提产

2024 年，长江经济带地区将继续深化落实粮食安全责任制，继续加强耕地保护和质量建设，抓好粮食蔬菜等农产品生产保供。一是将继续加强耕地保护，稳定粮食等农产品生产。如江苏省将开展盐碱地综合利用，确保粮食播种面积稳定在 8100 万亩以上、产量 750 亿斤左右。安徽将加快建设千亿斤江淮粮仓，预计全年粮食播种面积 1 亿亩以上。江西省为全方位夯实粮食安全根基，将编制耕地保护专项规划，完成耕地储备区划定。湖南将稳定

粮食播种面积在7135万亩以上，深化耕地"非农化""非粮化"专项整治，实施千万亩农田产能提升工程。重庆市将健全耕地数量、质量、生态"三位一体"保护制度体系，实施"稳粮扩油"工程，加强地方储备粮管理和流通监管，抓好重要农产品稳定安全供给。四川省将高水平建设千亩高产示范片1000个，确保粮食播种面积稳定在9600万亩以上。将建设100个优质商品猪战略保障基地，确保生猪出栏稳定在6000万头以上。贵州省将量质并重加强耕地保护和建设，开展耕地占补平衡专项整治，落实"长牙齿"的硬措施，确保耕地保有量和永久基本农田保护面积规模，落实"菜篮子"市长负责制，做好肉禽蛋奶和蔬菜等重要农产品稳产保供。二是将加快高标准农田建设，稳定提高单产。如安徽、江西和贵州等省将集成推广良田良种良技良法，开展水稻大面积单产提升行动，安徽还将加强农田水利设施建设，提高高标准农田投资补助水平。湖北省将实施新一轮粮食产能提升行动，支持公安、沙洋等县市创建国家超级产粮大县。四川将推进"天府良田"建设攻坚提质行动。贵州省计划力争粮食和油菜单产均提升2%左右。安徽、湖南和四川几个产粮大省将分别新建和改造提升420万亩、300万亩和425万亩以上高标准农田。

（二）做"土特产"文章，推动农业特色化、品牌化、标准化

2024年，长江经济带各地区将挖掘乡土特色资源，推进农业产业链"强链""补链""延链"。一是大力发展特色产业，做深做实"土特产"文章。如浙江将培育创意农业，壮大乡村特色产业，计划建成100条年产值超10亿元的"土特产"全产业链。江苏将打造一批省级重点链和市域、县域特色链，力争农业产业化省级以上龙头企业达到1000家。江西省将深化绿色有机农产品基地试点省建设，制定江西省推进茶产业高质量发展战略规划，加快打造稻米、油料、果蔬、畜牧、水产5个千亿级主导产业链和茶叶、中药材2个百亿级特色产业链。湖北省将加快7个国家级优势特色农业产业集群建设，计划新增省级以上农业产业化龙头企业50家。湖南省将做强做优油茶、水果、竹木等产业，支持永州、郴州、衡阳等打

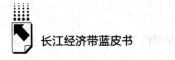

造供港澳蔬菜基地。将实施千亿优势特色产业升级工程，打造一批特色农业产业集群，建设一批现代农业产业园、农业产业强镇、"一村一品"示范村镇。重庆市将聚力打造火锅食材、粮油、生态畜牧三大千亿级产业，壮大预制菜、柑橘、中药材、榨菜、茶叶、重庆小面六个百亿级产业，加快成渝现代高效特色农业带建设。四川将推进"以竹代塑"，发展壮大竹产业。贵州省将壮大茶叶、辣椒、刺梨、蔬菜、中药材等种植业，肉牛等畜禽养殖产业，计划农业特色优势产业产值增长4%左右。云南将做强做优高原特色农业，壮大生态农业、设施农业、高效农业、共享农业。

二是突出农业标准化和品牌化发展，大力提升农业现代化水平。如安徽省新认证绿色食品、有机农产品和地理标志农产品900个以上，突出标准引领，推动徽派预制菜产业品牌化、集群化发展。江西省将启动品牌强农提升行动，打响"赣字号"农产品品牌。湖北省将做优做强潜江龙虾、黄冈蕲艾、随州香菇、楚天好茶等区域公用品牌，用好中国粮食交易大会、湖北优质农产品展销中心等平台，擦亮"荆楚优品"金字招牌。湖南省将实施农业生产"三品一标"行动，推动"湘品出湘"。重庆将做大做强"巴味渝珍""三峡柑橘"等区域公用品牌，支持区县打造特色农业品牌，提升特色农产品附加值和美誉度。四川省将大力培育"天府粮仓"省级公用品牌和精品品牌，推进"乡村著名行动"，做好地名设标、采集上图、文化保护等工作。贵州省将聚焦品种品质品牌，推进标准化、规模化、绿色化、市场化。

（三）大力推进农业科技创新，提高农业新质生产力

2024年，长江经济带地区将继续强化科技创新引领现代农业发展。一是大力提高农业机械化和设施化水平。如上海将加强生物制造、植物工厂等农业科技创新，打造农业高质量发展标杆。将启动12个现代设施农业片区规划建设，计划新建3万亩粮食生产无人农场。江苏省将开展农机装备研发制造推广应用一体化试点，大力发展项目农业、设施农业、智慧农业和绿色农业。贵州将加大先进农机研发推广力度，预计主要农作物耕种收综合机械

化率将达到 55%。云南省将推动粮经作物协同发展，持续创建国家农业绿色发展先行区、现代农业产业园，探索建设智慧农业人工智能试验示范区。湖南省则致力于提升丘陵山区先进适用农机具应用水平。二是不断提高种源等生物农业发展水平。如安徽将深入实施种业振兴行动，支持种业"保育繁推服"全方位发展。江西省将深入实施"赣种强芯"现代种业提升工程。湖北省将深入推进农业科技服务"五五工程"，加快"武汉·中国种都"建设。湖南省将实施种业科技创新行动，加大镉低积累、耐盐碱水稻品种研发应用。四川省将实施制种基地大提升三年攻坚行动，推广"天府良种"。云南省将振兴"滇系"种业，完成 40 万亩生物育种产业化应用示范。三是加快农业科创平台建设，推动发展农业基础科技水平。如江苏省强化农业关键核心技术联合攻关，加快建设南京国家农高区、农创中心等重大农业科创平台。

（四）促进农文旅融合和农产品深加工，促进三产融合发展

2024 年，长江经济带地区将继续推动农产品深加工和农文旅融合发展，促进农村三产融合发展。一是深入挖掘农业农村景观价值，农村田园生活方式的情绪价值，以及农耕文化、民俗文化、民族文化价值等农村旅游价值，促进第一产业和第三产业融合发展。如江西省将促进休闲农业和乡村民宿高质量发展，计划建设一批农村一二三产业融合发展示范样板。贵州省将积极发展农村电商、乡村旅游，推进农村一二三产业融合发展。云南省将农文旅融合发展作为乡村振兴抓手，大力发展特色民俗示范村，发展乡村旅游新业态，在全省推广 8 种乡村旅游发展模式。四川省将继续创建和培育中国美丽休闲乡村、省级乡村旅游重点村，实施"天府度假乡村"培育计划。重庆市将继续开发景观农业、农耕体验等农文旅融合业态。二是大力推进农产品深加工，全面延伸"粮头食尾""农头工尾"产业链条，推动第一产业和第二产业融合发展。如安徽将深化农产品加工业跨越提升行动，深入实施"秸秆变肉"暨肉牛振兴计划，做"畜头肉尾"文章。将新增产值超 10 亿元龙头企业 5 家、产值超 50 亿元加工园区 3 家，推进十大千亿级绿色食品

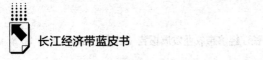

产业全产业链发展。湖南省将加强与国内外农产品加工龙头企业合作，促进农产品加工业高质量发展。四川省将实施农产品精深加工专项工程，持续开展"天府粮仓·千园建设"行动，支持建设7个国家级和20个省级农业产业集群。贵州省将加快发展农产品精深加工，提高农产品加工转化率到66%。

B.10
长江经济带工业发展报告
（2023~2024）

张美星*

摘　要：　长江经济带一直是我国大规模工业建设的主战场和发展的重要区域。作为我国主要城市集聚区、产业集聚区和增长集聚区，长江经济带具备雄厚的先进制造业产业基础，工业体系完整，产业链齐备，经济总量占据全国"半壁江山"，是我国区域经济发展重要的"增长极"。2023年，长江经济带工业经济承压上行，发展质量稳步提升，工业投资保持较快增长，规上工业企业经济效益显著下滑，工业资产稳健增长。从重点行业发展水平看，计算机、通信和其他电子设备制造业出现小幅回落，化学原料和化学制品制造业营收稳定增长但利润率略有下滑，电气机械和器材制造业平稳增长，汽车制造业稳步发展，新能源汽车产量进一步增长。进一步推动长江经济带高质量发展，更好支撑和服务中国式现代化将是各省市未来的核心目标和重点任务。长江经济带沿线各省市将加快建设现代化产业体系，促进制造业稳健运行，以科技创新引领产业升级，培育壮大战略性新兴产业，推动经济高质量发展。

关键词：　长江经济带　工业经济　产业转型升级

习近平总书记指出要发挥长江经济带横贯东西、承接南北、通江达海的

---

* 张美星，经济学博士，上海社会科学院信息研究所助理研究员，主要研究方向为科技创新与宏观经济发展。

独特优势，联通国内国际两个市场、用好两种资源，提升国内大循环内生动力和可靠性，增强对国际循环的吸引力、推动力，为构建新发展格局提供战略支撑。长江经济带发展事关中国式现代化发展大局，为构建新发展格局提供战略支撑。覆盖我国 11 省市、横跨东中西三大板块的长江经济带 2023 年生产总值达到 58.42 万亿元，同比增长 4.38%，是我国区域经济发展重要的"增长极"，经济总量已接近全国的"半壁江山"。本报告将在分析长江经济带工业经济运行概况的基础上，充分把握工业生产、投资、效益等发展情况，深入研究地区及各省市重点行业发展态势，进一步对 2024 年长江经济带工业发展趋势进行展望。

一 2023年长江经济带工业经济运行概况

（一）工业经济承压上行

长江经济带经济稳步发展，发展质量承压上行。2023 年，长江经济带区域实现生产总值 584274.4 亿元，同比增长 4.38%，较全国增速低 0.82个百分点，增幅比上年回落 1.22 个百分点。与全国其他区域相比，长江经济带的经济基数较高，因此增长率反而落后于全国平均水平。但从所占份额来看，长江经济带依旧是全国经济的重要贡献区域，其 2023 年所贡献的经济总量占全国的 46.3%，与往年基本持平。分区域看，长江下游地区经济增速和经济总量均为最高，2023 年，实现地区生产总值 305044.7亿元，同比增长 5.08%，较长江经济带平均增速高 0.7 个百分点；上游地区在经济增速和经济总量上位居第二，共计实现地区生产总值 141213.1亿元，同比增长 4.6%；中游地区在经济总量上与上游地区相接近，全年实现地区生产总值 138016.6 亿元，但增速仅有 2.63%，远落后于长江上游地区和下游地区。长江经济带 11 省市经济发展水平差距较大，从总量上看，下游地区的江苏、浙江及上游地区的四川依然居长江经济带前列，2023 年分别实现地区生产总值 128222.2 亿元、82553.2 亿元及 60132.9 亿元；从增速上看，上中下游区域内省市的增速比较接近，重庆、四川、湖北和浙江4省市增速均超过6%（见图1）。

长江经济带工业增加值增速在经历2022年的回调之后再次增长。2023年，长江经济带实现工业增加值187229.28亿元，同比增长7.1%，增速较上年上涨2.2个百分点，较全国快2.5个百分点。分区域看，下游地区增速重新超越中上游地区回到领先地位，增速高达8.2%，超过上游地区1.6个百分点，超过中游地区3个百分点。2023年，长三角地区工业增加值为100700.1亿元，占长江经济带工业增加值总值的53.7%，占比较上年小幅增长0.4个百分点；中游地区2023年实现工业增加值48371.57亿元，占比25.8%，较上年下降了0.5个百分点；上游地区2023年工业增加值为38087.58亿元，同比增长6.6%，增速较上年增长了3个百分点。分省市看，2023年长江经济带11省市均实现了工业增加值的快速增长，工业生产加速恢复增长，除长江中游地区外，长江上游地区和长三角地区的工业增加值增速较上年均有显著回升。在工业增加值规模方面，2023年，江苏、浙江、湖北仍旧位居前三，分别实现53050.51亿元、22388亿元、19510.67亿元；上游地区的重庆、云南及贵州三省市工业增加值相对靠后，仅为8333.35亿元、7202.83亿元及5846.2亿元，三省市工业增加值之和不及江苏省的一半，省市间差异明显。在工业增加值增速方面，下游地区的增速明显较快，除上海外，其余三省的增速均在6%以上。其中江苏省增速最快，2023年同比增长7.6%，安徽省以7.5%的增速紧随其后。长江经济带上、中游省市的工业增加值同比增速则都维持在5%上下。

2023年，长江经济带规模以上工业企业营业收入呈现衰退。2023年，全国规模以上工业企业营业收入为1334400亿元，同比增长1.1%，增速较2022年出现明显下滑，但整体工业经济运行还算平稳。而2023年长江经济带11省市规模以上工业企业营业收入达607448.35亿元，同比下滑3.2%，增速较全国低了4.3个百分点，占全国总营收的45.5%。分区域看，增速方面，2023年下游地区实现规上工业企业营业

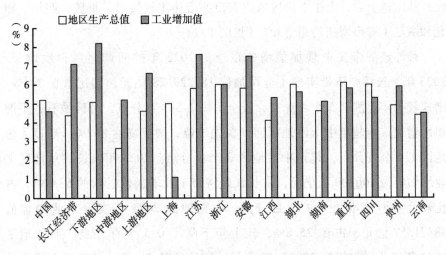

图1 2023年长江经济带地区生产总值与工业增加值增速

资料来源：国家统计局及各省统计公报。

收入376043.57亿元，同比增长3.2%，较上年增速收窄2.6个百分点，但相较于长江流域的其他地区，增速领先；上、下游地区均出现明显的下滑，其中中游地区下降尤为明显，同比降低15.7%，上游地区也同比衰退7.3%。从份额上看，2023年下游地区规上工业企业营业收入继续以绝对优势占长江经济带总收入的61.9%，较上年增长3.3个百分点，占据长江经济带的"半壁江山"；中游地区以20.8%位居第2，较上年占比减少2.3个百分点；上游地区占比17.3%，较2020年收入份额小幅下滑0.95个百分点。长江经济带上、中、下游地区规上工业企业营业收入不论是规模还是占比均差异明显，各省市营业收入也存在较大差距。从营业收入规模看，下游地区江苏、浙江以及安徽分别以168354.57亿元、110955亿元、50875亿元列长江经济带前三位，上游地区的四川以49344.7亿元被安徽省超越，位居第四；而同属上游地区的贵州、云南营业收入规模较小，分别仅实现10085.6亿元、19383.5亿元（见表1）。

表1　2019~2023年长江经济带规模以上工业企业营业收入

单位：亿元，%

地区	规模	增速				
	2023年	2019年	2020年	2021年	2022年	2023年
全国	1334400	3.8	0.8	19.4	5.9	1.1
长江经济带	607448.35	3.9	1.9	20.5	6.8	-3.2
下游地区	376043.57	2.4	2.5	23.2	5.8	3.2
中游地区	126170.38	5.7	-0.3	16.2	10.1	-15.7
上游地区	105234.40	6.5	3.0	17.6	5.8	-7.3
上海	45859	-2.6	-1.7	16.1	1.1	1.1
江苏	168354.57	3.5	4.0	22.7	5.4	2.4
浙江	110955	3.4	2.0	29.1	7.4	1.6
安徽	50875	2.2	3.6	20.0	8.3	8.9
江西	40922.2	6.6	7.9	16.0	9.0	2.6
湖北	45935.88	4.8	-9.1	20.8	8.4	0.3
湖南	39312.3	6.1	4.6	11.5	10.1	-0.2
重庆	26420.6	6.6	6.6	22.2	2.4	-0.1
四川	49344.7	9.2	5.5	16.2	3.6	1.0
贵州	10085.6	-1.5	-2.8	10.0	3.6	1.9
云南	19383.5	4.1	-0.1	19.3	12.9	0.0

资料来源：国家统计局及各省统计公报。

（二）工业投资保持较快增长

长江经济带固定资产投资平稳增长，较上年增速持续收窄。2023年，全国全社会固定资产投资503036亿元，比上年增长3%。其中长江经济带固定资产投资平均增速为1.6%，较上年回落3.9个百分点，低于全国固定资产投资增速1.4个百分点。分区域看，三大区域固定资产投资仅有下游地区实现了正向增长，且增速有所上涨，而中、上游地区的固定资产投资均有不同程度的下降，其中中游地区同比衰退了1.3%，相较于2022年，下降了11.4个百分点，上游地区则衰退了1.9%，相比2022年下降了4.2个百分点。从各省数据看，长江经济带11省市中，江西、湖

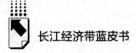

南、贵州和云南4省均出现了固定资产投资负增长，其中云南最为严重，同比缩减了10.6%，相较于2022年减少了18.1个百分点。上海则不单扭转了2022年的衰减趋势，还凭借13.8%的同比增幅，一跃成为长江流域固定投资增长最快的地区。浙江和江苏则以6.1%和5.2%的增长速度紧随其后。

虽然长江经济带的固定投资增幅有限，但是只论工业投资的话，长江经济带较2022年呈明显增长，增速高达10.6%，超全国平均水平。2023年，全国工业投资比上年增长9%。其中，采矿业投资增长2.1%，制造业投资增长6.5%，电力、热力、燃气及水生产和供应业投资增长23%。而长江经济带工业投资增长更为明显，增速跑赢全国1.6个百分点。分三大区域分析，虽然2023年长江流域沿岸地区工业投资增速实现较快增长，但各区域之间工业投资增速差距明显。其中上游地区领跑，2023年同比增长16.4%，虽然增速较上年减少了3.3个百分点，但依旧呈现出稳健的势头，比长江经济带平均增速快5.8个百分点；下游地区也以12.9%的增速保持了强劲的投资增长；但中游地区相比2022年，其工业投资萎缩了0.2%，增速较上一年度下滑了15.4个百分点。从分省市数据中可知，中游地区的衰减主要是江西地区的工业投资萎缩所致。2023年，江西省工业投资同比上一年度衰减了19%，增速下滑25.9个百分点。而其余的10个省市均呈现了大幅度的正向增长，其中以安徽增幅最大，同比增长22.7%，四川则以22.3%的增幅紧随其后，云南也以19.1%的增长率位居第三（见表2）。

表2 2020~2023年长江经济带固定资产投资及工业投资增速

单位：%

地区	固定资产投资				工业投资			
	2020年	2021年	2022年	2023年	2020年	2021年	2022年	2023年
全国	2.9	4.9	5.1	3	0.1	11.3	10.3	9
长江经济带	1.9	8.2	5.5	1.6	3.9	12.9	15.9	10.6
下游地区	3.4	8.5	5.2	7.3	3.3	12.9	12.6	12.9

地区	固定资产投资				工业投资			
	2020 年	2021 年	2022 年	2023 年	2020 年	2021 年	2022 年	2023 年
中游地区	-2.2	13.1	10.1	-1.3	-1.5	16.4	15.2	-0.2
上游地区	4.2	4.3	2.3	-1.9	8.4	10.4	19.7	16.4
上海	10.3	8.1	-1	13.8	15.9	8.2	0.6	5.5
江苏	0.3	5.8	3.8	5.2	-5.1	12.1	9	9.1
浙江	5.4	10.8	9.1	6.1	6.7	17.8	18.9	14.2
安徽	5.1	9.4	9	4	-4.3	13.5	21.8	22.7
江西	8.2	10.8	8.6	-5.9	8	15.5	6.9	-19
湖北	-18.8	20.4	15	5	-23.9	19.8	24.2	10
湖南	7.6	8	6.6	-3.1	11.4	14	14.4	8.3
重庆	3.9	6.1	0.7	4.3	5.8	9.1	10.4	13.3
四川	2.8	10.1	6	4.4	10.7	9.9	10.7	22.3
贵州	3.2	-3.1	-5.1	-5.7	11.8	19.6	9.1	10.7
云南	7.7	4	7.5	-10.6	5.4	2.8	48.7	19.1

资料来源：国家统计局及各省统计公报，长江经济带及上中下游工业投资增速为相应地区增速均值估算，固定资产投资增速为根据 2017 年投资额数据及随后几年增速估算。

（三）经济效益持续下滑

2023 年，全国规模以上工业企业实现利润总额 76858 亿元，比上年下降 2.3%，连续两年均下滑（见表 3）。分经济类型看，国有控股企业实现利润总额 22623 亿元，比上年下降 3.4%；股份制企业实现利润总额 56773 亿元，下降 1.2%；外商及港澳台商投资企业实现利润总额 17975 亿元，下降 6.7%；私营企业实现利润总额 23438 亿元，同比增长 2%。分门类看，采矿业利润 12392 亿元，比上年下降 19.7%；制造业 57644 亿元，下降 2%；电力、热力、燃气及水生产和供应业 6822 亿元，增长 54.7%。

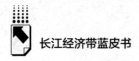
表 3　2021～2023 年长江经济带规模以上工业企业利润总额和亏损企业亏损总额

单位：亿元，%

地区	利润总额				亏损企业亏损总额			
	规模	增速			规模	增速		
	2023 年	2021 年	2022 年	2023 年	2023 年	2021 年	2022 年	2023 年
全国	76858	35.0	-4.0	-2.3	11875.4	19.9	28.3	-23.7
长江经济带	34743.53	22.7	-1.4	-9.1	5938	24.5	37.6	2.1
下游地区	20188.29	21.3	-7.7	0.1	3694.8	31.4	32.5	3.2
中游地区	6112.96	19.8	6.4	-31.4	1073	13.8	39.3	3.6
上游地区	8442.28	29.9	7.3	-7.6	1171	13.8	53.5	-2.7
上海	2519.49	7.9	-11.7	-0.3	612.9	34.7	18.9	10.4
江苏	9344.4	27.1	-4.2	2.5	1513.4	25.1	21.5	-0.4
浙江	5906	22.4	-14.9	-0.3	968.4	18.8	63.1	-2.1
安徽	2418.4	16.4	-8.5	7.1	600.1	89.4	36.5	16.3
江西	2068	28.1	11.6	-13.0	190.6	48.4	41.1	-19.0
湖北	1992.86	26.6	-2.4	-36.5	640.6	9.9	64.7	8.2
湖南	2052.1	1.3	11.5	4.8	241.6	1.6	-4.2	16.2
重庆	1361.57	42.4	-9.1	-19.0	272.6	0.1	58.6	14.1
四川	4506.1	36.3	10.7	5.1	376.7	16.6	62.8	-8.5
贵州	1072.7	3.3	20.4	-14.0	284.9	29.8	40.0	-1.2
云南	1501.91	20.4	8.2	12.6	236.5	7.1	51.6	-10.2

资料来源：国家统计局及各省统计公报。

　　2023 年，全国工业企业利润总额依旧呈下滑趋势，长江经济带地区下滑程度较明显。2023 年，全国规上工业企业实现利润总额 76858 亿元，同比下滑了 2.3%，但下滑程度有所减少。而长江经济带区域规模以上工业企业实现利润总额 34743.53 亿元，同比下滑 9.1%，增速较上年又回落了 7.7 个百分点，其衰退幅度几乎是全国水平的 4 倍。分区域看，长三角地区的情况稍好，2022 年实现规上工业企业利润总额 20188.29 亿元，同比增长 0.1%，在全国普遍下滑的大环境下，勉强维持住了正向的增长。中游地区则呈现明显的衰退，仅实现利润总额 6112.96 亿元，同比下跌超过三成。上游地区实现 8442.28 亿元的利润总额，同比下跌了 7.6%。分析对比各省市数据，从利润总额规模看，江苏、浙江、四川居前三位，2023 年分别实现 9344.4 亿元、5906 亿元及 4506.1 亿元利润总额；上游地区的贵州、云南、重庆则相对较低，2023 年利润总额分别为 1072.7 亿元、1501.91 亿元及 1361.57 亿元。从利润总额增速看，不同省市的增速差异明显，近半数长江经济带省市实现了不同程度的正增长，其中云南（12.6%）、安徽（7.1%）、四川（5.1%）位列前 3；而湖北、重庆、贵州和江西 4 省的利润总额则较上年经历明显的下滑，分别下降 36.5%、19%、14% 以及 13%。浙江和上海两地的利润总额均下降 0.3%，基本与 2022 年持平。

2023 年，全国亏损企业亏损总额为 11875.4 亿元，同比缩减了 23.7%，长江经济带亏损企业亏损程度依旧持续扩大，但增长的势头有所缓解。2023 年，长江流域各省市亏损企业亏损总额为 5938 亿元，较上年小幅增长 2.1%，增速明显回落，但与全国相比，依旧远超全国增速 25.8 个百分点，亏损总额占全国 50%，较 2022 年增加 12.6 个百分点。分区域看，下游地区亏损总额占长江经济带地区总额 62.2%，份额较上年上涨了 0.7 个百分点，2023 年亏损总额为 3694.8 亿元，同比增长 3.2%，增幅较上年大幅回落；中游地区亏损总额为 1073 亿元，同比增长 3.6%，较上年增速大幅回落 35.7 个百分点；上游地区在 2023 年亏损总额 1171 亿元，同比下降了 2.7%，相较于上年 53.5% 的增幅，大幅下降了 56.2 个百分点。分省市看，从亏损总额分析，下游地区江苏、浙江和湖北亏损企业亏损总额较高，2023 年分别亏损 1513.4 亿元、968.4 亿元、640.6 亿元，上海和安徽则分别以 612.9 亿元和 600.1 亿元紧随其后。2023 年江西、云南和湖南亏损总额最少，分别为 190.6 亿元、236.5 亿元、241.6 亿元。根据亏损总额增速分析，2023 年长江经济带各省市中，安徽、湖南、重庆、上海和湖北的亏损总额有着明显的上涨，其中安徽、湖南、重庆增长较快，分别同比增长 16.3%、16.2%、14.1%；江西、云南和四川三省则出现了明显的回落，同比下跌 19%、10.2% 和 8.5%。

（四）工业资产稳健增长

长江经济带规模以上工业企业资产持续增长，增幅小幅下降，高于全国平均水平。2023 年，全国规模以上工业企业资产总计 16735 亿元，同比增长 7.2%，增速较上年回落 1 百分点。长江经济带规模以上工业企业资产总计 715675.2 亿元，占全国 42.8%，较上年小幅增长 0.2%。分区域分析，2023 年下游地区规上工业企业资产总计 443312.8 亿元，占区域资产总额 61.9%，比重扩大 0.8 个百分点，同比增长 9.1%，高于长江经济带整体增速 1.5 个百分点，为三大区域中最快；中游地区规上工业企业资产总计 131070.7 亿元，同比增长 7.2%，较上年回落了 4.5 个百分点；上游地区规上工业企业资产总计 141291.7 亿元，同比增长 3.4%，增速较上年出现了较大回落。分省市分析，江苏、浙江、四川规上工业企业资产规模较大，分别为 186712.1 亿元、137728 亿元、64976.4 亿元；长江经济带区域内各省市工业资产规模差距较大，上游地区的贵州、云南、重庆规上工业企业资产规模较小，2023 年资产总计分别为 20252.1 亿元、29151.4 亿元及 26911.8 亿元。从工业资产增速分析，2023 年 11 省市均实现了工业资产正增长，其中下游地区的安徽、江苏和浙江以及中游地区的湖北增速最快，分别达到 12.5%、10.1%、10.1%、11%（见表 4）。

表 4　2019~2023 年长江经济带规模以上工业企业资产总计

单位：亿元，%

地区	规模	增速				
	2023 年	2019 年	2020 年	2021 年	2022 年	2023 年
全国	1673577.1	5.8	6.7	9.9	8.2	7.2
长江经济带	715675.2	6.1	8.7	11.8	12.1	7.6
下游地区	443312.8	6.2	9.7	14.3	12.8	9.1
中游地区	131070.7	7	6.7	5.5	11.7	7.2
上游地区	141291.7	4.9	7.5	10.7	10.7	3.4
上海	56468.5	3.5	6.9	7.9	4.2	0.5
江苏	186712.1	5.4	8.6	14.7	10.3	10.1
浙江	137728	8.5	11.5	15.6	10.5	10.1
安徽	62404.2	6.8	9.4	17.4	10.9	12.5
江西	36111.4	8.7	7.8	6.9	9.2	6.2

地区	规模	增速				
	2023 年	2019 年	2020 年	2021 年	2022 年	2023 年
湖北	56380.8	5.8	6.2	6.2	10.6	11.0
湖南	38578.5	7.4	9.9	3.3	10.1	7.3
重庆	26911.8	6.3	8.3	9.0	7.8	7.8
四川	64976.4	6.4	7.0	15.1	9.0	6.6
贵州	20252.1	4.2	6.9	0.8	11.3	5.5
云南	29151.4	1.0	7.6	9.7	7.1	7.2

资料来源：国家统计局及各省统计公报。

二 2022年长江经济带重要行业发展态势

（一）计算机、通信和其他电子设备制造业

计算机、通信和其他电子设备制造业是长江经济带高新技术产业部门中的重要行业。经过多年的发展，长江经济带计算机、通信和其他电子设备制造业内生动力显著增强，增长态势稳固。2022 年，长江经济带计算机、通信和其他电子设备制造业实现 68046.7 亿元主营业务收入，同比衰退 1.1%，占区域内规模以上工业全行业主营收入比重为 11.2%，较上年增长 0.2 个百分点；利润总额实现 3158.9 亿元，较 2021 年缩减了 568.2 亿元，占长江经济带规上工业企业总利润的 9.1%，较上年降低了 0.7 个百分点。分区域分析，下游地区连续五年领跑长江经济带地区产业营收及利润总额。2022 年下游地区计算机、通信和其他电子设备制造业主营业务收入为 43635.2 亿元，同比增长 6.5%，增速高于长江经济带，占长江经济带总收入 64.1%，与上年相比增加了 4.5 个百分点。全年共实现利润 2213.3 亿元，与上一年度基本持平。中游地区主营业务收入在三大区域内最低，2022 年实现主营业务收入 7486.4 亿元，占比 11%，占比较上年减少 5.6 个百分点，较上年

出现大幅萎缩；实现利润 134.6 亿元，同比缩减了 78.3%。2022 年上游地区计算机、通信和其他电子设备制造业实现主营业务收入 16925.2 亿元，实现小幅增长，实现行业利润总额 811 亿元，较 2021 年略有下跌。分省市看，下游地区省份优势明显，江苏、浙江、四川居 2022 年主营业务收入较高，分别实现 23619.7 亿元、9529.9 亿元、8278.7 亿元。从主营收入增速看，大多数省市实现正增长，其中贵州增速最快，同比增长 103%，实现翻倍。但江西、重庆和四川则出现了下滑，其中江西省该行业出现了严重萎缩，主营业务同比收缩 89.5%，接近九成。从行业利润来看，湖北省亏损 74.7 亿元，江西省也全面萎缩，仅有利润 3.5 亿元。利润增速上看，11 省市中仅上海、江苏、贵州和云南 4 省市实现了正向增长，其余城市均出现了不同程度的萎缩。其中贵州涨幅明显，2022 年实现行业利润 73 亿元，同比增长 96.8%，接近翻倍（见表 5）。

2023 年，中国计算机、通信和其他电子设备制造业生产恢复向好，行业增加值同比增长 3.4%，实现营业收入 15.1 万亿元，同比小幅回落 1.5%；实现利润总额共计 6411 亿元，同比下降 8.6%。从产品产量上看，2023 年生产手机产量 15.7 亿台，同比增长 6.9%，其中智能手机产量 11.4 亿台，同比增长 1.9%；微型计算机设备产量 3.31 亿台，同比下降 17.4%；集成电路产量 3514 亿块，同比增长 6.9%。

表 5　2020~2022 年长江经济带计算机、通信和其他电子设备制造业发展指标

单位：亿元

地区	主营业务收入			利润总额		
	2020 年	2021 年	2022 年	2020 年	2021 年	2022 年
长江经济带	56266.9	68813.1	68046.7	2576.9	3727.1	3158.9
下游地区	33744	40989.7	43635.2	1554.5	2256.1	2213.3
中游地区	8922.9	11430.3	7486.4	466.6	621.2	134.6
上游地区	13600.0	16393.2	16925.2	555.8	849.8	811.0
上海	5633.3	5704.1	5835.7	152.3	181.1	202.2
江苏	18450.1	22158.7	23619.7	803.7	1147.6	1265.88

续表

地区	主营业务收入			利润总额		
	2020 年	2021 年	2022 年	2020 年	2021 年	2022 年
浙江	6172.7	8676.9	9529.9	488.0	680.2	668.5
安徽	3488.0	4450.0	4649.9	110.6	247.2	76.7
江西	4070.6	5113.5	538.5	200.8	283.8	3.5
湖北	2497.9	3423.9	3972.4	46.7	127.0	-74.7
湖南	2354.4	2892.9	2975.5	219.2	210.3	205.9
重庆	5591.5	6614.7	6050.3	218.7	373.5	260.3
四川	6815.4	8317.5	8278.7	210.2	300.9	285.1
贵州	393.3	410.3	833.0	15.2	37.1	73.0
云南	799.7	1050.7	1763.2	111.8	138.2	192.7

资料来源：2020~2022 年长江经济带成员地区统计年鉴。

　　2023 年，长江经济带计算机、通信和其他电子设备制造业平稳发展。分区域分析，下游地区中，2023 年，上海市规模以上计算机、通信和其他电子设备制造业总产值为 4544.86 亿元，较上年大幅下跌 24.2%；工业产品方面，2023 年微型计算机 1900.9 万台，下跌 26.1%，智能手机 2367.08 万台，同比减少 19.5%，集成电路圆片 852.93 万片，同比衰减 13.1%。江苏 2023 年完成集成电路 1054.87 亿块，同比上涨 3.8%；微型电子计算机 2762.25 万台，较上年回落 17.1%；移动通信手持机 7893.89 万台，大幅增长 44.8%。浙江 2023 年计算机、通信和其他电子设备制造业持续快速发展，累计实现增加值 2020.4 亿元，同比增长 7.2%；完成集成电路 239.6 亿块，较上年增加了 11.9%；完成电子元件 1597.3 亿只，比上年增长 24%；完成微型计算机设备 140 万台，同比增长 2.8%；完成移动通信手持机 3032.3 万台，比上年增长 15.9%。安徽省 2023 年计算机、通信和其他电子设备制造业增加值同比增长 4.2%，较上年回落近 4.5 个百分点；全年生产集成电路 60.4 亿块，同比增长 116.3%，累计生产液晶显示屏 7.5 亿片，同比增长 21.3%，全年生产工业机器人 16596 套，同比增长 35.2%。从分省数据可以看出，上海在这个领域的产值在持续降低，同时，江苏，浙江乃至安徽，在

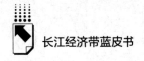

该领域实现了蓬勃发展，呈现区域内的行业迁移现象。

中游地区中，江西省计算机、通信和其他电子设备制造业出现了严重的萎缩，辖区内行业企业数从2022年在册的1084家锐减至25家，其中还有10家处于亏损状态。2023年湖北省计算机、通信和其他电子设备制造业工业增加值增长5.1%，占规上工业的9.3%，利润亏损74.7亿元；生产产品方面，2023年生产微型计算机设备1347.2万台，同比下降6.5%，通信手持机5387.7万台，较上年衰减13.8%。2023年湖南省计算机、通信和其他电子设备制造业实现利润205.9亿元，与上一年基本持平。

上游地区中，重庆2023年计算机、通信和其他电子设备制造业规上工业增加值较上年下降1.4%，降幅较往年有所缩减；生产微型计算机设备7400.53万台，同比下降14.1%，智能手机7693.64万台，较上年上涨11.2%，液晶显示屏3.21亿片，较上年上涨13.6%。四川2023年计算机、通信和其他电子设备制造业增加值比上年增长2.6%；生产电子计算机整机5345.1万台，同比下降26.6%，移动通信手持机1.46亿台，较上年上涨20.5%。贵州产业增加值增长168%；生产集成电路31382.88万块，同比增长87.5%，电子元件62.23亿只，较上年上涨18.9%。云南计算机、通信和其他电子设备制造业增加值增长27.7%，发展迅速。

（二）化学原料和化学制品制造业

2022年，长江经济带化学原料和化学制品制造业工业经济效益稳步提升，完成主营业务收入42421.7亿元，同比增长4.95%，占规上全行业工业企业主营业务收入的6.9%，较上年增长0.5个百分点。实现利润总额3692.4亿元，同比缩减15.9%，占规上全行业工业企业总利润的10.6%，较上年份额减少2.4个百分点。分区域看，2022年，下游地区化学原料和化学制品制造业完成29150.7亿元主营业务收入以及1961.5亿元利润总额，具有绝对领先优势。其中主营收入占长江经济带行业总收入68.7%，实现利润占比53.1%。增速方面，下游地区2022年主营业务收入增长14.6%，利润总额缩减28.4%。中游地区2022年主营收入为6549.4亿元，同比缩减

26.8%；实现利润605.5亿元，较上年缩减29.3%。2022年上游地区主营收入实现6721.7亿元，同比增长11.1%，利润总额为1125.4亿元，较上一年大幅增长41.8%。分省市看，下游地区的浙江、江苏依旧位居主营业务收入的前列，分别完成11305.59亿元、11079.47亿元。从主营业务收入增速上看，浙江省增长最为明显，增速达52.2%。江西省则出现了高达95.63%的行业萎缩，上海和湖南也出现了近9%左右的衰退。行业利润方面，江苏、四川和浙江的利润总额较高，分别实现870.06亿元、756.2亿元、604.89亿元，11个省市中，除四川、云南、湖南和安徽4个省份外，其余7个省市均出现了衰退，其中江西衰退最为明显，高达95.76%，其次为上海（43.32%），行业利润几近腰斩（见表6）。

表6　2020~2022年长江经济带化学原料和化学制品制造业发展指标

单位：亿元

地区	主营业务收入			利润总额		
	2020 年	2021 年	2022 年	2020 年	2021 年	2022 年
长江经济带	31504.0	40421.7	42421.7	2596.0	4389.8	3692.4
下游地区	19768.3	25427.1	29150.7	1776.3	2739.5	1961.5
中游地区	7153.0	8942.0	6549.4	492.7	856.8	605.5
上游地区	4582.7	6052.7	6721.7	326.9	793.5	1125.4
上海	3326.1	4290.6	3898.2	332.6	444.3	251.8
江苏	8659.7	11040.1	11079.47	673.1	1307.6	870.06
浙江	5598.6	7428.3	11305.59	618.6	759.3	604.89
安徽	2183.9	2668.0	2867.4	152.1	228.3	234.7
江西	1714.3	2207.7	96.5	154.4	226.6	9.6
湖北	3095.9	4177.3	4124.3	180.2	443.2	400.3
湖南	2342.8	2557.0	2328.6	157.8	187.1	195.5
重庆	760.4	1022.1	1105.5	64.4	175.3	153.9
四川	2467.9	3157.3	3668.7	196.8	426.5	756.2
贵州	457.3	738.4	697.2	14.2	65.0	56.5
云南	897.1	1135.0	1250.3	51.6	126.7	158.8

资料来源：2020~2022年长江经济带成员地区统计年鉴。

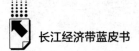

2023年，全国化学原料和化学制品制造业工业增加值同比增长9.6%，增速与2022年持平；实现营业收入87925.8亿元，同比下跌3.5%；实现利润总额7125.2亿元，同比下降34.1%。从工业产品产量看，2023年中国生产硫酸9580万吨，同比增长3.4%；烧碱产量为4101.4万吨，同比增长3.5%。

分区域分析，下游地区中，2023年上海市规模以上化学原料和化学制品制造业总产值为3044.94亿元，较上年下滑0.1%，相比2022年衰退的趋势得到缓解；完成营业收入3582.79亿元，较上年下滑8.4%；实现利润总额210.77亿元，同比下降16.1%。江苏省2023年全年生产硫酸264.46万吨，同比下降6.8%；生产纯碱388.02万吨，较上年上涨3.8%；生产乙烯644.26万吨，比上年大幅增长47.7%；生产化肥187.1万吨，同比上涨15.8%。浙江2023年规模以上化学原料和化学制品制造业增加值2233.8亿元，同比增长4.1%。安徽省2023年规模以上化学原料和化学制品制造业工业增加值增长4.2%，比上年增长了2.6%。

中游地区中，江西省2023年生产硫酸339.9万吨，较上年增长2.6%；农用氮、磷、钾化学肥料91.7万吨，较上年缩减17.7%；化学原料药11.8万吨，同比缩减9.6%。湖北2023年全年化学原料和化学制品制造业增加值增速为-1.3%，增加值占规上工业比重为5%，全年完成利润400.3亿元，同比衰减9.7%；产品产量方面，生产硫酸995.3万吨，同比增长0.9%，农用氮、磷、钾化学肥料670.9万吨，较上年增长10.4%，化学农药原药22.6万吨，较上年增长7.1%。2023年湖南生产硫酸223.7万吨，较上年增长11.7%；烧碱75.9万吨，同比增长15.7%；合成氨60万吨，较上年缩减8.8%；化肥58万吨，同比缩减20.1%。

上游地区中，重庆市2023年化学原料和化学制品制造业规上工业增加值增速为13.6%，较上年提高8.4个百分点。四川省化学原料和化学制品制造业规上工业增加值同比增长13.4%，生产农用氮、磷、钾化学肥料316.5万吨，同比下滑5%。贵州省2023年生产农用氮、磷、钾化学肥料243.65万吨，同比上涨0.3%。云南省2023年工业生产化肥250.64万吨，同比上涨5.8%。

（三）电气机械和器材制造业

2022 年，长江经济带电气机械和器材制造业完成主营业务收入 55151.2 亿元，同比增长 12.25%，占规模以上工业总收入 9.1%，份额较上年扩大 1.3 个百分点；实现利润总额 3167.2 亿元，同比增长 24.6%，占规模以上工业总利润 9.1%，份额上涨 2.4 个百分点。分区域看，下游地区电气机械和器材制造业发展领先优势明显。2022 年，完成主营业务收入 45003.7 亿元，较上年增长 22.88%，占长江经济带该行业主营总收入 81.6%，领先优势明显；实现利润总额 2581.4 亿元，同比大幅增长 43.17%，占地区该行业利润总额 81.5%。中游地区营收规模明显收缩，2022 年，主营业务收入为 4830.5 亿元，同比大幅缩减 42.89%；利润总额下降至 296.4 亿元，同比缩减 43.56%。上游地区营收和利润增速较高，2022 年营收增长 31.21%，实现主营收入 5317 亿元，利润总额 289.4 亿元，较上年增长 35.80%。分省市看，江苏、浙江、安徽主营收入较高，分别为 21923.85 亿元、13298.03 亿元、6333.1 亿元，贵州、四川和安徽涨幅最大，分别同比增长 48.00%、45.16%、34.24%，11 省市除江西省外均实现了不同程度的营收增长。从利润总额看，江苏、浙江和安徽较高，2022 年利润总额分别为 1181.48 亿元、883.49 亿元、331.3 亿元，11 省市中中游地区的浙江、贵州和安徽的利润增幅较大，同比增长 68.57%、65.48%、51.14%，而江西利润总额下滑近 100%（见表 7）。

表 7　2020~2022 年长江经济带电气机械和器材制造业发展指标

单位：亿元

地区	主营业务收入			利润总额		
	2020 年	2021 年	2022 年	2020 年	2021 年	2022 年
长江经济带	38327.1	49133.4	55151.2	2124.8	2541.2	3167.2
下游地区	28542.2	36623.4	45003.7	1645.3	1803.0	2581.4
中游地区	6623.1	8457.8	4830.5	305.2	525.2	296.4
上游地区	3161.8	4052.2	5317.0	174.3	213.1	289.4

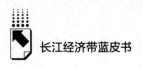

地区	主营业务收入			利润总额		
	2020 年	2021 年	2022 年	2020 年	2021 年	2022 年
上海	2620.6	3124.6	3448.7	175.5	194.0	185.1
江苏	13467.1	17522.5	21923.85	712.1	865.6	1181.48
浙江	8656.3	11258.8	13298.03	542.6	524.1	883.49
安徽	3798.3	4717.6	6333.1	215.1	219.2	331.3
江西	3162.6	4141.7	104.04	162.9	258.6	0.99
湖北	1751.9	2308.6	2523.4	87.5	167.9	160.8
湖南	1708.7	2007.6	2203.0	54.8	98.7	134.6
重庆	1149.3	1465.5	1617.0	77.9	87.0	110.7
四川	1635.7	2142.8	3110.4	81.9	109.5	155.4
贵州	225.3	257.7	381.4	9.9	11.3	18.7
云南	151.6	186.2	208.2	4.6	5.2	4.7

资料来源：2020~2022 年长江经济带成员地区统计年鉴。

2023 年中国电气机械和器材制造业完成营业收入 110059.9 亿元，工业增加值同比增长 12.9%，较上年小幅上涨；实现利润总额 6334.50 亿元，同比增长 15.7%。产品产量方面，2023 年全年生产家用电冰箱 9632.3 万台，同比增长 14.6%；彩色电视机 19339.6 万台，同比下降 1.3%；房间空气调节器 24487 万台，较上年增长 26.9%。

2023 年长江经济带除江西省外，其余各省市电气机械和器材制造业持续平稳增长。分区域看，下游地区中，上海电气机械和器材制造业 2023 年规上总产值完成 3215.5 亿元，同比增长 11.6%。江苏 2023 年完成彩色电视机 694.33 万台，同比下滑 7.1%，连续三年下滑；家用电冰箱 1426.72 万台，同比上升 17.4%；房间空调器 507.94 万台，较上年下降 6.3%。浙江省 2023 年生产房间空气调节器 2340.1 万台，较上年上涨 29.9%。安徽省 2023 年电气机械和器材制造业增加值增长 20%；工业产品完成家用洗衣机 3031.1 万台，同比增长 19.1%，家用电冰箱 2946.6 万台，同比增长 12.2%，房间空气调节器 2738.2 万台，较上年小幅增长 1.7%。

中游地区中，2023 年江西电气机械和器材制造业工业增加值增长
18.5%；生产家用电冰箱 77.5 万台，同比上涨 10.5%，房间空调器 773.6
万台，大幅上涨 165%。湖北电气机械和器材制造业 2023 年工业增加值同比
上涨 21.6%，增加值占规上工业比重为 0.6%，较上年小幅增长 0.1%；全
年实现利润 160.8 亿元，同比减少了 4.2%；产品生产方面，完成房间空气
调节器 2167.3 万台，同比增长 12%。

上游地区中，2023 年重庆电气机械和器材制造业规上工业增加值同
比增长 7.6%，较上年增速收窄 4.7 个百分点。四川 2023 年电气机械和
器材制造业增加值比上年增长 19.7%；生产彩色电视机 1636 万台，同比
增长 15.4%，家用电冰箱 140 万台，同比增长 21.5%；房间空气调节器
526.2 万台，同比大幅增长 36.2%。2023 年贵州电气机械和器材制造业
工业增加值同比大幅增长 54%；生产家用电冰箱 161.45 万台，较上年上
涨 3.1%。

（四）汽车制造业

2022 年，长江经济带汽车制造业完成主营业务收入 45769.3 亿元，同
比增长 4.78%，占规模以上工业总收入 3.4%，份额下降了 3.6 个百分点；
实现利润总额 2027.9 亿元，较上年减少了 26.67%，占规模以上工业利润
总额 5.8%，份额较上年缩小了 1.3 个百分点。分地区看，下游地区营收
规模占据绝对优势，领跑长江经济带，2022 年实现 29344.6 亿元主营收
入，同比增长 11.08%；2022 年上游地区营收增速较上年增长近 3.52%，
实现 7633.7 亿元收入；中游地区 2022 年呈下滑趋势，营收降低了
11.13%，完成 8791 亿元主营收入。从利润总额看，湖南省出现了大幅增
长，涨幅接近 6 倍，四川和安徽则呈现了小幅度的增长，涨幅分别为
10.71% 和 15.50%。其余省市均出现了衰退，其中云南更是将亏损的幅度
放大了近 9 倍（见表 8）。

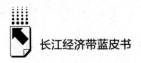

表 8   2020~2022 年长江经济带汽车制造业发展指标

单位：亿元

地区	主营业务收入			利润总额		
	2020 年	2021 年	2022 年	2020 年	2021 年	2022 年
长江经济带	39220.9	43682.9	45769.3	2358.5	2726.0	2027.9
下游地区	22869.7	26416.4	29344.6	1575.1	1670.3	1224.6
中游地区	9580.5	9892.2	8791.0	488.8	704.6	496.2
上游地区	6770.7	7374.3	7633.7	294.6	351.2	307.1
上海	7727.8	8554.3	8706.7	599.1	594.3	279.5
江苏	7016.0	8414.3	9451.88	371.9	460.4	443.85
浙江	5331.9	6372.4	7405.4	514.3	520.1	391.02
安徽	2794.0	3075.4	3780.7	89.7	95.5	110.3
江西	1691.1	1338.0	509.0	32.8	47.2	-9.4
湖北	6420.2	6854.2	5922.7	440.0	651.2	465.4
湖南	1469.3	1700.1	2359.4	16.1	6.2	40.1
重庆	4093.9	4665.7	4935.3	171.1	216.9	188.3
四川	2375.7	2452.1	2415.4	120.7	131.6	145.7
贵州	138.4	121.0	188.6	8.2	4.9	-4.9
云南	162.8	135.5	94.4	-5.3	-2.2	-22.0

资料来源：2020~2022 年长江经济带成员地区统计年鉴。

2023 年，中国汽车制造业完成营业收入 100975.80 亿元，同比增长 11.9%；工业增加值同比增长 20%；实现利润总额 5086.30 亿元，同比增长 5.9%。产品生产方面，2023 年生产汽车 3011.3 万辆，同比增长 24.5%；新能源汽车 944.3 万辆，较上年增长 43.7%。

长江经济带在我国汽车制造业发展格局中占据着重要地位，近年来新能源汽车生产制造逐渐成熟，产销量均有显著提升。分地区看，下游地区中，上海 2023 年汽车制造业规上总产值为 7722.88 亿元，同比增长 12%，增速较上年上涨了 2.7 个百分点；产品产量方面，生产汽车 215.61 万辆，同比增长 4.8%，其中包括新能源汽车 128.68 万辆，较上年大幅增长 34.4%。江苏 2023 年汽车制造业增加值增长 15.9%；生产汽车 165 万辆，同比增长 16%，其中包括新能源汽车 69.4 万辆，较上年增长 46.3%。浙江汽车制造业增加值增长 17.8%；全年生产汽车 152.6 万辆，同比减少 4.6%，其中包括新能源汽车 59.7 万辆，同比增长 10.3%。2023 年安徽汽车制造业增加值同比增长 33.9%，增速较上年扩大 11.9 个百分点；产品产量方面，全年生产汽车 249.1 万辆，同比增长 48.1%，其中包括新能源汽车 86.8 万辆，较上年增长 60.5%。

中游地区中，2023 年江西生产汽车 48 万辆，同比上涨 12.2%，其中包括新能源汽车 8.6 万辆，较上年大幅增长 47.7%。湖北 2023 年全年汽车制造业工业增加值同比减少 5.2%，增加值占规上工业 0.2%；生产汽车 179 万辆，较上年下降 5.2%，其中新能源汽车 38.8 万辆，产量较上年增长 30.6%。湖南全年生产汽车 95.3 万辆，同比增加 4.6%，其中包括 55.8 万辆新能源汽车，产量较上年增长 16.8%。

上游地区中，重庆 2023 年汽车制造业规上工业增加值增速为 9.3%，增幅较上年收窄 0.9 个百分点；生产汽车 231.79 万辆，同比增长 2%，其中包括新能源汽车 50.03 万辆，较上年增长 30.3%。2023 年，四川生产汽车 97.5 万辆，比上年增长 8.8%。贵州 2023 年汽车制造业工业增加值下滑 29.4%，生产汽车 4.76 万辆，较上年上涨 4.7 个百分点。

三　2024年长江经济带工业发展形势

2024 年是新中国成立 75 周年，是实现"十四五"规划目标任务的关键一年，中央对经济工作"稳中求进、以进促稳、先立后破"。长江经济带经济总量超全国 46%、人口占比超 43%，在全国经济中发挥着中枢和协调功能，对地区经济起着带动和拓展作用。长江上中下游协同发展、东中西部互动合作，将使长江经济带成为区域协调发展的重要样本，对我国经济及工业高质量较快发展都具有重大意义。

在下游地区，2024 年，上海将坚持以科技创新推动产业创新，聚焦智能化、绿色化、融合化，加快建设"（2+2）+（3+6）+（4+5）"现代化产业体系，大力发展新质生产力。积极推进新型工业化，巩固提升工业经济比重，推动重点产业链高质量发展，全力落实新一轮集成电路、生物医药、人工智能"上海方案",培育提升新能源汽车、高端装备、先进材料、民用航空、空间信息等高端产业集群,加快打造未来产业先导区。推动工业互联网赋能制造业高质量发展,实施"智能机器人+"行动,率先开展国家智能网联汽车准入和上路通行试点。江苏将深入推进高水平科技自立自强。坚持以科技创新引领现代化产业体系建设,以打造具有全球影响力的产业科技创新中心为牵引,进一步强化科技、教育、人才的战略支撑。大力推进新型工业化。浙江将在 2024 年持之以恒推进重大项目建设。围绕科技创新、先进制造业、重大基础设施等重点领域,大力发展数字经济。深化国家数字经济创新发展试验区建设,做优做强集成电路、人工智能、高端软件等产业集群,积极推进工业"智改数转"。安徽省着力把高质量发展的要求贯穿新型工业化全过程,建设具有国际竞争力的先进制造业集群,加快打造智能绿色的制造强省。

在中游地区,2024 年江西将全面实施制造业重点产业链现代化建设"1269"行动计划。广泛应用数智技术、绿色技术,一体推进传统产业设备更新、工艺升级、流程优化、产品迭代。聚焦电子信息、新能源、新材料、装备制造、航空、生物医药等新兴产业。湖北将聚焦培育壮大新质生产力,加快推进新型工业化。深入实施新型工业化大推进战略,统筹推动传统产业、新兴产业、未来产业"三线并进",做大做强"51020"现代产业集群,规上工业增加值增长 7% 以上。加快传统产业转型升级。湖南将改造提升传统产业。加快技术改造和设备更新,实现扩能提质增效。现代石化产业重点聚焦石油、盐氟等基础材料,合理优化园区布局,加快头部企业培育招引。巩固延伸优势产业。强化产业链上下游配套,打造彰显湖南特色优势的国内外一流产业集群。培育壮大新兴产业。加快融合化集群化发展,打造一批根植湖南、竞争力凸显的新兴产业集群。前瞻布局未来产业。加强集成电路、工业母机、基础软件等关键技术突破,抢占新一轮科技革命和产业变革制高点。加快推进新型工业化。推动工业化、信息化"两化融合",加快"智赋万企"进企业、进车间、进班组步伐。

在上游地区,重庆将坚持以科技创新推动产业创新,加快构建现代化产业体系。坚持把制造业高质量发展放到更加突出的位置，持之以恒抓龙头带生态，促进产业集聚、技术创新、融合发展，大力培育新质生产力。壮大制造业集群，深化科技赋能。四川坚持川渝"一盘棋"，聚焦"一体化"和"高质量"，围绕强化"四个功能"推进协同发展，做好"相互赋能、相向发展"大文章，以国家战略引领区域布局优化和发展能级提升。深入推进新型工业化，全面落实六大优势产业提质倍增"10条支持政策"，大力推动传统产业转型升级，前瞻布局和培育发展新兴产业、未来产业，加快构建富有四川特色和优势的现代化产业体系。贵州将全力建设现代化产业体系。锚定"3533"目标，深入推进"六大产业基地"建设，壮大各地主导产业，狠抓"一图三清单"落实，推动现代化产业体系建设不断取得新进展。巩固提升优势产业。抢抓机遇加快发展数字经济。大力发展生产性服务业。云南将围绕"四大支撑性工程"，实施制造业重点产业链高质量发展行动，发展"绿电+先进制造业"，培育国家级先进制造业集群，推动"云南制造"品牌升级，加快建设制造强省。

参考文献

黄阁、高晓宏、贺珍珍：《习近平总书记有关长江经济带重要讲话精神的学习启示》，《中国水利学会2021学术年会论文集第一分册》，2021。

陈彬：《为长江经济带高质量发展汇智助力》，《湘声报》2024年9月27日，第3版。

张韩虹：《协同联动发展长江经济带》，《江苏经济报》2024年9月23日，第A01版。

《习近平主持召开进一步推动长江经济带高质量发展座谈会强调 进一步推动长江经济带高质量发展 更好支撑和服务中国式现代化 李强蔡奇丁薛祥出席》，《台声》2023年第20期。

B.11
长江经济带数字经济发展报告
（2023~2024）

徐丽梅[*]

摘　要：　2023 年，中国数字经济规模达到 53.9 万亿元，占 GDP 比重达到 42.8%。长江经济带地区数字经济也得到显著发展。上海、浙江、江苏、湖北和四川的数字经济表现突出，处于我国数字经济发展的第一梯队；重庆、安徽、江西、湖南、贵州的数字经济发展平稳，处于发展的第二梯队；云南的数字经济则稍有落后，处于第三梯队。电子信息制造业方面，有的省份呈高速增长趋势，增速高达 39.5%，有的省份则呈下降趋势，降速达 10.2%。长江经济带地区的软件和信息技术服务业也呈现平稳增长态势，11 个省市中有 6 个省市进入全国软件业务收入增长前十。长江经济带地区的电子商务、大数据、云计算、人工智能等产业的发展也都走在全国前列。长江经济带地区的数字经济发展环境将进一步完善，数字产业集群将高质量深入发展，人工智能与传统工业深度融合，数字经济助推产业绿色低碳转型。

关键词：　数字经济　大数据　云计算　人工智能　长江经济带

　　2023 年，中国数字经济继续增长。根据中国信息通信研究院（简称"中国信通院"）发布的《中国数字经济发展研究报告（2024 年）》，2023年，中国数字经济规模达到 53.9 万亿元，较上年增长 3.7 万亿元；占 GDP比重达到 42.8%，较上年提升 1.3 个百分点；数字经济对 GDP 增长的贡献

---

　　* 徐丽梅，上海社会科学院应用经济研究所副研究员，主要研究方向为区域经济、数字经济。

率达 66.45%。长江经济带作为中国最重要的区域之一，其数字经济在 2023 年也获得了进一步发展。

一 长江经济带数字经济发展的总体概况

（一）数字经济的基本概念

关于"数字经济"的概念，本报告沿用往年对"数字经济"的定义：以使用数字化的知识和信息作为关键生产要素、以现代信息网络作为重要载体、以信息通信技术的有效使用作为效率提升和经济结构优化的重要推动力的一系列经济活动。[①] 从产业发展的角度看，数字经济主要包括两个部分。一是数字产业化部分，也称为数字经济基础部分，即传统意义上的电子信息产业，包括电子信息制造业、软件和信息技术服务业。二是产业数字化部分，即数字技术在各个产业得到广泛应用，带来产出增加和效率提升的部分，也称为数字经济融合部分。[②] 本报告继续从这两个方面来论述长江经济带地区数字经济的发展情况，所用数据主要来自 2022~2024 年各省市政府网站公开数据、各省市国民经济和社会发展统计公报、中国工业和信息化部网站、国家统计局网站和《中国统计年鉴》[③] 等，另外以部分社会研究机构的测算数据为补充，例如中国信息通信研究院、北京大数据研究院、中国式现代化发展研究院、中国互联网络信息中心等机构的研究报告。

（二）数字经济的规模总量

近几年，我国数字经济稳步增长。数字经济规模由 2017 年的 27.2 万亿元，稳步增长到 2023 年的 53.9 万亿元，五年间增长了 26.7 万亿元。数字

---

① 2016 年 G20 杭州峰会发布的《二十国集团数字经济发展与合作倡议》对"数字经济"的定义。

② 资料来源：中国信息通信研究院《中国数字经济发展白皮书（2017）》。

③ 由于《中国统计年鉴》数据滞后的影响，本报告中部分数据只更新到 2022 年。

经济占 GDP 的比重相应地由 2017 年的 32.9%，增长到 2023 年的 42.8%，呈现平稳向上的增长态势（见图 1）。

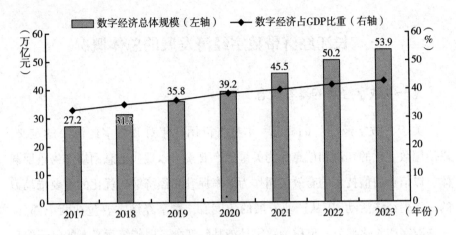

图 1 2017~2023 年中国数字经济规模与占 GDP 比重

资料来源：2021~2024 年中国信息通信研究院《中国数字经济发展报告》。

近几年，长江经济带各地的数字经济规模都呈不断增长趋势，而且与各地的综合经济实力呈现正相关性。据工业和信息化部电子第五研究所发布的《中国数字经济发展指数报告（2024）》，上海、浙江、江苏、湖北和四川的数字经济表现突出，处于我国数字经济发展的第一梯队，重庆、安徽、江西、湖南、贵州的数字经济发展平稳，处于发展的第二梯队，云南的数字经济则稍有落后，处于第三梯队。

具体到长江经济带的各个地区来说，上海 2023 年全市数字经济核心产业增加值已超 6000 亿元，占全市 GDP 比重为 13% 左右。[1] 江苏数字经济核心产业增加值占比提高到 11.4% 左右。[2] 浙江数字经济核心产业增加值9867 亿元，按不变价格计算，比上年增长 10.1%，增速比 GDP 高 4.1 个

---

[1] 金叶子：《数字经济核心产业增加值超六千亿，上海如何用好公共数据》，第一财经，2024 年 10 月 21 日。

[2] 资料来源：《2023 年江苏省国民经济和社会发展统计公报》。

百分点。[①] 2023 年，湖南数字经济总量突破 1.7 万亿元，增长 15%，连续 6 年保持两位数增长，呈现良好发展势头。[②] 四川数字经济核心产业实现增加值 4899.07 亿元，占 GDP 比重提升至 8.1%。[③] 贵州地区生产总值为 20913.25 亿元，其中数字经济占比 42% 左右。[④] 其他地区如安徽、江西、湖北、重庆、云南等省份，数字经济也都有明显增长。

二　数字经济的政策环境与基础设施

（一）政策环境

2023 年以来，长江经济带各地政府都出台了很多政策，支持数字经济及相关领域的发展。上海有支持元宇宙、产业互联网、区块链、智能机器人、人工智能大模型的发展政策，提出科技成果转化和产业化水平不断提高，形成具有国际竞争力的"元宇宙"创新集群，保障创新链、产业链、供应链安全和韧性，为加快建设具有全球影响力的科技创新中心提供有力支撑等目标。浙江有促进平台经济高质量发展、数字经济促进条例、"互联网+"科创高地行动方案、加快人工智能产业发展等计划和意见，对数字基础设计、数据资源、数字产业化、产业数字化提出具体的发展举措。贵州有工业互联网创新、推动工业领域数字化转型等政策。云南有"数字云南工作要点"、数字经济开发区数字经济产业发展三年行动方案等。重庆有中小企业数字化转型、制造业数字化转型、新型显示产业集群高质量发展、智能家居产业高质量、AI 及服务机器人产业集群高质量发展等行动计划。其他

① 《2023 年浙江经济运行稳进向好　高质量发展迈出坚实步伐》，浙江省统计局，2024 年 1 月 23 日。

② 《通过！〈湖南省数字经济促进条例〉出炉》，红网，2024 年 5 月 30 日。

③ 《2023 年我省数字经济核心产业实现增加值超 4899 亿》，四川省经济和信息化厅，2024 年 5 月 9 日。

④ 《数实融合　向新而行——从数博会十年看贵州数字经济高质量发展》，新华网，2024 年 8 月 30 日。

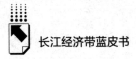

如江苏、安徽、江西、四川、重庆、湖北、湖南等也都出台了多项政策支持数字经济发展。尽管各个地区政策的侧重点不同，但都围绕数字经济的高质量发展进行了细致的规划和部署（见表1）。

表1 2023年长江经济带地区有关数字经济发展的政策文件

地区	时间	政策文件
上海市 （6）	2023年6月	《上海市"元宇宙"关键技术攻关行动方案（2023—2025年）》
	2023年7月	《上海市促进产业互联网平台高质量发展行动方案（2023—2025年）》
	2023年7月	《立足数字经济新赛道推动数据要素产业创新发展行动方案（2023—2025年）》
	2023年7月	《上海市推进城市区块链数字基础设施体系工程实施方案（2023—2025年）》
	2023年10月	《上海市促进智能机器人产业高质量 创新发展行动方案（2023—2025年）》
	2023年10月	《上海市推动人工智能大模型创新发展若干措施（2023—2025年）》
浙江省 （6）	2023年1月	《浙江省元宇宙产业发展行动计划（2023—2025年）》
	2023年1月	《关于促进平台经济高质量发展的实施意见》
	2023年8月	《浙江省公共数据授权运营管理办法（试行）》
	2023年9月	《浙江省数字经济促进条例》
	2023年11月	《高水平建设"互联网+"科创高地行动方案（2023—2025年）》
	2023年12月	《浙江省人民政府办公厅关于加快人工智能产业发展的指导意见》
江苏省 （5）	2023年2月	《关于推动战略性新兴产业融合集群发展的实施方案》
	2023年4月	《江苏省数字政府建设2023年工作要点》
	2023年10月	《江苏省政务"一朵云"建设总体方案》
	2023年12月	《关于推进数据基础制度建设更好发挥数据要素作用的实施意见》
	2023年12月	《关于加快工业软件自主创新的若干政策措施》
安徽省 （3）	2023年10月	《安徽省人民政府关于印发打造通用人工智能产业创新和应用高地若干政策的通知》
	2023年10月	《安徽省通用人工智能创新发展三年行动计划（2023—2025年）》
	2023年12月	《安徽省数字基础设施建设发展三年行动方案（2023—2025年）》
江西省 （4）	2023年1月	《江西省未来产业发展中长期规划（2023—2035年）》
	2023年5月	《江西省新能源产业数字化转型行动计划（2023—2025年）》
	2023年7月	《江西省数字政府建设总体方案》
	2023年7月	《江西省数字经济发展提升行动方案》
四川省 （2）	2023年1月	《四川省数据条例》
	2023年9月	《四川省元宇宙产业发展行动计划（2023—2025年）》

地区	时间	政策文件
贵州省 （2）	2023 年 4 月	《推动全省工业领域数字化改造加快工业互联网创新发展导向目录（2023—2025 年）（试行）》
	2023 年 9 月	《贵州省工业领域数字化转型实施方案（2023—2025 年）》
云南省 （2）	2023 年 4 月	《2023 年数字云南工作要点》
	2023 年 4 月	《云南省数字经济开发区数字经济产业发展三年行动方案（2023—2025 年）》
重庆市 （6）	2023 年 6 月	《重庆市中小企业数字化转型实施方案（2023—2025 年）》
	2023 年 6 月	《重庆市制造业数字化转型行动计划（2023—2027 年）》
	2023 年 11 月	《重庆市新型显示产业集群高质量发展行动计划（2023—2027 年）》
	2023 年 11 月	《重庆市新一代电子信息制造业产业集群高质量发展行动计划（2023—2027 年）》
	2023 年 11 月	《重庆市智能家居产业高质量发展行动计划（2023—2027 年）》
	2023 年 12 月	《重庆市 AI 及服务机器人产业集群高质量发展行动计划（2023—2027 年）》
湖北省 （3）	2023 年 3 月	《湖北省数字经济促进办法》
	2023 年 6 月	《湖北省数字经济高质量发展若干政策措施》
	2023 年 8 月	《湖北省加快发展算力与大数据产业三年行动方案（2023—2025 年）》
湖南省 （2）	2023 年 3 月	《湖南省"智赋万企"行动方案（2023—2025 年）》
	2023 年 9 月	《湖南省音视频产业发展规划（2023—2027 年）》

资料来源：根据相关政府网站资料整理。

各地方政府还通过应用数字技术建设机构微博来不断改善数字经济发展的政策环境。根据人民网舆情数据中心对 2023 年全国各地政务微博竞争力的研究，四川省的政务微博依然具有最强的竞争力水平，与 2021 年和 2022 年相同，在全国 31 个省市中排名第一，达到 94.6，超过它本身上年，也远远超过其他省份。在长江经济带地区排名第二的是江苏省，其政务微博竞争力水平为 77.8，较上年有所降低，也与第一名的四川省有较大差距。排名第三的是浙江省，为 73.5，也比上年有所降低。除此之外其他 8 个省份的竞争力水平得分则都在 70 以下，依次为安徽省、湖北省、江西省、上海市、湖南省、云南省、贵州省和重庆市，尤其是贵州省和重庆市的竞争力水平都在60以下，是11个省市当中最低的。从图2中可以看出，除了江苏和浙江之外，安徽、上海、湖南、云南、贵州和重庆6个省份的政务微博竞争力水平也都比上年有所下降。同时可以看出，长江经济带11个省市中，四川省的竞争力水平最强，而重庆市的竞争力最弱。

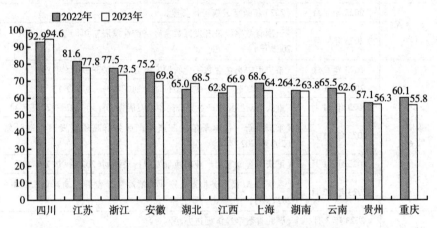

图2　2022~2023年长江经济带11省市政务微博竞争力水平

资料来源：人民网舆情数据中心《2023年度政务微博影响力报告》。

（二）基础设施

良好的网络基础设施是数字经济发展的重要基础和保障。2023年，中国的数字基础设施规模能级大幅提升，根据国家数据局发布的《数字中国发展报告（2023年）》，截至2023年底，我国5G基站数达337.7万个，同比增长46.1%。全国在用数据中心标准机架超过810万架，算力总规模达到230EFLOPS，居全球第2位，算力总规模近5年年均增速近30%。

具体来看长江经济带11个省市2022年[①]的互联网域名数、网页数、IPv4地址数、移动互联网用户以及互联网宽带接入用户情况，如表2所示，长江经济带地区的人口数量占全国总人口的43.1%，该地区的域名数占全

①　由于数据来自国家统计局网站和《中国统计年鉴2023》，目前只能获得2022年的数据。

国的31.7%，而网页数和IPv4地址数占全国的比重都低于30%，可见长江经济带地区的部分互联网指标低于全国平均水平。另外，长江经济带地区的移动互联网用户以及互联网宽带接入端口都占到全国40%以上，接近全国平均水平。如果从长江经济带内部来看，经济较发达地区的域名数和网页数明显较多。例如，浙江省和江苏省的域名数分别为128.3万个和150.7万个，网页数分别为4280170.9万个和1572148.5万个，上海市的域名数（130.3万个）和网页数（2553669.4万个）也较高，这与其中国经济中心的地位相符。总的来看，上海、浙江、江苏和四川的网络基础设施较为完善，而云南和贵州等地区的网络基础设施则相对较为匮乏。

表2　2022年长江经济带互联网基础设施情况

地区	人口 （万人）	域名数 （万个）	网页数 （万个）	IPv4 地址数 （万个）	互联网宽带 接入端口 （万个）	移动互联网 用户 （万户）
上海市	2475	130.3	2553669.4	1551.4	2536.8	3680.1
江苏省	8515	150.7	1572148.5	1633.8	7705.0	9039.4
浙江省	6577	128.3	4280170.9	2220.7	6458.7	7694.3
安徽省	6127	98.4	309288.7	566.3	4242.2	5444.2
江西省	4528	48.2	283554.8	593.8	2705.3	3974.7
湖北省	5844	67.0	323635.9	823.7	4066.2	5195.2
湖南省	6604	74.8	203299.4	810.0	3728.0	6155.7
重庆市	3213	38.0	59355.2	576.6	2668.9	3448.0
四川省	8374	140.2	615603.8	950.7	6434.0	8400.4
贵州省	3856	181.2	13853.0	151.0	2386.4	4013.2
云南省	4693	34.1	181286.4	336.4	2655.4	4275.1
长江经济带	60806	1091.2	10395866.0	10214.4	45586.9	61320.3
全国	141175	3440.0	35878144.3	34322.8	107104.2	145385.1
长江经济带占 全国比重(%)	43.1	31.7	29.0	29.8	42.6	42.2

资料来源：《中国统计年鉴2023》。

政府网站数量也是衡量一个地区网络设施完善与否的重要指标之一。图 3 是 2023 年长江经济带 11 个省市的政府网站数量情况，其中安徽省政府网站数量最多，有 839 个；随后是四川省，政府网站有 787 个，表明这两个省份的政府网站建设较好。其次，江苏、湖南、湖北三个省份的政府网站都有 600 多个；江西和浙江的政府网站数量都超过了 500 个，表明这些省份之间的数值差异较小，说明它们的资源配置较为类似。再次，贵州省的政府网站数量有 438 个、云南省有 285 个。最后，重庆和上海作为直辖市，其行政层级较少，因而政府网站数量最少，都不足 100 个，分别只有 88 个和 66 个。虽然政府网站一定程度上代表了各级政府对于数字政府建设的重视程度，但同时也要考虑网站内容的丰富程度和更新频率等因素，图 3 的数据仅是一个简单的比较。

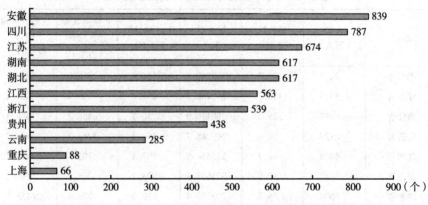

图 3 2023 年 12 月长江经济带各省市的政府网站数量

资料来源：第 53 次《中国互联网络发展状况统计报告》，中国互联网络信息中心。

三 数字产业部分：电子信息产业

据中国信通院发布的《中国数字经济发展研究报告（2024 年）》，2023 年，我国数字产业化规模为 10.09 万亿元，比上年增长 9.57%，占数字经济比重为 18.7%，数字产业化稳步发展。2023 年，长江经济带的数字产业化也得到进一步发展。下文按照传统产业分类，从电子信息制造业、软件和信息技术服务业两个方面来分析。

（一）电子信息制造业

电子信息制造业是长江经济带的五大产业之一，在长江经济带内部，各省市的电子信息制造业发展水平存在较大差异。2023 年，浙江省计算机通信电子制造业增长 39.5%；安徽省计算机、通信和其他电子设备制造业增长 4.2%；四川省计算机、通信和其他电子设备制造业增长 2.6%；重庆市计算机、通信和其他电子设备制造业下降 1.4%；湖南省计算机、通信和其他电子设备制造业 161.5 亿元，下降 10.2%；云南省计算机、通信和其他电子设备制造业增长 27.7%。[①] 可以看出，有的省份电子信息制造业呈高速增长趋势，有的省份则呈下降趋势。

具体到电子产品的数量，长江经济带各省市的差异同样较大。2022 年，手机（移动通信手持机）方面，四川省产量最高，超过了 1 亿台，远远领先于其他省份，这表明四川在移动通信设备的制造上占据重要位置。其次是江西、重庆、湖北、江苏等省份，产量都超过了 5000 万台；安徽省的产量最低，仅有 92.3 万台，显示安徽在移动通信设备生产领域的产能较为薄弱。在微型计算机设备方面，产量最高的仍然是四川省，超过了 9000 万台，这与其在手机生产上的领先地位一致，反映出四川在整体电子产品生产上的综合实力。其次分别是重庆、江西和江苏，其产量都超过了 3000 万台，安徽和上海的产量都超过了 2000 万台，表明这些地区在微型计算机设备制造方面具有一定的竞争力。湖北超过了 1000 万台，而云南、湖南、浙江和贵州的产量则都在 1000 万台以下，尤其是贵州省，其产量仅有 1000 多台，可以看出贵州省在微型计算机设备制造方面的产出很低（见表 3）。

---

① 资料来源：各省市 2023 年国民经济和社会发展统计公报。

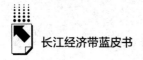

表3　2022年长江经济带各省市电子产品产量

单位：万台

地区	移动通信手持机	地区	微型计算机设备
四川	12631.0	四川	9221.2
江西	9341.9	重庆	8631.9
重庆	7448.5	江西	4946.1
湖北	6250.8	江苏	3330.5
江苏	5455.4	安徽	2950.3
湖南	4846.1	上海	2760.7
上海	3204.0	湖北	1336.2
云南	2907.4	云南	571.0
浙江	2616.4	湖南	208.2
贵州	1313.5	浙江	129.6
安徽	92.3	贵州	0.1

资料来源：《中国统计年鉴2023》。

集成电路产业方面，长江经济带各地区之间的发展同样存在较大差异。同2021年的情况类似，2022年集成电路产量最高的是江苏省，年产量超过了1000亿块，这说明江苏省得益于其成熟的产业链和丰富的技术资源，是长江经济带乃至全国集成电路产业的重要生产基地。其次是上海市，其产量达到287.7亿块，上海是科技创新高地，得益于全球资源整合能力和高端技术人才的汇集，其集成电路产业基础雄厚。排在上海之后的分别是浙江省和四川省，集成电路数量都超过了100亿块；其后是湖南省和重庆市，集成电路产量分别为54.68亿块和51.47亿块，表明这些地区的集成电路产业发展潜力较大，但目前整体规模相对江苏和上海仍有较大差距。安徽和江西的集成电路产量分别为25.56亿块和16.67亿块，而产量最低的是贵州、云南和湖北，这三个省份的集成电路产量都不足10亿块，尤其湖北省的产量仅有100万块，表明这些地区在集成电路产业中的产能有限，未来要通过政策支持和产业布局的完善进一步提升其产能（见图4）。

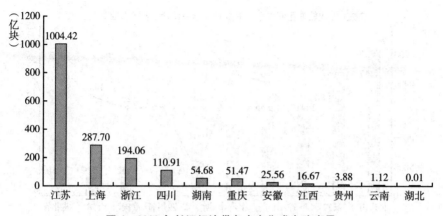

图 4　2022 年长江经济带各省市集成电路产量

资料来源：《中国统计年鉴 2023》。

（二）软件和信息技术服务业

2023 年，我国软件和信息技术服务业运行稳步向好，全国软件和信息技术服务业规模以上企业超 3.8 万家，累计完成软件业务收入 123258 亿元，同比增长 13.4%，软件业利润总额 14591 亿元，同比增长 13.6%。①

长江经济带地区的软件和信息技术服务业也呈现平稳增长态势，11 个省市中有 6 个省市进入全国软件业务收入增长前十，它们分别是江苏、上海、浙江、四川、重庆和湖北，与上年情况相同。这 6 个省市分别列全国的第 3 位、第 5 位、第 6 位、第 7 位、第 8 位和第 10 位。从软件业务收入情况来看，江苏省超过了 14000 亿元，但远低于北京市和广东省；上海的软件业务收入超过了 10000 亿元，但低于山东省；浙江省超过了 9000 亿元，四川、重庆、天津和湖北则都超过了 3000 亿元，可见江浙沪的软件产业在长江经济带地区处于领先地位（见图 5）。

进一步看长江经济带 11 省市的情况，如图 6 所示，2023 年 1~11 月，软件和信息技术服务业收入最高的是江苏省，达到 12920.42 亿元，其次是

① 资料来源：《2023 年软件和信息技术服务业统计公报》。

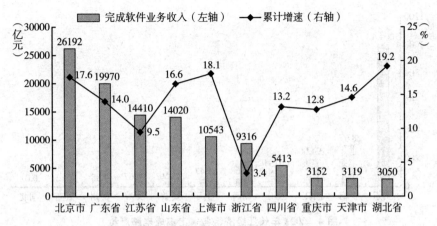

图5　2023年我国前十位省市软件业务收入情况

资料来源：中国工业和信息化部，http：//www.miit.gov.cn/。

上海市，超过了10000亿元，再次是浙江省，超过8000亿元，这三个省市在长江经济带地区的软件和信息技术服务业发展方面处于领先地位，这与江浙沪良好的产业基础、人才优势和科技创新能力有关。软件和信息技术服务业收入最低的是安徽、贵州、江西和云南，都不足1000亿元，与江浙沪有着较大差距。从增长速度来看，各省市软件业务收入的增减幅度各不相同，增长最快的是安徽省，增速达到20%，显示出较高的增长活力。其他省份的增速都在20%以下，尤其云南和浙江，增速都在10%以下。值得注意的是江西省，其增速为负值，即-7.7%，显示出江西省的软件和信息技术服务业在2023年的发展并不顺利。

四　数字经济的产业融合部分

据中国信通院发布的《中国数字经济发展研究报告（2024年）》，2023年，我国的产业数字化规模即数字经济的产业融合部分达到43.84万亿元，占数字经济的比重为81.3%。2023年，长江经济带地区的数字经济产业融合部分也获得了进一步发展。

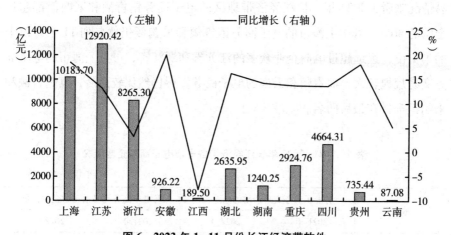

**图6　2023年1~11月份长江经济带软件
和信息技术服务业收入和增长情况**

资料来源：中国工业和信息化部网站，http：//www.miit.gov.cn/。

（一）电子商务

据《中国统计年鉴》的数据，2022年，长江经济带地区有电子商务交易活动的企业占全国比重达到47.7%，比2021年的48.6%稍有下降。其中江苏省和浙江省的企业数量最多，都超过了10000家；企业数量最少的是贵州省，不足2000家。从有电子商务交易活动的企业比重来看，比起2021年，除了上海该比重有所增长之外，其他10个省市的比重都有降低。有电子商务交易活动的企业比重最高的是重庆市，达到12.3%，超过了上海的11.8%；最低的是贵州省，仅有8.8%。从表4中可以看出，江苏和浙江的电子商务交易规模较大，重庆和上海的电子商务交易更为活跃，而贵州的电子商务发展较为缓慢。

进一步看，如表5所示，长江经济带地区的电子商务企业占全国的比重为47.8%。2022年，江苏省的电子商务企业数量最多，超过了15万家，其次是浙江省，超过了12万家，其余9个省市的电子商务企业数量都不足10万家，尤其贵州省的电子商务企业数量最少，不足2万家。从电子商务的交易情况来看，2022 年，长江经济带地区的电子商务销售额和采购额都超过全国的 40%，其中上海市的电子商务销售额和采购额仍然名列 11 个省市中的第 1 位，远远超过电商企业众多的江苏省和浙江省，可见上海市的电子商务交易规模较大；而贵州和云南的电子商务发展仍然比较落后，其销售额和采购额都排在最后两名。

表 4　2021～2022 年长江经济带各省市电子商务企业情况

单位：家，%

地区	有电子商务交易活动的企业数		有电子商务交易活动的企业比重	
	2021 年	2022 年	2021 年	2022 年
上海市	5851	6111	11.3	11.8
江苏省	14337	14897	10.4	9.6
浙江省	13726	13539	11.9	11.0
安徽省	5878	5877	12.5	11.2
江西省	3972	4337	10.6	9.8
湖北省	4775	5018	10.8	9.5
湖南省	4949	4671	11.0	9.4
重庆市	3406	3265	13.6	12.3
四川省	6518	6136	12.6	10.7
贵州省	1883	1655	10.7	8.8
云南省	2247	2077	11.5	9.4
长江经济带	67542	67583	—	—
全国	139074	141680	—	—
占全国比重(%)	48.6	47.7	—	—

资料来源：《中国统计年鉴 2023》。

表 5　2022 年长江经济带各省市电子商务交易情况

单位：家，亿元

地区	企业数	电子商务销售额	电子商务采购额
上海市	51573	39597.8	24329.0
江苏省	154761	22553.6	10566.5
浙江省	123293	18144.1	5841.2
安徽省	52245	8780.4	3944.2

地区	企业数	电子商务销售额	电子商务采购额
江西省	44292	3908.3	1275.1
湖北省	52824	8356.7	4157.4
湖南省	49864	6070.1	3244.4
重庆市	26486	14206.3	4338.5
四川省	57360	9092.5	5430.7
贵州省	18833	3520.5	994.5
云南省	22072	2326.3	912.3
长江经济带	653603	136556.6	65033.8
全国	1368152	302219.5	149228.3
占全国比重(%)	47.8	45.2	43.6

资料来源：《中国统计年鉴2023》。

（二）大数据产业

根据国家互联网信息办公室发布的《国家信息化发展报告（2023年）》，2023年，我国数据生产总量达32.85ZB，大数据产业规模达1.74万亿元，同比增长10.45%，大数据产业成为推动我国数字经济发展的重要力量。

上海作为国家大数据综合示范区，非常重视大数据产业的发展。2023年出台了《立足数字经济新赛道推动数据要素产业创新发展行动方案（2023—2025年）》《上海市公共数据开放2023年度重点工作安排》等政策措施，支持数据要素的开放与创新发展。据统计，2023年，上海大数据核心企业超过1200家，比上年增长5.68%，产业规模3895.91亿元，较上年增加517.91亿元，增速达15.33%。[①] 长江经济带中游地区的湖北，2023年发布了《湖北省加快发展算力与大数据产业三年行动方案（2023—2025年）》，提出在产业规模上，2023年达到1000亿元、2024年达到1200亿

---

① 资料来源：《2023年上海数据发展十件大事》，上海市经济和信息化委员会。

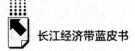
元、2025 年突破 1500 亿元，以及培育 20 家规模过 10 亿元的龙头企业，力争打造 3 至 5 家规模过 100 亿元的领军企业，孵化 100 家细分领域"隐形冠军"和"专精特新"企业的目标。长江经济带下游地区的贵州省同样重视大数据产业的发展，根据省信息中心编撰的《国家大数据（贵州）综合试验区发展报告 2023》，贵州省特色数字产业保持快速发展，华为云全球总部落地贵州，云服务成为"首位产业"，数据中心上下游产业逐渐聚链成群。2023 年，贵州大数据电子信息产业完成总产值 2100 亿元以上，同比增长 8.6%。

（三）云计算

云计算的发展水平是衡量一个地区数字经济发展的重要方面。我国的云计算产业保持高速增长，据中国信通院测算，2023 年我国云计算市场规模达 6165 亿元，较 2022 年增长 35.5%，大幅高于全球增速。

供云量是指云服务提供商在各地区能够提供的云计算供给服务价值总量，反映各地区云计算的供给水平。根据中国信通院的研究，2023 年，北京、广东、上海 3 省市的供云量在全国排名前 3，供云量指数分别为 93.53、92.04 和 86.11，遥遥领先于其他地区，表明这三个地区作为全国云计算中心的优势地位，反映出其在互联网、制造业对云计算的巨大需求和供应能力。在长江经济带地区，浙江省的供云量排在上海之后，供云量指数为 46.02，远低于上海。除此之外的其他地区的供云量指数均在 40 以下，贵州、江西、重庆、云南等地的供云量较低，显示出这些地区的云计算供给还有较大的发展空间和潜力（见图 7）。

用云量是指用云企业使用云计算相关产品和服务的价值总量，也是衡量各地区数字经济发展活力的重要指标。根据中国信通院的测算，从全国范围来看，北京的用云量指数为 91.95，居全国首位；其次是广东省，用云量指数为 79.80，两者均遥遥领先于其他地区，表明其在数字经济和云计算应用方面非常活跃。浙江的用云量指数为 68.32，排在北京和广州之后，但排在上海之前，上海的用云量指数为 50.00，显示这两个地区在数字基础设施和

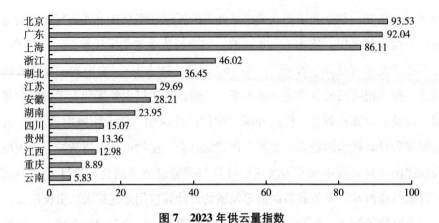

图7 2023年供云量指数

资料来源：中国信息通信研究院《云计算白皮书（2024年）》。

科技创新方面都处于领先地位。长江经济带其他9个省市的用云量指数都低于50，尤其与长江经济带地区第1名的浙江有着较大差距。用云量指数最低的是贵州和云南，分别为3.42和2.10，均不足10，显示这两个地区的云计算产业发展还有较大的提升空间（见图8）。

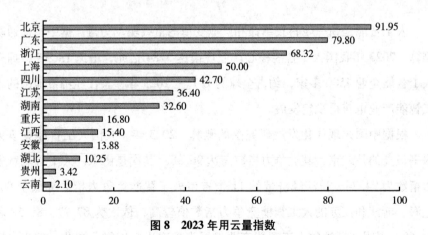

图8 2023年用云量指数

资料来源：中国信息通信研究院《云计算白皮书（2024年）》。

2023年，长江经济带各地的云计算呈现蓬勃发展态势。上海依托其强大的数字基础设施和创新能力，继续在云计算领域保持领先地位，重点推动金融云、医疗云和工业云的发展。江苏省的苏州和南京在云计算与智能制造结合方面表现突出，依托工业互联网，加速制造业的数字化转型。2023年，江苏还下发了《江苏省政务"一朵云"建设总体方案》，积极推动政务云的建设，努力提高政府的数字治理水平。安徽的合肥以大数据和人工智能为基础，推动云计算在教育、科研和医疗中的广泛应用。湖北积极推动5G、大数据和云计算技术的融合，尤其是在智能制造、生物医药、智慧城市等领域表现突出。湖南近年来大力发展云计算与智能制造的结合，2023年，湖南在智能网联汽车、智能装备制造等领域的云计算应用迅速扩大。重庆的云计算产业以智能制造、智慧城市和汽车产业为重点，在汽车制造领域，云计算与工业互联网的融合得到快速发展，推动了智能网联汽车的技术升级。贵州上云用云企业已突破3万家，融合改造覆盖85%以上的规上企业，大数据与实体经济深度融合指数达到46.2，同时聚焦8个重点行业和4个重点领域做深做透，形成全面铺开、重点突破的发展格局。①

（四）人工智能

人工智能是新一轮科技革命和产业变革的重要驱动力量。据中国信通院测算，2023年我国人工智能核心产业规模达5784亿元，增速13.9%，拥有人工智能企业4500多家，约占全球的1/7。② 2023年，长江经济带地区的人工智能产业也获得稳定发展。

根据中国式现代化发展研究院的测算，2023年，我国人工智能竞争力水平最高的是北京，其竞争力指数高达96.58；其次是广东，人工智能竞争力指数为94.74。长江经济带的11个省市人工智能竞争力指数都低于90，上海、浙江和江苏的人工智能竞争力指数值较高，依次为87.27、85.58和84.60，表明江浙沪的人工智能产业发展表现突出；安徽、湖北、四川、湖南、重庆等地的竞争力指数在70.59到58.75之间，表明这些地区的人工智

---

① 《2023年贵州开启"智算元年"智算规模提升93倍》，动静贵州，2024年2月5日。
② 《中国人工智能核心产业规模已接近6000亿元》，C114通信网，2024年9月9日。

能发展处于中游水平；而江西、云南和贵州的人工智能竞争力指数较低，分别为50.78、45.99和45.93，说明这些地区人工智能产业的竞争力相对较低（见图9）。整体来看，经济较发达省份（如江浙沪）的人工智能竞争力水平较高，而经济欠发达的西南地区（如云南、贵州）的人工智能竞争力水平较低。

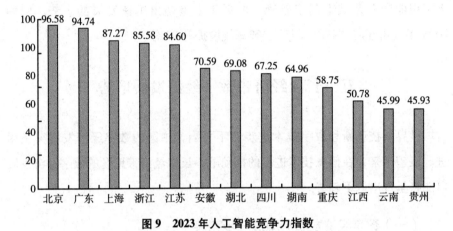

图9 2023年人工智能竞争力指数

资料来源：中国式现代化发展研究院《中国新一代人工智能科技产业 区域竞争力评价指数（2024）》。

上海在人工智能领域处于领先地位。2023年，上海继续巩固其"人工智能创新策源地"的定位，吸引了大量的顶尖企业和人才入驻。2023年上海举办了国际人工智能大会，印发了《上海市推动人工智能大模型创新发展若干措施（2023—2025年）》，不断加强与世界的合作与交流，加快打造人工智能世界级产业集群。江苏省和浙江省在人工智能发展方面，依托先进制造业和互联网产业，积极推动人工智能与传统产业深度融合。例如，江苏的南京和苏州通过构建智能制造产业园区，吸引了大量人工智能企业入驻，苏州工业园区已成为国内外知名的人工智能产业基地之一。浙江在2023年出台了《浙江省人民政府办公厅关于加快人工智能产业发展的指导意见》，促进人工智能深入发展，杭州作为中国互联网之都，其阿里巴巴的云计算和人工智能平台在全球占据领先地位。安徽、湖北和湖南在人工智能领域也取得了显著进展。安徽的合肥凭借科大讯飞等本土龙头企业，在智能语音和自然语言处理技术上具有国际领先水平。湖北省依托武汉丰富的高校和科研资源，推动人工智能技术在智能制造和无人驾驶等领域的应用。湖南 2023 年人工智能核心产业产值达到 189 亿元，同比增长 24%，全省算力规模超 5200PFlops，超算算力居全国第 3 位。[①] 江西、重庆、四川、贵州、云南在人工智能产业发展上起步较晚，但近年来呈现出迅速发展的态势。例如 2023 年贵州开启"智算元年"，智算规模提升 93 倍。

五 长江经济带数字经济发展形势

世界科技革新和数字技术进步锐不可当，中国的数字经济发展突飞猛进。展望未来，在信息技术进步的推动下，长江经济带地区的数字经济发展可能将呈现出以下趋势。

（一）数字经济发展环境进一步完善

数字经济已成为驱动国民经济发展的新引擎、新动能。2023 年，长江经济带各地区都出台了许多政策措施，促进数字经济及其各个领域的发展和完善。例如，上海出台了《上海市促进产业互联网平台高质量发展行动方案（2023—2025 年）》《立足数字经济新赛道推动数据要素产业创新发展行动方案（2023—2025 年）》《上海市促进智能机器人产业高质量创新发展行动方案（2023—2025 年）》等政策措施，从产业互联网、数据要素、智能机器人等多方面促进数字经济的发展。浙江出台了《关于促进平台经济高质量发展的实施意见》《高水平建设"互联网+"科创高地行动方案（2023—2025 年）》《浙江省人民政府办公厅关于加快人工智能产业发展的指导意见》等，从平台经济、科创高地和人工智能等不同领域促进数字经济发展。四川省制定了《四川省数据条例》《四川省元宇宙产业发展行动计

---

① 《2023 年湖南省人工智能和大数据产业发展年度报告》，湖南省人民政府，2024 年 1 月 26 日。

划（2023—2025 年）》，重庆则有《重庆市制造业数字化转型行动计划（2023—2027 年）》《重庆市 AI 及服务机器人产业集群高质量发展行动计划（2023—2027 年）》等，以及贵州和云南等地都制定了多项政策，通过财政支持和政策优惠，鼓励企业投资数字基础设施和技术创新。未来通过进一步的政策措施，不仅将推动数字技术的普及和应用，也将为企业创造更完善的发展环境，从而加快长江经济带地区数字经济的发展。

（二）数字产业集群高质量发展

产业集群在数字经济的发展中起着重要作用，长江经济带的数字经济经过近些年的发展，已经形成很多产业集聚区和园区，例如上海的张江，浙江的杭州，江苏的南京、苏州和无锡，四川的成都，湖北的武汉等地都已形成比较成熟的产业集聚区。从产业方面来讲，上海已形成集成电路、人工智能等先导产业，正加快培育集成电路、人工智能等世界级高端产业集群。浙江杭州着力打造人工智能、云计算、区块链等数字产业集群，2023 年数字经济核心产业增加值 5675 亿元，比上年增长 8.5%。安徽合肥拥有智能语音产业集群，是全国首个人工智能领域的国家级产业基地。江苏南京的软件和信息服务业是其优势产业之一，还有湖北武汉光电子信息集群，重庆聚焦集成电路、网络安全等数字经济核心产业。这些集聚区和园区促进了技术创新和知识共享，加速新技术的研发和应用，吸引更多投资和人才，推动了当地经济增长和数字转型。2023 年，有些地方还制定了专门的产业集聚政策，以推动产业集聚区的发展，例如上海出台了《上海市促进中小企业特色产业集群发展管理办法》，提出要激发集群创新能力，推进集群数字化升级等，以提升企业产业集群专业化、特色化、集约化发展水平。未来这些集聚区将继续发挥龙头作用，提升区域整体的科技创新能力，推动数字产业集群高质量深入发展。

（三）人工智能与传统工业深度融合

随着各地对人工智能发展的重视，未来 AI 技术将与传统工业生产线深度结合，推动制造流程的自动化与智能化。例如上海作为长江经济带的科技创新龙头，已经在推动 AI 与高端制造融合，临港新片区重点发展智能制造工厂，运用数字孪生技术对生产流程进行模拟与优化。江苏通过引入人工智能技术提升智能制造能力，例如苏州的"工业互联网+智能制造"基地，通过 AI 技术优化生产线，提升设备自动化水平。人工智能还可以与工业互联网结合，实现设备、系统和工厂间的智能连接，使工业数据能够更好地共享和利用。例如重庆的长安汽车通过 AI 技术改进产品设计、供应链管理和制造流程，推动了智能汽车的研发和生产。未来长江经济带的制造业重镇，如江苏、浙江和安徽等，将加速推动智能制造与传统工业的融合发展，通过利用大数据、云计算和 AI 技术，推动传统制造业向智能化转型，更好地提高工业的生产效能。

（四）数字经济助推产业绿色低碳转型

数字技术的应用，将促进传统产业的数字化转型，对推进绿色低碳发展具有重要意义。中央早就明确长江经济带发展的战略定位必须坚持生态优先、绿色发展，共抓大保护、不搞大开发。2024 年 8 月，中国人民银行等八部门联合发布了《关于进一步做好金融支持长江经济带绿色低碳高质量发展的指导意见》（以下简称《指导意见》），提出坚持生态优先、绿色发展，以科技创新为引领，统筹推进生态环境保护和经济社会发展，进一步做好金融支持和服务工作，更好推动长江经济带绿色低碳高质量发展。可见绿色低碳高质量发展将是未来长江经济带发展的要求和趋势。上海、江苏、浙江等地积极利用数字技术，推动产业数字化转型，而我国西部地区，如四川、重庆、贵州等地，数字经济将与绿色经济深度结合，推动绿色能源、智慧农业和生态保护领域的数字化升级，助力区域经济的绿色转型。正如上述《指导意见》所提出的，要"强化科技赋能绿色低碳发展"，探索运用大数据、云计算、边缘计算技术等精准捕捉、整合、分析碳数据，盘活绿色资产，降低长江经济带经营主体绿色低碳转型发展成本。

B.12
长江经济带旅游业发展报告
（2023~2024）

于秋阳　孟星宇*

摘　要： 长江经济带是我国经济发展的核心区域与活力源泉，在促进我国经济社会迈向高质量发展的新征程中具有至关重要的战略地位。文旅产业为长江经济带注入了新的活力，正逐步成为经济带持续繁荣的重要支柱。近年来，长江经济带11个省市在文旅资源的深度开发、传统旅游产业的转型升级以及新兴文旅业态的培育等方面进行了深度合作，展现出了高度的协同性。同时，经济带内部各区域之间的旅游发展水平仍存在不均衡现象，区域间的合作深度与广度仍有待进一步加强。本报告将结合旅游业发展新趋势，对长江经济带旅游业现状进行分析，并针对当下旅游业发展新形势，对进一步激发旅游消费需求、打造长江经济带文旅融合新业态、推进绿色旅游等方面提出相应的建议。

关键词： 长江经济带　旅游业　文化遗产　文博旅游

长江经济带作为中国经济发展的黄金水道，横跨东部沿海与广袤中西部腹地，串联起上海、江苏、浙江、安徽、江西、湖北、湖南、重庆、四川、云南、贵州等11省市，不仅承载着全国近半数的经济总量与人口规模，更是推动区域协调发展、促进经济转型升级的关键区域。其独特的地理位置与丰

* 于秋阳，经济学博士，上海社会科学院应用经济研究所研究员，主要研究方向为文旅产业经济、区域经济、文化创意产业；孟星宇，上海社会科学院旅游管理专业，主要研究方向为文旅经济。

富的资源禀赋，使之成为我国对外开放的新高地和构建新发展格局的重要支撑。2023 年 10 月，习近平总书记在进一步推动长江经济带高质量发展座谈会上强调，要完整、准确、全面贯彻新发展理念，坚持共抓大保护、不搞大开发，坚持生态优先、绿色发展，以科技创新为引领，统筹推进生态环境保护和经济社会发展，加强政策协同和工作协同，谋长远之势、行长久之策、建久安之基，进一步推动长江经济带高质量发展，更好支撑和服务中国式现代化。[①]

2023 年，长江经济带区域经济持续恢复向好。在国家政策的持续引领下，区域内经济保持稳健增长。总体来看，2023 年，长江经济带地区生产总值为 584274.2 亿元，占全国比重为 46.7%，长江经济带地区生产总值同比增长 5.5%，对全国经济增长的贡献率为 48.8%，拉动全国经济增长 2.6 个百分点。长江经济带的社会消费品零售总额达到 23.95 万亿元，比上年增长 7.6%，高于全国平均水平 0.4 个百分点，占全国比重达 50.8%。长江经济带以其庞大的经济总量、高于全国平均水平的 GDP 增速以及强劲的消费能力，对全国经济发展起到显著的带动作用。由此可见，长江经济带的经济增速依旧保持在全国前列，展现出其持续领先的强劲态势，是驱动全国经济增长的重要引擎。

一　长江经济带旅游业发展总体概况

（一）我国旅游市场强势回暖，活力再现

2023 年，国内旅游市场快速复苏，加速回暖，旅游经济保持了量的预期增长和质的有效提升。同时，为满足多样化旅游需求，旅游业正经历着产业升级的加速阶段，积极探索并打造符合当代消费者个性化与多样化需求的新兴旅游业态。

---

① 《习近平主持召开进一步推动长江经济带高质量发展座谈会强调：进一步推动长江经济带高质量发展 更好支撑和服务中国式现代化》，中华人民共和国中央人民政府，https://www.gov.cn/yaowen/liebiao/202310/content_6908721.htm?_esid=4082199，2023 年 10 月 12 日。

在国内旅游消费市场方面，2023年，全年国内出游48.9亿人次，比上年增长93.3%。其中，城镇居民国内出游37.6亿人次，增长94.9%；农村居民国内出游11.3亿人次，同比增长88.5%。国内旅游收入4.91万亿元，比上年增加2.87万亿元，同比增长140.3%。其中，城镇居民出游花费4.18万亿元，同比增长147.5%；农村居民出游花费0.74万亿元，同比增长106.4%。[①] 2024年上半年，国内出游人次27.25亿，同比增长14.3%。其中，城镇居民国内出游20.87亿人次，同比增长12.3%；农村居民国内出游6.38亿人次，同比增长21.5%。国内游客出游总花费2.73万亿元，同比增长19.0%。其中，城镇居民出游花费2.31万亿元，同比增长16.8%；农村居民出游花费0.42万亿元，同比增长32.6%。[②]

在旅游产业发展方面，2023年末，全国共有A级旅游景区1.49万家，直接就业人数超过160万人，带动就业总数超过1000万人；全国旅行社总数为56275家，比2022年增长24.61%，全年全国旅行社营业收入4442.73亿元。全国共有7245家星级饭店的经营数据通过省级文化和旅游部门审核，全年全国星级饭店营业收入1608.95亿元，平均房价370.83元，平均出租率50.69%。

为进一步深化旅游资源的挖掘与利用，以及实现旅游产业供给的多元化与丰富性，我国推出142个国家工业旅游示范基地、74个体育旅游示范基地、82条"岁时节令 自在乡村"全国乡村旅游精品线路、345个国家级夜间文化和旅游消费集聚区，全国A级旅游景区的县域覆盖率提升至2023年的93%。"科技+文旅"为特征的智慧旅游沉浸式体验成为旅游新亮点，增强现实、虚拟现实、人工智能等数字科技，有机融合文化创意等元素，让游客深度介入与互动体验，形成消费新场景。[③]

---

① 《中华人民共和国2023年国民经济和社会发展统计公报》，国家统计局，https://www.stats.gov.cn/sj/zxfb/202402/t20240228_1947915.html，2024年2月29日。

② 《2024年上半年国内旅游数据情况》，中华人民共和国文化和旅游部，https://zwgk.mct.gov.cn/zfxxgkml/tjxx/202407/t20240726_954368.html，2024年7月26日。

③ 《重塑"诗和远方"走出特色之路——我国旅游发展驶上快车道》，新华社，https://www.gov.cn/yaowen/liebiao/202405/content_6951300.htm，2024年5月16日。

（二）长江经济带旅游业整体复苏

2023年，长江经济带旅游业展现出强劲的复苏态势。随着一系列促进旅游业发展的政策措施落地实施，长江沿线省市的旅游资源得到充分整合与利用，推动旅游业快速回暖。

据统计，2023年，长江经济带11省市的旅游总人次超过75.74亿人次；旅游总收入99911.03亿元，增长了50.87%（见表1）。

表1　2023年长江经济带11省市旅游市场总体情况[①]

地区	省份	旅游总人次		旅游总收入	
		绝对值（亿人次）	同比增长（%）	绝对值（亿元）	同比增长（%）
下游	上海	3.3	74.6	4122	77
	浙江	7.6	102.7	10028.9	67.4
	江苏	9.4	81.2	12022.7	45.7
	安徽	8.48[②]	70.96	8510[③]	83.4
中游	江西	8.18	24.9	9668	67.9
	湖北	7.6	39.45[④]	7000	21.74[⑤]
	湖南	6.57	51.28	9565.18	47.43
上游	四川	6.8	36.93	7443.46	42
	重庆	1.03[⑥]	88.1	10146.23	13.5
	云南	10.42	24	14000	52.3
	贵州	6.36	29.2	7404.56	41.2
长江经济带		75.74	56.67	99911.03	50.87

注：①旅游外汇收入按1美元=7.0467元人民币（2023年）汇率进行折算加总。

②安徽省2023年旅游总人次数据缺失，本数据为安徽省2023年国内旅游人次，同比增长率据国内旅游人次计算得出。

③安徽省2023年旅游总收入数据缺失，本数据为安徽省2023年国内旅游收入，同比增长率据国内旅游收入计算得出。

④湖北省2022年旅游总人次数据缺失，本数据依据湖北省2021年旅游总人次计算得出。

⑤湖北省2022年旅游总收入数据缺失，本数据依据湖北省2021年旅游总收入计算得出。

⑥重庆市2023年旅游总人次数据缺失，本数据为重庆市2023年过夜游客人次，同比增长率据过夜游客人次计算得出。

资料来源：各省市2023年国民经济和社会发展统计公报。

2023 年，长江经济带展现出强劲的旅游活力，各省份旅游人次均实现了显著增长。云南省是游客的热门选择区域，旅游接待量 10.42 亿人次。江苏省、安徽省、江西省旅游市场同样繁荣，分别吸引了 9.4 亿人次、8.48 亿人次、8.18 亿人次的游客到访。浙江省、湖南省、贵州省、湖北省、四川省均实现了超过 5 亿人次的旅游接待。上海市游客量达 3.3 亿人次，重庆市接待游客超过 1.03 亿次，展现了其独特的城市魅力与旅游价值（见图 1）。

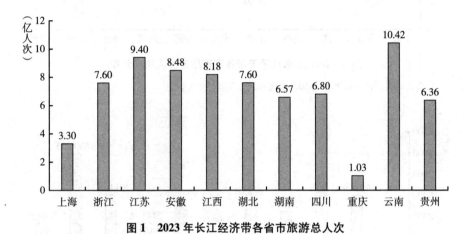

图 1　2023 年长江经济带各省市旅游总人次

资料来源：各省市 2023 年国民经济和社会发展统计公报。

从旅游总人次增长率来看，2023 年长江经济带区域旅游总人次均呈现正增长态势。浙江省旅游热度较高，旅游总人次增长率为 102.7%，远高于长江经济带的整体水平。上海市、江苏省、安徽省、湖南省、重庆市旅游总人次增长率均超过 50%，江西省、云南省、贵州省旅游总人次增长平稳，增长率分别为 24.9%、24%、29.2%（见图 2）。

2023 年，长江经济带旅游总收入有较大突破。云南省和江苏省在旅游市场发展中取得了优异的成绩，旅游总收入明显增加，云南省由 2022 年的 9449 亿元突破至 14000 亿元，江苏省突破了 10000 亿元的关卡。全年旅游总收入超过 9000 亿元省份还包括浙江省、江西省、湖南省、重庆市（见图 3）。

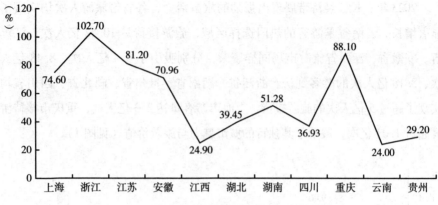

图2 2023年长江经济带各省市旅游总人次增长率

资料来源:各省市2023年国民经济和社会发展统计公报。

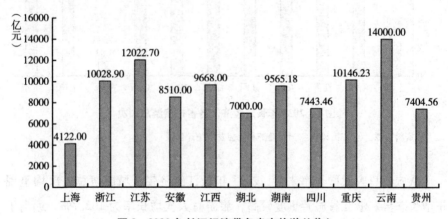

图3 2023年长江经济带各省市旅游总收入

资料来源:各省市2023年国民经济和社会发展统计公报。

从旅游总收入增长率来看,长江经济带11省市旅游总收入增长率达50.87%。上海市、浙江省、安徽省、江西省和云南省的旅游总收入增长率高于长江经济带区域整体水平,其中,上海市、浙江省和江西省增长趋势明显,增长率分别为77%、67.4%和67.9%。安徽省旅游收入增长强劲,达到83.4%。江苏省、湖南省、四川省以及贵州省旅游总收入增长率偏低,但均超过40%。由此可见,2023年长江经济带旅游市场强势复苏(见图4)。

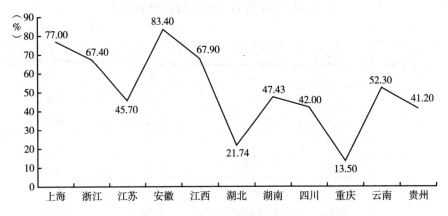

图4 2023年长江经济带各省市旅游总收入增长率

资料来源：各省市2023年国民经济和社会发展统计公报。

二 长江经济带旅游业运行态势地区比较

（一）旅游产业发展基础

1. 下游地区经济发展根基稳固

区域经济的繁荣程度直接关联到旅游业的投资规模、基础设施建设、服务质量提升以及市场需求的激发，对旅游业的整体发展环境产生深远影响。根据2023年各省市发布的国民经济和社会发展统计公报数据，长江经济带11个省市在社会经济发展方面展现出显著的差异性。从数据上看，下游地区尤其是上海市、浙江省、江苏省三地的地区生产总值、城镇居民可支配收入、农村居民可支配收入显著高于中上游地区。下游地区中，安徽省相对其他3省市，社会经济基础较为薄弱，但整体来看也处于长江经济带中等发展水平。中游地区3省市差异较小，湖北省社会经济实力相对较强，而湖南省城镇居民消费能力较强。上游地区中，四川省社会经济发展水平较高，同时，城乡居民消费能力明显不同，城镇居民可支配收入是农村居民可支配收入的两倍（见表2）。

277

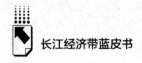

表2　长江经济带11省市社会经济指标状况

单位：亿元，元

地区	省份	地区生产总值	城镇居民可支配收入	农村居民可支配收入
下游	上海	47218.66	89477	42988
	浙江	82553	74997	40311
	江苏	128222.2	63211	30488
	安徽	47050.6	47446	21144
中游	江西	32200.1	45554	21358
	湖北	55803.63	44990	21293
	湖南	50012.9	49243	20921
上游	四川	60132.9	45227	19978
	重庆	30145.79	47435	20820
	云南	30021.12	43563	16361
	贵州	20913.25	42772	14817

资料来源：各省市2023年国民经济和社会发展统计公报。

2023年，我国常住人口城镇化率达到66.16%，长江经济带城镇化率66.51%，略高于全国平均水平。从区域格局来看，下游地区除安徽省城镇化率不足70%外，其他省份城镇化率普遍较高，上海、浙江、江苏3省市城镇化率均超过70%；中游地区城镇化率均高于60%；上游地区除重庆市城镇化率达到71.67%外，其他3省城镇化率均不足60%，城镇化水平较低（见图5）。

2.下游地区旅游资源开发水平较为领先

从A级景区（点）的数量来看，2022年长江经济带A级景区（点）数量达到6290个，与2021年相比，增加了308个，其中5A级景区（点）增加了7个，4A级景区（点）增加了115个。其中上游地区景区（点）数量增加最多，增加了154个；中游地区次之，增加了109个；下游地区景区（点）数量增加最少，增加了45个。

从A级景区（点）的资源分布情况来看，下游地区5A级景区（点）

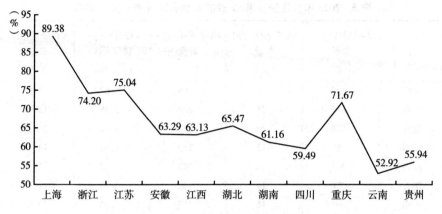

图5　2023年长江经济带11省市城镇化率情况

资料来源：各省市2023年国民经济和社会发展统计公报。

数量为61个，较上年增加1个，4A级景区（点）数量为738个，较上年增加3个，A级景区（点）数量共2364个，较上年增加45个，在整个流域中A级景区（点）数量总量最多，但是增加量最少；上游地区仅次于下游，5A级景区（点）数量为45个，较上年增加3个，4A级景区（点）数量为762个，较上年增加65个，A级景区（点）数量为2257个，较上年增加154个，A级景区（点）数量增加量为整个流域中最多。中游地区5A级景区（点）数量为39个，较上年增加3个，4A级景区（点）数量为557个，较上年增加47个，A级景区（点）数量为1669个，较上年增加109个。

从A级景区（点）接待人次上看，长江经济带在我国旅游业中扮演着关键角色，共接待游客14.58亿人次，约占全国景区（点）接待总人次（26.33亿）的55.37%。下游地区接待最多，为6.62亿人次，占长江经济带接待总人次的45.4%，其中浙江省和江苏省接待游客超过2亿人次。中上游地区接待人次接近，分别为3.68亿人次、4.28亿人次。从A级景区（点）的门票收入看，实现门票收入192.22亿元，占全国A级景区（点）门票总收入（336.42亿元）的57.14%，下游地区门票收入高于上游地区与中游地区（见表3）。

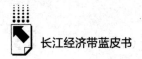

表3　2022年长江经济带11省市A级景区（点）分布情况

地区	A级景区（点）数量（个）	5A级景区（点）数量（个）	4A级景区（点）数量（个）	A级景区（点）接待人次（亿人次）	A级景区（点）门票收入（亿元）
上海	135	4	68	0.63	5.67
江苏	617	25	227	2.59	18.02
浙江	929	20	233	2.42	36.24
安徽	683	12	210	0.98	14.71
江西	505	14	212	1.47	37.36
湖北	570	14	182	0.86	11.98
湖南	594	11	163	1.35	15.02
重庆	272	11	140	0.88	11.58
四川	867	16	321	1.9	23.21
贵州	556	9	143	0.73	5.86
云南	562	9	158	0.77	12.57
下游	2364	61	738	6.62	74.64
中游	1669	39	557	3.68	64.36
上游	2257	45	762	4.28	53.22
长江经济带	6290	145	2057	14.58	192.22

资料来源：《中国文化文物和旅游统计年鉴2023》。

3. 下游地区文娱生态繁荣

在文化与旅游深度融合的新趋势下，地区内文化设施的日益丰富及多元化娱乐活动已成为驱动旅游业蓬勃发展的强劲引擎。在艺术表演方面，下游地区艺术表演团体与机构条件明显优于中游、上游地区，2022年其艺术表演团体机构总数为5969个，艺术表演场馆机构总数为886个，两者均超过中游区域与上游区域的机构总数之和。安徽省在艺术表演领域展现出强劲活力，其艺术表演团体机构数量最多，达到3806个。浙江省与重庆市的艺术表演团体机构数均成功跨越千位数门槛，分别为1247个和1190个。相比之下，贵州省的艺术表演团体机构总数较少，共计126个，体现了地区间的不同发展特点。在艺术表演场馆方面，江苏省艺术表演场馆机构数较多，为335个，浙江省、四川省、湖南省、安徽省、上海市的艺术表演场馆机构数也均超过百个，具体为浙江省 300 个、四川省 169 个、湖南省 117 个、安徽省 150 个、上海市 101 个，这些地区共同构成了长江经济带文化艺术活动的重要舞台。贵州省的艺术表演场馆机构数相对较少，为 25 个，反映了各地在文化艺术基础设施建设上的不同步伐。

在公共图书馆供给方面，上游地区公共图书馆供给显著多于下游地区与中游地区，上游地区公共图书馆数量为 502 个，下游地区与中游地区均超过 370 个。在博物馆供给方面，下游地区的博物馆数明显高于中游、上游地区，其总数依次为 1146 个、611 个、748 个，与上年相比，下游、中游、上游地区博物馆增加量分别为 16 个、33 个、108 个。各省市博物馆数量均超过 100 个，部分省份突破 200 个，如浙江省、江苏省、安徽省、四川省、湖北省，其博物馆数量分别为 432 个、373 个、225 个、316 个、228 个（见表 4）。

表 4　2022 年长江经济带 11 省市文娱环境供给状况

单位：个

地区	艺术表演团体机构数	艺术表演场馆机构数	公共图书馆数	博物馆数
上海	282	101	20	116
浙江	1247	300	103	432
江苏	634	335	122	373
安徽	3806	150	133	225
江西	356	63	114	203
湖北	602	95	118	228
湖南	655	117	148	180
四川	734	169	209	316
重庆	1190	67	43	130
云南	284	45	151	178
贵州	126	25	99	124
下游	5969	886	378	1146
中游	1613	275	380	611
上游	2334	306	502	748
长江经济带	9916	1467	1260	2505

资料来源：《中国统计年鉴 2023》。

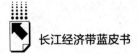

4. 中上游地区自然环境资源禀赋优越

自然生态环境中的园林景观与绿化布局，是旅游环境中不可或缺的关键要素，它们对于提升旅游体验、丰富旅游景观层次具有重大意义。在城市绿地面积方面，下游地区城市绿地面积远高于中游地区与上游地区，甚至高于中游地区与上游地区城市绿地面积之和。

在建成区绿化覆盖率方面，各省市之间差别较小。具体而言，江西省、安徽省以及重庆市的建成区绿化覆盖表现突出，建成区绿化覆盖率分别为 46.6%、45.3% 和 44.6%。上海市的建成区绿化覆盖率接近 40%，达到 38.1%。

森林覆盖率方面，上游地区和中游地区普遍好于下游地区。云南省的森林覆盖率达到 65.04%，江西省达到 63.1%。浙江省、湖南省、重庆市、贵州省森林覆盖率超过长江经济带平均水平。上海市、江苏省、安徽省等省市着力推进绿化建设，森林覆盖率稳步提高（见表5）。

表5　2022 年长江经济带 11 省市生态环境指标状况

单位：公顷，%

地区	省份	城市绿地面积	建成区绿化覆盖率	森林覆盖率
下游	上海	172647	38.1	18.81
	浙江	189757	42.1	60.9
	江苏	319725	44.1	24.09
	安徽	132363	45.3	30.22
中游	江西	80560	46.6	63.1
	湖北	117985	42.9	41.84
	湖南	99439	42.3	53.15
上游	四川	143459	43.5	40.26
	重庆	76584	44.6	54.5
	云南	63270	43.1	65.04
	贵州	100487	42.1	61.51
长江经济带		1496276	43	46.7

资料来源：《中国统计年鉴 2023》。

（二）旅游业运营状况

1. 旅行社业绩向好发展

根据文化和旅游部发布的《2023年度全国旅行社统计调查报告》，截至2023年底，全国旅行社总数为56275家，比2022年增长24.61%。长江经济带共有旅行社22920家，占全国旅行社总数的40.7%。从地区分布来看，下游地区的旅行社数量远高于中上游地区。中上游地区部分省市的旅行社增长速度较快，例如重庆市、湖南省、云南省在2023年旅行社数量分别增加了34.55%、31.21%、29.77%，贵州省旅行社数量增长率达42.5%，高于全国平均水平。

在旅行社营业收入方面，与2022年相比，2023年全国旅行社营业收入大幅度上升，长江经济带旅行社营业收入也由512.82亿元上升至1427.74亿元。2023年长江经济带旅行社营业收入下游地区普遍高于中上游地区，上海市旅行社营业收入表现较好，达到301.97亿元。贵州省、安徽省和江西省旅行社营业收入则相对较低，分别为40.81亿元、40.51亿元、38.51亿元。

在旅行社利润方面，与2022年相比，全国旅行社利润普遍扭亏为盈，长江经济带各省市旅行社利润均有所回升。从地区分布来看，中下游地区的旅行社利润高于上游地区，上海市旅行社利润总额达到12.36亿元，重庆市和浙江省旅行社利润总额分别为4.93亿元、3.59亿元。云南省、安徽省、贵州省3省旅行社利润不足0.5亿元，分别为0.24亿元、0.28亿元、0.47亿元（见表6）。

表6 2023年长江经济带11省市旅行社数量和业绩情况

地区	省份	旅行社数量		营业收入总额（亿元）	利润总额（亿元）
		绝对值（家）	增长率（%）		
下游	上海	1940	2.97	301.97	12.36
	浙江	3530	10.97	274.37	3.59
	江苏	3873	17.47	191.36	0.86
	安徽	1946	19.68	40.51	0.28

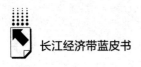

续表

地区	省份	旅行社数量		营业收入总额 （亿元）	利润总额 （亿元）
		绝对值（家）	增长率(%)		
中游	江西	1456	26.17	38.51	1.13
	湖北	1922	26.03	142.13	2.19
	湖南	2106	31.21	76.38	0.95
上游	四川	1869	22.72	85.36	0.62
	重庆	1102	34.55	154.41	4.93
	云南	1979	29.77	81.93	0.24
	贵州	1197	42.50	40.81	0.47
长江经济带		22920	24.00	1427.74	27.61
全国		56275	24.61	2673.17	56.08

资料来源：文化和旅游部《2023年度全国旅行社统计调查报告》。

2. 星级饭店局部复苏

根据《2023年度全国星级旅游饭店统计调查报告》，长江经济带星级饭店在全国占有重要地位，2023年，长江经济带共拥有星级饭店2755家，占全国星级饭店总数的38.03%（共7245家）；全国星级饭店营业收入总额1608.95亿元，其中长江经济带11省市贡献了675.17亿元，占全国41.96%。相较于2022年，星级饭店亏损的状况明显改善，全国星级饭店从亏损173.24亿元回升至盈利29.17亿元。长江经济带星级饭店亦改变亏损状态，2023年利润总额为12.06亿元。长江经济带星级饭店的平均出租率为52.66%，高于全国50.69%的平均出租率。

从地区分布上看，下游地区星级饭店的整体实力表现更突出，下游地区营业收入高于中上游地区的总额。上海市、安徽省、湖北省、湖南省、四川省、云南省星级饭店扭亏为盈，呈现出复苏状态。与此相反，浙江省、江苏省、江西省、重庆市、贵州省5省市出现了负利润，仍未摆脱亏损困境。从平均出租率来看，长江经济带星级饭店的平均出租率为46%~68%，饭店客情状况较好（见表7）。

表 7 2023 年长江经济带 11 省市星级饭店数量和业绩情况

地区	省份	星级饭店数量（家）	营业收入总额（亿元）	利润总额（亿元）	平均出租率（%）
下游	上海	144	133.17	14.61	61.39
	浙江	408	122.80	-2.73	53.99
	江苏	282	117.52	-1.34	53.75
	安徽	207	43.59	0.4	48.4
中游	江西	289	34.76	-1.04	48.55
	湖北	264	45.06	0.89	46.99
	湖南	216	41.75	1.29	67.12
上游	四川	317	62.91	0.26	51.03
	重庆	119	23.55	-0.66	52.23
	云南	300	30.47	1.02	49.49
	贵州	209	19.59	-0.64	46.27
长江经济带		2755	675.17	12.06	52.66
全国		7245	1608.95	29.17	50.69

资料来源：文化和旅游部《2023 年度全国星级旅游饭店统计调查报告》。

3. 下游地区旅游业从业人员规模较大

2022 年，长江经济带旅行社从业总人数为 119162 人，占全国总数的 48.99%（共 243227 人）。下游地区旅行社从业人数为 63226 人，远高于中上游地区，约占长江经济带旅行社从业总人数的 53.06%；中游地区旅行社从业人数最少，为 25836 人，约占长江经济带旅行社从业总人数的 21.68%；上游地区旅行社从业人数为 30100 人，约占长江经济带旅行社从业总人数的 25.26%。

2022 年，长江经济带星级饭店从业人数 263321 人，占全国总数的 41.34%（共 636889 人）。下游地区星级饭店从业人数最多，为 137677 人，占长江经济带星级饭店从业总人数的 52.28%；中游地区星级饭店从业人数最少，仅 55551 人，占长江经济带星级饭店从业总人数的 21.10%；上游地区星级饭店从业人数 70093 人，占长江经济带星级饭店从业总人数的 26.62%。

2022 年，长江经济带 A 级景区（点）从业人数 750975 人，占全国总数的 51.23%（共 1465800 人）。下游地区 A 级景区（点）从业人数 178788

人，占长江经济带 A 级景区（点）从业人数的 23.81%；中游地区 A 级景区（点）从业人数 223177 人，占长江经济带 A 级景区（点）从业人数的 29.72%；上游地区 A 级景区（点）从业人数最多，为 349010 人，占长江经济带 A 级景区（点）从业人数的 46.47%。湖南省景区（点）从业人数突破了 10 万人，四川省景区（点）从业人数突破了 20 万人，为当地带来了大量的就业机会（见表 8）。

表 8　2022 年长江经济带 11 省市旅游行业相关从业人员数量

单位：人

地区	旅行社从业人数	星级饭店从业人数	A 级景区（点）从业人数
上海	17863	25698	15014
浙江	21936	46472	58030
江苏	16085	44914	68303
安徽	7342	20593	37441
江西	5242	17659	40668
湖北	9500	17854	50012
湖南	11094	20038	132497
四川	7736	29561	244748
重庆	9197	10899	23869
云南	9936	19076	39385
贵州	3231	10557	41008
下游	63226	137677	178788
中游	25836	55551	223177
上游	30100	70093	349010
长江经济带	119162	263321	750975
全国	243227	636889	1465800

资料来源：《中国文化文物和旅游统计年鉴 2023》。

三　长江经济带文博旅游发展势头向好

（一）文化遗产保护力度加强

2023 年，长江经济带文化遗产保护力度显著增强，具体体现在政策层面的积极引导、项目的有效实施、资金的充裕投入以及科技的广泛应用等多个方面。

国家和地方政府出台了一系列针对性强、操作性高的政策措施，为长江经济带的文化遗产保护提供了坚实的制度保障。2023年7月，文化和旅游部、国家文物局、国家发展改革委联合印发了《长江文化保护传承弘扬规划》，该规划以专章形式对"全面推进长江文物和文化遗产系统保护"进行了部署，明确了保护目标、任务和措施，为长江经济带文化遗产保护提供了重要指引。在相关政策的引领下，一系列文化遗产保护项目在长江经济带全面铺开，项目涵盖考古发掘、遗址保护、博物馆建设、非遗传承等多个领域。2023年，长江经济带各省市加大了对文化遗产保护的财政投入，并积极引导社会资本参与，形成了多元化的资金投入机制。与此同时，长江经济带各省市通过数字化、智能化等手段，实现了对文化遗产的精准监测、科学分析和高效管理，利用虚拟现实、增强现实等新技术，为公众提供了更加丰富、生动的文化遗产展示体验，进一步增强了文化遗产的吸引力和影响力。

1. 上游地区加强考古发掘力度

长江上游地区加大了考古发掘力度，对重要遗址进行了抢救性发掘和保护。

四川省文物考古研究院连续两年于资阳市濛溪河旧石器时代遗址展开抢救性考古发掘工作，濛溪河遗址距今约7万至5万年，处于现代人起源扩散的关键阶段，该遗址对于理解全人类的文明起源具有重要意义。

重庆市对巫山县龙骨坡遗址、武隆区花仟洞遗址、武隆区天子坟遗址关口一号西汉墓、武隆区盐井峡盐业遗址、钓鱼城遗址等多处重要遗址进行了抢救性发掘和保护。

云南省对重要遗址的抢救性发掘和保护工作取得了显著进展。晋宁古城村遗址、晋宁河泊所遗址、昭通朱提故城遗址等的发掘对于丰富云南地区的历史文化内涵具有重要意义，为学界深化对云南地区古代文明的认识提供了重要资料。

贵州省的普定穿洞遗址、大松山墓群、威宁赫地坪子遗址等的发掘为中

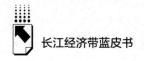
国的历史文化研究提供了重要资料。

2. 中游地区注重文化遗产保护与生态环境建设融合

长江中游地区在文化遗产保护方面持续发力，注重将文化遗产保护与生态环境建设相融合，通过生态修复、环境整治等措施，保护文化遗产所在的自然环境，实现文化遗产与生态环境的和谐共生。

湖北省盘龙城遗址被誉为"长江流域青铜文明之源"，当地政府通过实施生态修复工程、加强环境整治等措施，保护遗址所在地自然环境，与此同时，考古发掘和历史研究力度进一步加强。

湖南省的岳阳楼与洞庭湖相互依存，湖南省通过加强污染治理、生态修复和绿色发展等措施，实现岳阳楼与生态环境的和谐共生，进一步提升了岳阳楼的旅游价值，为当地的经济社会发展提供有力支撑。

江西省加快推进国家考古遗址公园建设，通过生态修复、水体治理等措施，改善遗址周边的生态环境，打造绿色、生态的遗址公园，为公众提供一个集文化、休闲、教育于一体的综合性场所，对遗址进行全面保护和展示。

3. 下游地区发挥文化遗产资源的旅游价值

下游地区充分发挥文化遗产资源的旅游价值，通过发展文化旅游产业推动文化遗产保护工作的深入开展。

上海市在发挥文化遗产资源的旅游价值方面取得了显著成效，通过举办上海·静安现代戏剧谷和推广"最上海"城市文脉微旅行线路、工业遗产旅游线路等一系列活动和措施，促进了文化与旅游的深度融合。

浙江省举办了"九山书会 大宋戏仓"戏曲生活市集、瑞安市玉海楼"漫画趣学文物保护法"图片展等文化旅游活动，设立了宁波市文博空间创新运营示范基地，以实施文旅深度融合工程为抓手，做好"文化+百业""百业+旅游"文章，推动文化遗产资源与旅游产业的深度融合发展。

江苏省设立了南京城墙博物馆，为游客提供了良好的观赏条件。"城门挂春联，南京开门红"活动、《心印·中华门》沉浸式实景剧等项目的开展进一步发挥了文化遗产资源的旅游价值，促进了文化旅游的繁荣发展。

安徽省举办了多场非物质文化遗产传统技艺大展，如"皖风徽韵 共享瑰宝"2023安徽省非物质文化遗产传统技艺大展，全方位展示了包括皖南木雕、徽州竹雕、滁州剪纸在内的极具安徽标识度的非遗展品，吸引了大量游客参与，增强了公众对非遗文化的认识和兴趣。

（二）博物馆"旅游热"不断升温

随着文化旅游需求的提升，游客越来越注重精神层面的满足和追求。博物馆是城市的文化地标和窗口，承载着丰厚的文化底蕴和精神内涵，博物馆旅游成为连接大众和城市文博最直接的途径。数据显示，2023年我国博物馆接待观众达到12.9亿人次，创下了历史新高。为丰富游客的文化体验，全年博物馆共举办展览4万余个，举办教育活动38万余场。根据市场调研，2023年博物馆行业市场规模达到500亿元，比2022年增长了13.5%。由此可见，博物馆旅游的发展呈现出蓬勃的态势，在经济层面展现出了强劲的增长势头，在公众文化生活中也具有重要地位和广泛吸引力。

长江流域孕育了灿烂的中华文明，是中华民族的重要发祥地之一，拥有丰富的文物资源。据统计，长江沿线省市的全国不可移动文物数量约占全国总量的近四成（39.8%），文物涵盖历史文化名城名镇名村名街、农业遗产、工业遗产、文化景观、世界遗产等多种类型。长江经济带横跨多个省份，每个省份都有其独特的地域文化，长江经济带内博物馆资源丰富、类型多样，截至2023年，长江经济带共有2505家博物馆，占全国博物馆数量的36.7%，包括综合性博物馆、专题性博物馆等，涵盖了历史、艺术、科技、自然等多个领域，为公众提供了丰富的文化体验和学习资源。

1. 上游注重发展博物馆文化教育

长江经济带上游地区拥有丰富的历史遗迹、文物藏品，民俗风情浓厚。上游地区的博物馆旅游开发充分利用丰富的文化资源，注重地域特色的挖掘和展示，通过多种方式推动文化教育普及。

四川省博物馆积极开展社教活动，全省博物馆认真贯彻落实"博物馆是所大学校"，围绕红色文化、历史文物、自然科学等推出社教活动，与多

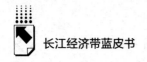

所学校建立合作关系，推动文化教育普及。

重庆市博物馆积极开展各类教育活动，如科普讲座、亲子活动、文化体验等，以增强公众的参与感和互动性。重庆市博物馆 2023 年全年免费接待观众 3263.67 万人次，同比增长 99.86%，未成年观众数量达到 809.05 万人次，同比增长 60.85%，在促进文化普及、青少年教育方面发挥了重要作用。

云南省博物馆在 2023 年举办了 261 场教育活动，包括线下体验活动、研学活动、线上教程和视频等。其中，"国之歌者——聂耳小提琴"系列思政课程入选了国家文物局、教育部以革命文物为主题的"大思政课"优质资源精品项目，充分发挥了博物馆在思政教育方面的积极作用。

贵州省博物馆推出了包括手作花草兔儿灯、手工珠串 DIY、瓦当拓印体验在内的社教活动，吸引了大量亲子家庭参与。博物馆还开设了各种教育课程，如"我是小小讲解员"，旨在培养青少年的历史文化素养和语言表达能力。

2. 中游注重打造特色博物馆文化旅游品牌

长江经济带中游地区拥有丰富的文化遗产，中游地区的博物馆在旅游开发过程中注重打造特色文化旅游品牌，通过深入挖掘当地的历史文化、民俗风情等特色资源，结合博物馆的自身特点，推出具有独特魅力的旅游产品并开展相关活动。

江西省在 2023 年共策划推出近 40 个博物馆展览，其中包括基本陈列如"物华天宝 人杰地灵""万年窑火 千年瓷都"等，也包括多个精品临展如"千载一瞬——王安石诞辰 1000 周年特展""初心耀征程——百件珍贵革命文物档案说江西"等。江西省不断强化博物馆文化供给以满足公众日益增长的文化需求。

湖南省连续举办了多届红色旅游文化节，推出了多条红色研学旅游线路，如"红色体验湘北行"精品线路，以红色景区为依托，充分挖掘红色资源，打造红色旅游目的地，进一步提升了"湖南红"的品牌知名度。

湖北省通过开发旅游线路、推出旅游产品等方式，将博物馆纳入旅游体系中，吸引更多游客前来参观。同时，博物馆不断加强与周边景区、文化机构的合作，共同打造具有地方特色的文化旅游品牌。

3. 下游注重博物馆数字化与智能化建设

长江下游地区经济基础雄厚，城镇化水平高，文化内涵深厚。依托发达的城市经济，下游地区积极推进博物馆数字化与智能化建设，增强互动体验，改善服务质量，推动博物馆旅游高质量发展。

上海市在博物馆数字化与智能化建设方面表现出高度重视，通过一系列创新举措，积极推动博物馆工作的转型升级。上海博物馆积极推动"3M"〔智慧服务（Museum Smart Service）、智慧保护（Museum Smart Protection）和智慧管理（Museum Smart Management）〕智慧体系建设，旨在打造国内外博物馆智慧服务和智慧管理的典范。

江苏省通过将虚拟模型或场景与现实环境融合，推出"数字长江"元宇宙博物馆，利用数字化技术重现了长江沿线的历史文化和自然景观，使游客能够身临其境地感受长江的壮丽与魅力。

浙江省博物馆数字化与智能化建设不断推进，浙江省博物馆新馆特别设立了数字化展厅，通过3D数字空间建模、数字孪生、实时云渲染等先进技术，为参观者提供了沉浸式体验观看数字文物的机会。

安徽博物院·新馆设立了"安博智时空"青铜文物数字体验馆，该体验馆通过动画、互动体验、沉浸式场景等方式，将中国历史文化与现代科技结合，为游客提供了全新的参观体验。

四　长江经济带旅游业发展展望

（一）扩大优质旅游产品和服务供给，激发旅游消费需求

旅游业作为国民经济的战略性支柱产业，不仅为经济平稳健康发展提供了强大的综合驱动力，更在丰富人们精神文化生活、增强社会幸福感方面发挥着不可估量的作用。当前我国旅游业发展正处于一个前所未有的重要战略机遇期，受益于政策支持、消费升级、科技创新以及全球化与本土文化深度

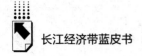

融合等多重因素，旅游业展现出强劲的增长潜力和广阔的发展空间。

为深入贯彻落实习近平总书记关于文化和旅游工作的重要论述和中央政治局会议精神，2023年9月，国务院办公厅印发《关于释放旅游消费潜力推动旅游业高质量发展的若干措施》的通知，明确指出旅游业应加大优质旅游产品和服务供给，释放旅游消费潜力，提升行业综合能力，完善保障措施，进一步满足人民群众美好生活需要。长江经济带横跨东中西三大区域，具有良好的经济基础，旅游资源丰富多样，各具特色。为扩大优质旅游产品和服务供给，激发旅游消费需求，长江经济带各地区可以从以下几方面入手，首先，进一步优化旅游空间布局，推动全域旅游发展。通过整合区域内旅游资源，加强跨区域合作，打造一批具有国际影响力的旅游目的地和精品旅游线路。其次，提升旅游服务智能化水平，打造智慧旅游景区、智慧旅游城市，为游客提供更加便捷、个性化的旅游体验。最后，推动旅游与文化、农业、体育、健康等产业深度融合，开发多元化、高品质的旅游产品，满足游客多样化的消费需求。

（二）培育文旅融合新业态，焕发长江旅游新活力

文化和旅游相互依存、相互促进。党的二十大报告明确指出坚持以文塑旅、以旅彰文，推进文化和旅游深度融合发展，为新时代新征程文旅融合工作指明了发展方向。长江文化是一部宏大的叙事史诗，涵盖了上游的巴蜀文化、中游的荆楚文化和下游的吴越文化，一大批遗址遗迹、自然遗产、世界文化遗产和非物质文化遗产等分布在长江沿线，文化类型多样。在大力推进中国式现代化进程中，长江文化是文旅深度融合发展的重要载体，长江流域也是文旅产业高质量发展的重要区域。

长江经济带应深入挖掘长江文化内涵，将文化元素融入旅游产品开发、旅游线路设计、旅游活动策划等各个环节，提升旅游产品的文化附加值，推动长江经济带内文化资源和旅游资源要素互补，实现文化产业和旅游产业的共建。在传统旅游六要素（食、住、行、游、购、娱）的基础上，拓展出文、商、学、养、闲、情、奇等旅游新要素，形成文旅融合新业态，如长江

文化研学旅游、康养旅游、休闲度假旅游等，为游客提供更加丰富的旅游体验。同时，加强长江文化的国际传播和交流合作，通过国际文化交流活动加强与国际社会的交流和合作，推动长江文化的国际传播和影响力提升。

（三）推进绿色旅游，打造长江生态旅游示范区

良好的生态环境是高质量发展的基础和保障，推动长江经济带高质量发展，根本上依赖于长江流域高质量的生态环境。2023年10月，习近平总书记在江西南昌主持召开进一步推动长江经济带高质量发展座谈会时强调，保护生态环境就是保护生产力，改善生态环境就是发展生产力。生态环境的保护与旅游业的可持续发展密不可分，旅游业要贯彻新发展理念，在保护生态环境的前提下，合理开发利用旅游资源，实现经济效益、社会效益和环境效益的协调统一。2023年12月，《中共中央 国务院关于全面推进美丽中国建设的意见》提出要发展绿色旅游，绿色旅游不仅是推进美丽中国建设的重要内容，也是我国未来旅游发展的方向，更是推进我国旅游高质量发展新的突破口。

长江经济带拥有得天独厚的自然生态资源，是发展生态旅游的宝地。长江经济带的旅游业发展必须坚持绿色发展的理念，保护好长江流域的自然生态和文化环境。各地应严格执行环保法规，加强旅游景区的环境监管，防止过度开发和污染。各地应积极开展生态旅游，开发湿地公园、森林公园等生态旅游景区，让游客在亲近自然的同时，学习生态知识，增强环保意识。通过绿色旅游的实践，促进长江经济带旅游业可持续发展。

B.13

长江经济带交通运输业发展报告（2023~2024）

王晓娟*

摘　要： 近年来长江经济带综合立体交通走廊加快建设，运输能力大幅增强，江海联运、铁水联运等多式联运发展势头强劲，货物旅客运量保持持续增长，交通运输业实现高质量发展。本报告基于交通里程、交通固定资产投资、港口建设及交通运输量等各方面统计数据，多角度深入分析2023年长江经济带交通运输业发展情况，并对上中下游发展进行对比，最后针对长江经济带交通运输业未来发展，提出做好生态环境突出问题整改、坚持一体化融合、释放长江黄金水道潜能的建议。

关键词： 交通运输业　高质量发展　长江经济带

一　长江经济带综合交通运输体系建设

2023年，长江经济带各地以规划为引领，以重大项目建设为牵引，努力把长江经济带打造成畅通国内国际双循环的主动脉、综合立体交通网的示范带。目前，沪蓉、沪渝、沪昆、杭瑞等高速公路主通道全面建成，沪昆高铁建成运行，亚洲首个专用货运机场——鄂州花湖机场正式投运，中欧班列（重庆、义乌）运输邮件、快件常态化运行。

---

* 王晓娟，博士，上海社会科学院应用经济研究所副研究员，主要研究方向为区域经济学。

（一）交通运输里程

加快交通基础设施互联互通是推动长江经济带高质量发展的先手棋，《"十四五"长江经济带综合交通运输体系规划》提出，围绕畅通长江水脉，通过整体规划设计，构建"三横六纵三网多点"的空间布局，到2025年，基本建成与国家综合交通网布局相衔接、有效满足客货运需求的综合立体交通网络和运输服务系统。

2023年，长江经济带11省市加快建设综合立体交通走廊，打通交通运输"大动脉"。截至2023年底，长江经济带实现铁路营业总里程50426公里，占全国铁路总里程的31.77%，占比较上年增长约1个百分点，基本与上年持平；实现公路总里程超过244万公里，占全国公路总里程的44.99%，占比与往年基本持平。其中高速公路总里程为7.3万公里，占全国高速公路总里程的39.56%，等级公路总里程为238.3万公里，占全国等级公里里程的45.21%。内河航道里程91108公里，占全国内河航道里程的71.09%，与上年相比基本持平。下、中、上游内河航道里程分别占长江经济带总内河航道里程的45.75%、28.13%、26.12%。从内河航道里程结构看，全国内河航道主要集中在长江内河航道，尤其下游地区优势较为显著（见表1）。

表1 2023年长江经济带运输线路长度

单位：公里，%

地区	铁路营业里程	内河航道里程	公路里程		
			总里程	等级公路	其中:高速
上海	491	1817	12989	12989	881
江苏	4708	24408	158734	158734	5128
浙江	3853	9787	121408	121408	5510
安徽	5528	5673	239129	239106	5804
江西	5337	5638	209560	205380	6742
湖北	5679	8496	307566	305336	7849
湖南	6097	11496	242769	232205	7530
重庆	2768	4352	186598	177545	4142

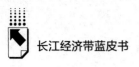
续表

地区	铁路营业里程	内河航道里程	公路里程		
			总里程	等级公路	其中:高速
四川	6471	10817	418254	409359	9806
贵州	4270	3954	219839	204918	8784
云南	5224	4670	329344	315819	10466
下游	14580	41685	532260	532237	17323
中游	17113	25630	759895	742921	22121
上游	18733	23793	1154035	1107641	33198
长江经济带	50426	91108	2446190	2382799	72642
全国	158737	128153	5436845	5270055	183645
占全国比重	31.77	71.09	44.99	45.21	39.56

资料来源:《中国统计年鉴2024》。

(二)道路交通投资状况

1. 交通投资总体概况

2023年,长江经济带重点推进交通运输高质量发展,完善交通运输立体综合网络建设,重点交通基础设施建设项目持续开工和推进。2023年全年长江经济带交通完成公路水路建设投资15966亿元,占全国公路水路交通固定资产总投资的52.77%,其中公路建设投资完成14887亿元,水路建设投资完成1080亿元。从上中下游各项投资额度以及投资占比看,上中下游地区分别完成了6172亿元、3717亿元和6077亿元,投资主要集中在上游和下游地区。从投资的内部结构看,水路交通固定资产投资主要集中在下游地区,完成了736亿元,占长江经济带的68.16%。公路建设的投资主要集中在上游和下游地区,分别占长江经济带的40.61%和35.88%(见表2)。

表2　2023年长江经济带公路水路交通固定资产投资完成情况

单位：亿元，%

地区	公路水路建设		公路建设		水路建设	
	2023年	同比增速	2023年	同比增速	2023年	同比增速
上海	196	1.6	150	-14	46	151.6
江苏	1911	46.8	1643	48.2	268	38.7
浙江	2473	13.8	2134	10.2	339	43.7
安徽	1498	1.11	1414	14.6	83	-23.3
江西	890	-3.1	827	-0.2	63	-30.1
湖北	1839	37.1	1754	38.9	84	8.1
湖南	987	-31.3	918	-33.5	70	21.6
重庆	709	0.1	667	-0.4	42	9.2
四川	2686	7	2623	7.3	64	-3.8
贵州	1150	1.8	1148	2	2	-53.1
云南	1627	-24.6	1607	-25.3	20	192.2
下游	6077	—	5342	—	736	—
中游	3717	—	3500	—	217	—
上游	6172	—	6045	—	127	—
长江经济带	15967	—	14887	—	1080	—
全国	30256	0.2	28240	-1	2016	20.1
占全国比重	52.77	—	52.71	—	53.56	—

资料来源：中华人民共和国交通运输部。

2.下游地区的交通投资重点进展

上海2023年基础设施类项目完成投资额近千亿元。其中，东方枢纽上海东站地下工程全面开工，沪渝蓉高铁、沪通二期、沪苏湖铁路等加快建设，机场联络线先期开通段全线主体结构贯通，2024年实现浦东、虹桥两大综合交通枢纽间40分钟直达。重点是推进重大规划编制和重大交通工程项目建设。开工建设G15公路嘉金段改造、S16蕴川高速、13号线东延伸、外环东段改造等项目；继续推进机场联络线、北横通道东段、G318公路方厅水院段等项目建设；建成G15嘉浏段扩建（不含省界桥）、S3公路主线、杨高路改建等项目；加快推进19号线、沪松公路快速化、外环西段交通功

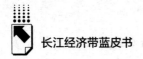

能提升、南北通道等一批预备项目前期工作。①

2023 年，江苏省完成交通基础设施建设投资 2200 亿元，完成年度计划的 110%，为全省基础设施投资保持增长奠定了坚实基础。沪宁沿江高铁开通运营，全省高铁里程超过 2500 公里，居全国前列。京沪高速新沂至江都段改扩建、连宿高速沭阳至宿豫段建成通车，全省高速公路里程达 5135 公里。建成普通国省道 261 公里，新改建农村公路 3064 公里，规划发展村庄双车道四级及以上公路通达率达到 98.4%。10 座在建过江通道加速推进。新增三级以上干线航道里程 88 公里，建成桥梁 30 座、船闸 3 座。连云港港40 万吨级矿石码头改扩建工程建成交工，连云港港 30 万吨级航道二期工程竣工。盐城南洋机场 T1 航站楼改造工程建成投运。新建 1145 公里、累计建成 4000 公里内河电子航道图，全省三级以上干线航道实现全覆盖。全省内河船闸平均待闸时间同比降低 24.7%。主要集装箱港口实现码头管理系统（TOS）覆盖，长江沿线专业干散货码头实现生产调度智能化全覆盖。建成普通国省道桥梁结构健康监测系统 301 座，累计建成 421 座，桥梁健康监测水平全国领先。②

浙江交通投资规模全国第二、华东首位。2023 年，浙江深入实施世界一流强港和交通强省建设工程，强化项目监管调度、狠抓攻坚，全年综合交通完成投资 3734 亿元、同比增长 9%，创下历史新高，其中公路水运建设投资 2469 亿元、同比增长 13.5%。③ 杭绍甬高速杭绍段和宁波段一期、临建高速等 7 条 228 公里高速项目建成。京杭运河杭州段二航道全面通航。鱼腥脑航道提前 1 季度建成通航，甬台温高速宁波段和台州段改扩建、嘉兴长三角航空货运枢纽等重大工程全面开工。

安徽交通建设突飞猛进，2023 年一大批交通重大工程实现新突破。京台高速合蚌段改扩建等 10 个高速公路项目、安庆港宿松港区公用码头等 4 个水运重点项目顺利开工。阜阳至淮滨等 7 个高速公路项目、淮北港孙疃码

① 资料来源：上海市交通委员会《2023 年上海重大交通工程年终盘点》。
② 资料来源：江苏省交通运输厅《2023 年江苏省交通运输工作总结》。
③ 资料来源：《浙江省交通运输厅 2021 年工作总结和 2022 年工作计划》。

头等 5 个水运重点项目如期建成，新增高速公路通车里程 327 公里、高等级航道 371 公里、一级公路 346 公里，一级公路总里程突破 7000 公里大关。阜阳机场改扩建工程建成运营，界首、金安通用机场主体工程完工。江淮运河全线通航，实现长江淮河联通的千年梦想，改变了江淮之间水运绕道京杭运河的历史，缩短了 200~600 公里运输航程，安徽省正式形成"双通道达海、两运河入江、河江海联运"水运新格局。长三角交通一体化发展深入推进。宁国至安吉等 3 个项目建成通车，省际高速断头路全面打通。[①]

3. 中游地区的交通投资重点进展

2023 年江西省公路水路交通基础设施固定资产投资完成 932.1 亿元，同比增长 0.1%。其中，高速公路、国省干线、农村公路、运输场站、内河水运建设分别完成投资 475.6 亿元、156 亿元、198.2 亿元、21.5 亿元、80.8 亿元，同比增长 5.3%、-14.5%、1.1%、90.3%、-10.2%。[②] 其中，水运建设完成宜春港樟树河西码头等 7 个项目，开工建设乐安河航道整治工程等 3 个项目，加快推进赣江龙头山枢纽二线船闸等 11 个续建项目。

湖北省 2023 年完成交通固定资产投资 1826.3 亿元，同比增长 36.7%。全力推进重点项目建设，湖北 125 个交通"硬联通"项目已建成 52 个、在建 73 个，139 条三大都市圈断头路、瓶颈路全部开工建设。京港澳北段等 17 个在建改扩建项目加快推进。29 个续建项目中，已建成武阳高速等 7 个项目 251 公里。56 个交通物流枢纽重点项目已开工 55 个，其中已完工 13 个，硚孝高速建成通车，天子山大桥正式开工。67 个多式联运集疏运基础设施重点建设项目已开工 63 个，其中已完工 26 个，国家多式联运示范工程创建数量、命名数量均居全国第 1[③]。

2023 年湖南全年完成交通投资 988.3 亿元，其中公路固定投资完成 847.3 亿元，高速公路投资 563.3 亿元、普通国省道投资 108.4 亿元、农村公路投资 175.6 亿元。普通国省道项目完工 332 公里，完成农村公路提质改

---

① 资料来源：安徽省交通运输厅《2023 年安徽交通运输固定资产投资计划》。
② 资料来源：江西省交通运输厅网站数据。
③ 资料来源：《2023 年湖北交通运输厅工作总结》。

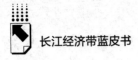

造 5790 公里、安防设施 7118 公里。水路建设方面，湘江二级航道二期工程竣工验收，近尾洲二线船闸建成投产，石澧航道等 14 个水运项目进展顺利，怀化国际陆港加快建设。①

4. 上游地区交通投资重点推进

重庆 2023 年交通完成投资 1116 亿元、同比增长 9%，实施重大项目 60 个。积极推进成渝地区双城经济圈建设，川渝省际通道达到 28 个。2023 年随着成渝地区双城经济圈一批交通项目的建设推进，川渝省际通道达到 28 个，成渝双核、毗邻城市实现 1 小时直达，跨省公交达到 22 条，"川渝通办"事项达到 19 项，交通一体化作为典型案例在全国推广。水运方面，嘉陵江北碚至南充段开通首条水路货运航线、合川石盘沱码头首次实现"水水中转"。重庆加快建设成渝中线高铁、渝昆高铁、成达万和西渝高铁建设，铜安高速、江泸北线高速公路等标志性项目建成通车，推动交通互联互通。②

四川省全省公路水路建设预计完成投资 2685 亿元，同比增长 7%，总量连续 2 年位居全国第 1，连续 3 年投资超 2000 亿元、连续 13 年投资超 1000 亿元。建成绵阳至苍溪、峨眉至汉源等 15 个高速公路项目（路段）624 公里，全省高速公路通车里程超过 9800 公里。新增阿坝县、九寨沟县、北川县通高速公路，全省高速公路覆盖县达到 146 个。新增久治至马尔康、内江至大足、宜宾至威信、九寨沟至绵阳、古蔺至金沙 5 条出川大通道，高速公路出川大通道达到 32 条。新改建国省干线 1800 公里，打通国省道断头路、瓶颈路 58 处。

贵州省 2023 年完成公路水路投资 1150 亿元，建成高速公路项目 4 个452 公里，总里程达 8784 公里，新增省际通道 2 个达 27 个，加快普通公路项目 85 个 1766 公里建设，建成乡镇通三级及以上公路 431 公里，新增 30 个乡镇、6 个 3A 级及以上景区通三级及以上公路，进一步巩固西南重要陆

① 资料来源：《2023 年湖南省交通运输经济运行情况报告》。
② 资料来源：《2023 年重庆市中心城区交通发展年度报告》。

300

路交通枢纽地位。[①]

云南省有序推进重点项目建设，综合交通固定资产投资完成 3314 亿元，新增双江、江城、永善、绿春、兰坪等 5 个县通高速，高速公路总里程达到 10249 公里，新改建农村公路 1.9 万公里；大瑞铁路大保段、弥蒙高铁建成通车，铁路运营里程 4981 公里，其中高铁 1212 公里；昆明长水机场改扩建工程开工建设，13 个支线机场加快提升改造；右江百色水利枢纽通航设施，东川港、水富港扩能工程稳步推进，邮政快递业实现了持续快速高质量发展。[②]

（三）长江黄金水道功能建设

长江是连接我国东中西部水上运输的大动脉，长江黄金水道是我国长江经济带建设、"一带一路"建设的基本依托，与国家战略的实施紧密相连。2023 年，长江干线已基本形成"黄金水道"。近年来通过航道整治，长江经济带 12.5 米的深水航道已贯通南京至长江出海口，5 万吨级船舶可直达南京；6 米水深的航道贯通至武汉，万吨级船舶可常年直达。长江干线亿吨大港已达 15 个，已实现铁路进港，江海联运、铁水联运等多式联运架起长江立体综合交通走廊。长江干线年货运量达到 35 亿吨左右，连续 18 年稳居世界内河第一。长江干支线高等级航道里程达上万公里，实现 5 万吨级海轮直达南京、万吨级船舶直达武汉、3000 吨级船舶直达重庆、2000 吨级船舶直达宜宾，形成了一条"联通川渝湘、畅行鄂赣皖、通达江浙沪"的水上高速路。

2023 年长江经济带内河主要规模以上港口码头总长度为 351181 米，占全国内河码头总长度的 28.98%，占比较上年略微下降。内河规模以上泊位数为 3435 个，占全国码头泊位数的 20.32%，生产用码头 3241 个，非生产用码头 194 个，生产用码头占规模以上港口码头的 94.4%，长江经济带地区码头绝大部分是生产用码头（见表 3）。

---

① 资料来源：《2023 年贵州省政府工作报告》。
② 资料来源：云南省交通运输厅《2023 年全省交通运输工作报告》。

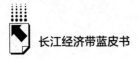
表3　2023年长江经济带内河主要规模以上港口码头长度及泊位数

地区	总计			生产用			非生产用	
	码头长度（米）	泊位个数（个）	万吨级	码头长度（米）	泊位个数（个）	万吨级	码头长度（米）	泊位个数（个）
重庆	53424	558	—	46136	437	—	7288	121
宜昌	30392	196	—	29947	193	—	445	3
武汉	21620	171	—	18783	148	—	2837	23
黄石	5315	48	—	5145	47	—	170	1
九江	22866	350	1	22625	348	1	241	2
安庆	4594	42	—	4152	38	—	442	4
池州	8990	85	—	8990	85	—	—	—
洞陵	7025	66	3	6980	65	3	45	1
芜湖	14267	128	13	14267	128	13	—	—
马鞍山	9327	109	1	9327	109	1	—	—
南京	24675	190	58	24675	190	58	—	—
镇江	24904	168	56	24650	164	56	254	4
泰州	25407	176	74	25267	172	74	140	4
扬州	10228	53	32	10228	53	32	—	—
江阴	22705	164	40	21187	149	40	1518	15
常州	3746	27	9	3746	27	9	—	—
南通	21852	129	46	21508	125	46	344	4
上海（内河）	39844	775		39299	763		545	12
下游	217564	2112	332	214276	2068	332	3288	44
中游	49801	569	1	46553	543	1	3248	26
上游	83816	754	—	76083	630	—	7733	124
长江经济带	351181	3435	333	336912	3241	333	14269	194
全国	1211809	16906	469	1180144	16433	469	31664	473
占全国比重（%）	28.98	20.32	71.00	28.55	19.72	71.00	45.06	41.01

资料来源：《中国统计年鉴2024》。

2023年，长江经济带沿海主要规模以上港口码头总长度为274732米，占全国沿海码头总长度26.91%，基本与上年持平；泊位数为2150个，占全国沿海码头总泊位数的32.67%，略有下降。长江经济带沿海生产用码头长度和泊位数都略有上升；非生产用码头长度基本与上年持平，非生产用泊位数稍有上升，其中生产用码头长度占总码头长度的86.2%（见表4）。

表4 2023年长江经济带沿海主要规模以上港口码头长度及泊位数

地区	总计			生产用			非生产用	
	码头长度（米）	泊位个数（个）	万吨级	码头长度（米）	泊位个数（个）	万吨级	码头长度（米）	泊位个数（个）
上海	109339	1002	189	77317	561	189	32022	441
连云港	23483	107	78	23186	105	78	297	2
宁波—舟山	113363	777	214	107845	671	214	5518	106
台州	12258	106	11	12258	106	11	—	—
温州	16289	158	22	16151	157	22	138	1
长江经济带	274732	2150	514	236757	1600	514	37975	550
全国	1021083	6580	2409	956806	5590	2409	64276	990
占全国比重（％）	26.91	32.67	21.34	24.74	28.62	21.34	59.08	55.56

资料来源：《中国统计年鉴2024》。

（四）机场群建设情况

随着民航业明显复苏，低空经济发展提速，新一轮的机场建设大潮仍在持续。从2023年各地的重大机场项目批复、建设情况来看，各地机场相关项目以改扩建为主，2023年正式获批或开始动工的机场项目中，南昌昌北机场三期扩建工程、昆明长水国际机场改扩建工程飞行区工程、合肥新桥国际机场飞行区及工作区扩建工程、温州机场三期扩建项目的投资金额均超过百亿元，南昌昌北机场以243亿元领跑。

截至2023年，长江经济带总共有86个机场通航运行，占全国总机场数量的32.78%。上、中、下游机场数量依次为40个、21个和25个（见表5）。长江经济带2023年新通航的机场有湖南湘西边城和四川阆中古城机场。下游地区长三角机场群不断扩容、领跑全国；在中游，湖北致力打造客货运"双枢纽"；在上游，《民航局关于加快成渝世界级机场群建设的指导意见》指出，成渝世界级机场群将于2035年全面建成，将成为民航强国建设先行示范区。

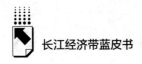

表5　长江经济带机场分布

地区	机场名称
上游机场	成都/双流、昆明/长水、重庆/江北、重庆/仙女山、贵阳/龙洞堡、丽江/三义、西双版纳/嘎洒、绵阳/南郊、德宏/芒市、宜昌/三峡、大理、遵义/九寨/黄龙、泸州/蓝田、腾冲/驼峰、宜宾/菜坝、毕节/飞雄、南充/高坪、万州/五桥、普洱/思茅、迪庆/香格里拉、西昌/青山、保山/云瑞、达州/河市、临沧、兴义、安顺/黄果树、广元/盘龙、攀枝花/保安营、六盘水/月照、昭通、稻城/亚丁、凯里/黄平、文山/普者黑、黎平/黔南州/荔波、宁蒗/泸沽湖、阿坝/红原、沧源/佤山、四川阆中
中游机场	长沙/黄花、武汉/天河、南昌/昌北、张家界/荷花、赣州/黄金、襄阳/刘集、铜仁/凤凰、景德镇/罗家、井冈山、恩施/许家坪、宜春/明月山、十堰/武当山、衡阳/南岳、黔江/武陵山、永州/零陵、神农架/红坪、湘西边城、鄂州花湖、荆州沙市、九江庐山、郴州北湖
下游机场	上海/浦东、上海/虹桥、杭州/萧山、南京/禄口、温州/龙湾、宁波/栎社、合肥/新桥、无锡/硕放、常州/奔牛、南通/兴东、徐州/观音、扬州/泰州、义乌、盐城/南洋、淮安/涟水、连云港/白塔埠、舟山/普陀山、台州/路桥、黄山/屯溪、阜阳、常德/桃花源、池州/九华山、安庆、衢州、芜湖宣州

资料来源：中国民用航空局网站。

二　长江经济带交通运输能力

长江流域加强合作，发挥内河航运作用，将全流域打造成黄金水道，更好发挥长江经济带横贯东西、承接南北、通江达海的独特优势。积极推进多式联运，支持长江沿线港口铁路专用线建设，促进江海联运、铁水联运发展，持续推动大宗货物集疏港向铁路、水路转移。

（一）货物运输能力

2023年，长江经济带货物运输量250.8亿吨，占全国的45.02%；客运量41.6亿人，占全国的47.9%。长江经济带全年旅客周转量、货物周转量分别同比增长85.4%和6.4%。长江干线港口货物吞吐量38.7亿吨、三峡枢纽航运通过量 1.7 亿吨、引航船舶载货量 4.5 亿吨，分别同比增长 7.8%、8.8%、7.5%。上海港集装箱吞吐量达到 4915.8 万标准箱，连续 14 年排名世界第一。

水路运输方面，无论是货运量还是货物周转量，长江经济带的水路运输仍保持占全国水路运输的一半以上。水路运输的优势主要体现在下游，随着下游地区水运基础设施建设力度持续加大，特别是干支衔接、通江达海的内河航道体系加快建设，下游地区运输服务供给质量和效率也在持续提升。2023 年，下游水路货运量占长江经济带水路货运量的 78.1%，而货物周转量高达 87.4%。

公路运输方面，上、中、下游公路货运量分别占各地区总货运量的91.05%、81.78%、58.28%，而上、中、下游公路运输的货物周转量分别占各地区总货物周转量的 49.87%、48.62%、15.43%。可见长江经济带上、中、下游地区公路货物运输的优势明显，而下游地区江海联运网络和水路网络发达，长江货运量大、成本低，让黄金水道活力四射。（见表 6、表 7）。

表 6 2023 年长江经济带 11 省市各种方式货运量

单位：万吨，%

地区	合计	铁路	公路	水路
上海	153213	547	50436	102230
江苏	310363	9315	183485	117563
浙江	344881	5565	222803	116512
安徽	422888	8054	260939	153895
江西	209403	5131	188006	16267
湖北	248947	6159	173045	69743
湖南	228497	5091	200674	22732
重庆	141104	2518	117584	21001
四川	201400	8437	185814	7148
贵州	102678	6503	95909	266
云南	144427	6226	137540	661

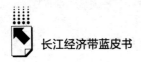

续表

地区	合计	铁路	公路	水路
下游	1231345	23481	717664	490200
中游	686848	16381	561725	108742
上游	589608	23685	536847	29077
长江经济带	2507802	63547	1816236	628019
全国	5570636	503535	4033681	936746
占全国比重	45.02	12.62	45.03	67.04

资料来源：《中国统计年鉴2024》。

表7　2023年长江经济带11省市各种方式货物周转量

单位：亿吨公里，%

地区	合计	铁路	公路	水路
上海	32789.82	22.10	895.42	31872.31
江苏	13232.13	368.72	3459.48	9403.93
浙江	15062.19	277.98	3142.23	11641.99
安徽	12097.16	833.61	3792.65	7470.90
江西	5348.05	598.15	4256.76	493.14
湖北	8593.36	1172.25	2424.33	4996.79
湖南	3036.90	1015.42	1574.36	447.12
重庆	3928.52	334.82	1126.59	2467.11
四川	3434.43	1159.93	1983.93	290.57
贵州	1468.67	678.48	783.92	6.26
云南	2062.09	515.37	1538.58	8.14
下游	73181.31	1502.41	11289.77	60389.13
中游	16978.31	2785.82	8255.44	5937.05
上游	10893.70	2688.60	5433.01	2772.08
长江经济带	101053.32	6976.83	24978.23	69098.26
全国	247745.32	36460.39	73950.21	129951.52
占全国比重	40.79	19.14	33.78	53.17

资料来源：《中国统计年鉴2024》。

（二）旅客运输能力

总体来看，2023年长江经济带的客运总量和旅客周转量相较上年均有大幅增长，长江经济带各种方式完成客运量达到 70.13 亿人次，客运周转量为 7779.24 亿人公里，分别占全国客运总量以及全国旅客周转总量的 44.55% 和 26.08%。

长江经济带仍是全国人口流动最活跃的地区。从公路看，2023 年长江经济带完成公路客运量为 504335 万人次，占长江经济带总客运量的 71.9%，占全国公路客运总量的 45.8%；公路旅客周转量完成 1924.58 亿人公里，占长江经济带旅客周转总量的 24.7%，占全国公路旅客周转总量的 40.6%。过去长江经济带客运以及旅客周转以公路运输为最主要的方式，但随着铁路网络，特别是高铁网络的日益完善，长江经济带地区人们的出行方式也在改变，铁路运输正成为长江经济带旅客出行的最主要选择方式，2023 年长江经济带铁路运输完成客运量和客运周转量分别为 182976 万人次和 5832.44 亿人次，分别占长江经济带的 26.09% 和 74.97%（见表 8、表 9）。

从水路看，2023 年长江经济带水路客运量占长江经济带总客运量的 2.00%，占全国水路客运总量的 54.42%；水路旅客周转量占长江经济带旅客周转总量的 0.29%（见表 8、表 9）。长江干线省际旅游客运市场快速复苏，2023 年长江干线省际游轮完成客运量 137.6 万人次，较 2022 年增长近 8 倍，较 2019 年增长 26.3%，长江游轮接待量创下三峡成库 20 年以来的历史最高值，重庆两江游、武汉滨江游、宜昌两坝一峡游等城市客运量大幅增长，游轮运输效率明显提高，游轮负载率达到 83%，较 2019 年上升 12.7 个百分点，单位航次货运量增长 33%，创历史最高水平。

表 8　2023 年长江经济带 11 省市不同方式客运量

单位：万人次，%

地区	合计	铁路	公路	水路
上海	20548	13007	6908	633
江苏	109961	31821	75309	2831
浙江	103647	26686	71866	5094
安徽	62177	15191	46763	223

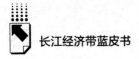

续表

地区	合计	铁路	公路	水路
江西	41623	12702	28693	228
湖北	56087	17042	38328	718
湖南	80916	17552	62006	1358
重庆	43461	9538	33050	872
四川	92804	21927	69769	1108
贵州	46122	8067	37709	345
云南	43992	9442	33934	616
下游	296333	86705	200846	8781
中游	178626	47295	129027	2303
上游	226379	48975	174462	2941
长江经济带	701338	182976	504335	14025
全国	1574331	385450	1101153	25771
占全国比重	44.55	47.47	45.80	54.42

资料来源：《中国统计年鉴 2024》。

表9　2023年长江经济带11省市不同方式旅客周转量

单位：亿人公里，%

地区	合计	铁路	公路	水路
上海	191.66	118.96	71.80	0.89
江苏	1353.90	1052.55	300.24	1.12
浙江	995.36	739.34	250.33	5.69
安徽	1050.66	883.72	166.61	0.33
江西	864.63	749.06	115.22	0.34
湖北	915.00	743.23	167.83	3.94
湖南	1218.74	967.78	248.90	2.07
重庆	411.69	267.33	138.84	5.52
四川	814.18	529.03	284.14	1.01
贵州	544.53	370.70	173.19	0.64
云南	469.55	294.46	174.09	1.00
下游	2540.92	1910.85	622.37	7.70
中游	2998.37	2460.07	531.95	6.35
上游	2239.95	1461.52	770.26	8.17
长江经济带	7779.24	5832.44	1924.58	22.22
全国	29832.15	14729.36	4740.04	53.77
占全国比重	26.08	39.60	40.60	41.32

资料来源：《中国统计年鉴 2024》。

（三）长江干线内河港口运输能力

长江口深水航道维护水深 12.5 米，是大型船舶进出上海港和长江沿线各大港口的黄金水道，也是长江经济带水上交通运输命脉。水运载量大、价格低、碳排放量低，承担着沿江经济社会发展所需 80% 以上铁矿石、电煤和外贸货物的运输，物流运输占全国总量的 40%，2023 年达 38.7 亿吨，同比增长 7.8%。长江经济带的内河港口在 2023 年实现了显著的增长，扭转了 2022 年的下降态势，长江内河航运地位进一步凸显。2023 年长江内河港口的货物吞吐量达到 54.55 亿吨，外贸吞吐量为 4.86 亿吨，集装箱吞吐量为 2687 万 TEU（见表 10）。

上游重庆两江新区果园港拥有 16 个 5000 吨级泊位、14 条进港铁路专用线作业线、18 万平方米大型标准化仓库，年吞吐能力达 3000 万吨，其大件码头装备有 1000 吨桥机，成为长江上游一次起吊能力最大的码头。中游武汉阳逻国际港二期码头，集装箱从货轮卸下、吊装至提货集装箱卡车，全程不到 10 分钟。武汉—南沙港—东南亚铁海联运线路开通，陆海新通道澳大利亚—湛江—遵义海铁联运线路开通，江西南昌—厦门港—沙特阿拉伯开启多式联运通道，黄金水道已开通干线港口直达、水水中转、江海直达等各类航线 20 余条，下游南京江北龙翔码头多用于化工原料运输出口。上中下游地区货运数据比较分析可见，下游地区的货物吞吐量优势明显，其货物吞吐量占长江经济带货物吞吐总量的 75.86%，外贸吞吐量和集装箱吞吐量占比分别为 92.88% 以及 85.19%。中游地区吞吐量次之，下游地区最少。2023 年南京港共检查出入境（港）国际航行船舶 2402 艘次，同比增长 28.7%，船舶数量恢复至 2019 年的九成以上，长江航运服务能力和辐射范围进一步拓展，长江干线武汉至安庆段 6 米水深航道整治工程 2024 年正式建成投用，实现了万吨级江海船舶常年直达武汉。

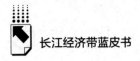

表 10　2023 年长江干线主要内河港口货物、外贸、集装箱吞吐量

地区	货物吞吐量（万吨）	同比增长（%）	外贸吞吐量（万吨）	同比增长（%）	集装箱吞吐量（万 TEU）	同比增长（%）
上海	8311.00	39.80	—	—	—	—
江苏	298331.00	6.30	43061.00	8.50	1859.00	4.20
浙江	39976.00	5.50	271.00	15.30	183.00	27.50
安徽	67170.00	10.50	1811.00	16.60	247.00	15.40
江西	26889.00	19.00	524.00	11.60	100.00	13.40
湖北	69347.00	22.80	1908.00	−0.40	—	—
湖南	15335.00	8.30	404.00	−1.50	147.00	19.54
重庆	14635.00	14.40	502.00	8.50	119.00	5.60
四川	4471.00	39.00	123.00	0.40	32.00	10.80
贵州	15.00	−46.70				
云南	1011.00	15.80				
下游	413788.00	—	45143.00	—	2289.00	—
中游	111571.00	—	2836.00	—	247.00	—
上游	20132.00	—	625.00	—	151.00	—
长江经济带	545491.00	—	48604.00	—	2687.00	—
全国	613855.00	10.50	51923.00	8.20	3839.00	9.20
占全国比重(%)	88.86	—	93.61	—	69.99	—

资料来源：中国交通运输部网站。

（四）航空运输能力

1.总体概况

根据《2023 年全国民用运输机场生产统计公报》，2023 年，我国境内运输机场（港澳台地区数据另行统计，下同）共有 259 个，完成旅客吞吐量 125976.6 万人次、货邮吞吐量 1683.3 万吨、飞机起降 1170.8 万架次，较上年分别增长 142.2%、15.8%、63.7%。长江经济带机场全年旅客吞吐量为 54424.10 万人次，比上年增长 130.8%，占全国全年旅客吞吐总量的 43.2%。下游地区旅客吞吐量增长幅度最大，约为 152.69%，中游和上游地区旅客吞吐量同比分别增长 122.06% 和 113.80%。与旅客吞吐量不同，货邮吞吐

量表现较为平稳，2023 年长江经济带全年货邮吞吐量 929.20 万吨，同比增长 13.71%，占全国货邮吞吐总量的 55.20%。上、中、下游地区货邮吞吐量均有所增长，分别同比增长 14.57%、12.39% 和 13.90%（见表 11）。

表 11　2023 年长江经济带机场旅客及货邮吞吐量

地区	旅客吞吐量			货邮吞吐量		
	2023 年 （万人次）	2022 年 （万人次）	增速 （%）	2023 年 （万吨）	2022 年 （万吨）	增速 （%）
上海	9696.90	2889.00	235.6	380.3	330.2	15.2
江苏	5482.10	2459.10	122.9	63.7	59.5	7
浙江	7402.6	3470.7	113.3	108.8	99.5	9.3
安徽	1489.00	707.10	110.6	14.1	8.5	65.3
江西	1499.00	673.00	122.8	6.6	4.4	50.6
湖北	3459.20	1547.10	123.6	46.3	30.5	51.9
湖南	3211.10	1458.80	120.1	17.7	15.6	13.6
重庆	4589.10	2246.10	104.3	38.9	41.6	-6.5
四川	8708.00	3831.90	127.3	79.8	63	26.6
贵州	2487.30	1231.60	102	9.6	8.5	13.3
云南	6399.80	3066.40	108.7	40.8	34.5	18.3
下游	24070.60	9525.90	152.69	566.90	497.70	13.90
中游	8169.30	3678.90	122.06	193.20	171.90	12.39
上游	22184.20	10376.00	113.80	169.10	147.60	14.57
长江经济带	54424.10	23580.80	130.80	929.20	817.20	13.71
全国	125976.60	52003.30	142.2	1683.30	1453.10	15.8
占全国比重（%）	43.20	45.34	—	55.20	56.24	—

资料来源：中国民用航空局。

2. 上中下游比较

《2023 年全国民用运输机场生产统计公报》显示，全国各运输机场中，年旅客吞吐量 1000 万人次以上的运输机场有 38 个，长江经济带地区旅客吞吐量超千万级的机场有 14 个，其中下游地区 7 个机场，分别为上海虹桥、上海浦东、杭州萧山、南京禄口、宁波栎社、合肥新桥和温州龙湾，中游地区有 3 个，分别为长沙黄花、武汉天河和南昌昌北，上游地区有 4 个，分别为成都天府、重庆江北、昆明长水和贵阳龙洞堡。

从航空旅客吞吐量分析，全国各机场航空旅客吞吐量都明显增长。长江经济带地区主要机场完成旅客吞吐量454775414人次，较上年增长138.9%，下游地区增长势头迅猛，长三角机场群完成旅客吞吐量24070.5万人次，较上年增长152.7%。

从货邮吞吐量来看，上海浦东机场货邮吞吐量仍位居全国第1，占长江经济带机场货邮总吞吐量的48.05%。成都天府机场货邮吞吐量增长最多，同比增长了201.1%。长三角机场群完成货邮吞吐量566.8万吨，较上年增长13.9%；成渝机场群完成货邮吞吐量118.5万吨，较上年增长13.5%（见表12）。

表12　2023年长江经济带主要机场运输能力

机场	旅客吞吐量			货邮吞吐量		
	本期完成（人次）	上年同期（人次）	同比增速（%）	本期完成（吨）	上年同期（吨）	同比增速（%）
成都/天府	44786101	13275946	237.3	245896.7	81664.9	201.1
重庆/江北	44657227	21673547	106.0	387892.9	414775.4	-6.5
昆明/长水	42033527	21237520	97.9	350469.0	310122.2	13.0
上海/虹桥	42492745	14711588	188.8	363218.7	184538.1	96.8
上海/浦东	54476397	14178386	284.2	3440084.3	3117215.6	10.4
杭州/萧山	41170470	20038078	105.5	809668.4	829831.4	-2.4
南京/禄口	27340469	12140530	125.2	383521.1	377920.8	1.5
长沙/黄花	27248260	12508779	117.8	176818.1	155768.0	13.5
贵阳/龙洞堡	19470638	9797755	98.7	91355.8	81105.7	12.6
武汉/天河	25861764	11606393	122.8	206446.0	298655.2	-30.9
南昌/昌北	10205783	4724634	116.0	59990.9	40159.2	49.4
宁波/栎社	12901552	6165596	109.3	142757.9	85255.9	67.4
温州/龙湾	11688220	5607918	108.4	106058.4	61914.1	71.3
合肥/新桥	11171368	5712698	95.6	114604.8	76578.6	49.7
无锡/硕放	8797707	3768868	133.4	125555.7	97992.7	28.1
丽江/三义	7440858	2878817	158.5	15569.0	9853.3	58.0

机场	旅客吞吐量			货邮吞吐量		
	本期完成（人次）	上年同期（人次）	同比增速（%）	本期完成（吨）	上年同期（吨）	同比增速（%）
西双版纳/嘎洒	6934208	2397548	189.2	17291.5	9582.3	80.5
绵阳/南郊	3103772	1661243	86.8	6923.1	5388.1	28.5
南通/兴东	3659099	1718561	112.9	60228.1	54252.0	11.0
常州/奔牛	4029263	1947335	106.9	21859.0	30562.1	-28.5
台州/路桥	2017274	927298	117.5	10566.6	8275.1	27.7
盐城/南洋	1689430	876131	92.8	4205.9	3248.9	29.5
淮安/涟水	1599282	808464	97.8	19073.5	15446.7	23.5
合计	454775414	190363633	138.90	7160055.40	6350106.30	12.75

资料来源：中国民用航空局。

（五）快递服务业发展情况

快递业进入发展"快车道"，成为现代物流领域综合运输方式应用最好、信息智能水平最高、生产效率提升最快的代表性行业之一。国家邮政局数据显示，2023年，邮政行业寄递业务量完成1320.7亿件，同比增长19.4%。长江经济带快递业务量高达598.76亿件、快递收入达到5931亿元，各地业务增长趋势迅猛，同比均有较大幅度的增长。长江经济带的快递业务量以及快递收入占全国比重均接近50%。上、中、下游地区进行比较，下游地区优势明显，其快递业务量和收入皆约占长江经济带总额的80%。而中、上、游地区的快递业务量和收入各基本占长江经济带总计的10%（见表13）。

表13　2023年长江经济带快递业务量和业务收入情况

城市	快递业务量		快递收入	
	绝对值（万件）	同比增长（%）	绝对值（万元）	同比增长（%）
上海	370311.3	29.6	20893619.4	13.2
江苏	994563.8	14.2	8947869	8.9
浙江	2631955.2	14.9	13058532.1	8.4

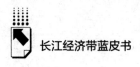

续表

城市	快递业务量		快递收入	
	绝对值（万件）	同比增长（%）	绝对值（万元）	同比增长（%）
安徽	410386.5	16.2	2663482.9	12.2
江西	227930.8	25.1	1868015.4	15.5
湖北	376892.1	17.3	3073467.4	14.9
湖南	310053.4	33.8	2171791.8	21.5
重庆	140857.6	29	1357974.7	21.8
四川	349483.7	21.8	3243577.4	16.6
贵州	66135.7	34.4	895716.1	23.3
云南	109034.5	22.8	1140203.6	15.4
下游	4407216.80	—	45563503.40	—
中游	914876.30	—	7113274.60	—
上游	665511.50	—	6637471.80	—
长江经济带	5987604.60	—	59314249.80	—
全国	13207194	19.4	120739583.9	14.3
占全国比重（%）	45.34	—	49.13	—

资料来源：中华人民共和国交通运输部。

三 政策建议

长江经济带发展战略实施以来，聚焦生态修复，推进系统治理，突出一体融合，规划引领成色更足，坚持绿色发展与协同发展，交通运输高质量发展各项工作全面推进，取得重大进展。但仍面临航道瓶颈现象仍然突出、港口功能有待完善等问题，未来应做好以下几个方面的工作。

一是继续坚持更高水平保护，持续做好生态环境突出问题整改，进一步强化船舶污染防治，继续加强港口岸线管理，推动交通运输绿色低碳转型，切实推动长江经济带绿色发展。

二是继续坚持一体化融合，高效贯通综合交通运输体系，推动黄金水道扩能升级，着力推动重大项目实施，加快完善综合立体交通网。

三是不断释放长江黄金水道潜能。通过优化过闸、升船机运行方案、推广标准船型等方式提升长江上游地区过闸能力，进一步简化优先过闸手续流程，支持航油、铁矿石、钢铁、粮食等物资和集装箱快班轮优先过闸；加大对内河航运建设的支持力度，对服务国家高等级航道建设的通航设施实施升级改造。

Contents

I General Reports

Abstract: The Yangtze River economic belt is a golden economic belt with the longest depth, the widest coverage and the greatest influence in China. It plays an extremely important role in China's regional development. In 2023, the Yangtze River Economic Belt region continues to maintain a growth trend, with its share of the national economy continuously increasing. The coordinated development between provinces within the region has made progress. The industrial structure is further optimized, the tertiary industry and high tech industry are developing rapidly, the industrial economy is growing steadily. The three major driving forces of economic development, investment, consumption, and exports, still play a significant role in driving economic growth. The three driving forces are in a stage of dynamic adjustment and change, and there are obvious regional differences. Investment continues to increase, domestic demand and consumption recover rapidly, and export remain generally stable.

Keywords: Economic Development; Industrial Structure; Economic Driving Force; Yangtze River Economic Belt

B.2 Report on Social Development of Yangtze River Economic

Belt（2023－2024） *Yang Xin* / 012

Abstract：This report analyzes data on the social sector development of 11 provinces and cities in the Yangtze River Economic Belt over the past three years. It elaborates and outlines the current status of social sector development in terms of population development, people's lives, public services, science and technology innovation, and employment security in 2023. The report focuses particularly on the yearly changes from 2022 to 2023 and on the differences from the yearly changes from 2021 to 2022. The analysis and comparison of the data demonstrate that the overall situation of the Yangtze River Economic Belt and its provinces and municipalities in terms of the development of social undertakings in 2023 is consistent with the national trend. The lower reaches of the Yangtze River continue to demonstrate leadership in most aspects. In 2023, economic growth demonstrated signs of recovery, and the rate of social initiatives within the Yangtze River Economic Belt exhibited enhancements in comparison with the preceding year. The middle and upper reaches of the river demonstrated more substantial advancements in domains such as scientific and technological innovation, public services, and employment protection. Evidence of advancement is more apparent in the middle and upper reaches; however, the discrepancy between the upper and middle reaches continues to expand, primarily due to the substandard foundation and the substantial gap in comparison to the downstream regions. In this context, provinces and municipalities within the basin must leverage their local advantages to ensure employment stability, promote production, enhance science and technology innovation, and stabilize people's livelihoods. They should also implement the principles articulated during the Third Plenary Session of the 20th CPC Central Committee to ensure the sustained development of social initiatives throughout the basin.

Keywords：Yangtze River Economic Belt; Social Undertakings; Social Development

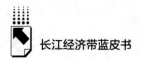
B.3 Report on Ecological Development of Yangtze River

Economic Belt（2023-2024） *Shang Yongmin*, *Tao Feiyuan* / 054

Abstract：ThSince being elevated to a national strategy, the Yangtze River Economic Belt（YREB）has made significant achievements in ecological environment protection and restoration. However, these gains remain fragile. From 2023 to 2024, provinces and cities along the YREB have been steadily advancing ecological and environmental protection and restoration efforts, actively promoting a comprehensive green transformation of economic and social development. The YREB has achieved steady improvements in environmental quality, ecological protection and restoration outcomes, and resource utilization efficiency through proactive responses to climate change, sustained efforts in pollution control, enhanced ecological protection and restoration oversight, and strengthened ecological protection inspections. To further enhance the ecological development level of the YREB, this report offers the following recommendations：first, strengthen ecological zoning controls to reinforce the ecological security baseline. Second, urgently improve comprehensive ecological governance and firmly advance the "Ten-Year Fishing Ban" on the Yangtze River. Third, collaborate to promote carbon reduction, pollution control, greening, and growth while fostering the realization of ecological product value.

Keywords：Ecological Development；Green and Low-carbon Transition；Yangtze River Economic Belt

Ⅱ Index Reports

B.4 Report on Green Development Index of Yangtze River

Economic Belt（2023-2024） *Hai Junjiao* / 075

Abstract：In October 2023, General Secretary Xi Jinping chaired the fourth symposium on the development of the Yangtze River Economic Belt, emphasizing the need for the region to explore new ways to prioritize ecology and green development collaboratively, urging efforts towards "higher-level protection." This report constructs an index system to evaluate the green development levels of 126 cities (prefectures) in the Yangtze River Economic Belt in 2022, examining three dimensions: green ecology, green production, and green living. Results show that cities like Nanjing, Lishui, Hangzhou, Zhoushan, Shanghai, Hefei, Wuhu, Ningbo, Huangshan, Suzhou, Wuxi, Huzhou, Taizhou, Nantong, and Taizhou have achieved high levels of overall green development, mainly concentrated in the eastern Yangtze River Delta region. Furthermore, eastern cities exhibit an overall advantage in green production and green living, while western cities score the highest on average in green ecology, showing an overall advantage in this dimension. Central cities have the lowest coefficient of variation in comprehensive scores, indicating the most balanced internal development levels within the region.

Keywords: Green Development; Green Ecology; Yangtze River Economic Belt

B.5 Report on The Science and Technology Innovation

Driving Force Index of Yangtze River Economic Belt

(2023−2024) *Yang Fan, Chen Beibei* / 109

Abstract: By constructing the evaluation system of the scientific and technological innovation driving force (S&T IDF) index in the Yangtze River Economic Belt, and setting the weight of the subjective-objective comprehensive index based on the AHP-EVM model, this paper obtain the comprehensive index of the S&T IDF, the input of S&T innovation, the carrier of S&T innovation, the output of S&T innovation, the performance of S&T innovation, and the score of 10 secondary indicators, and comprehensively and systematically evaluate the S&T

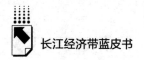

IDF index in 110 cities of the Yangtze Economic Belt. The results show that, in the Yangtze River Economic Belt as a whole, the S&T innovation has a coordinated development trend, but there is still a significant regional disparity. In the downstream areas, where the economically developed cities are located, S&T innovation is stronger. In the middle and upper reaches, S&T innovation is mainly led by the provincial capitals. Therefore, it is necessary to leverage the advantage of innovation resource concentration in the leading cities to drive other cities to accelerate their economic transformation and upgrading.

Keywords: Yangtze River Economic Belt; Science and Technology Innovation Driving Force; Urban Development

B.6　Report on Industrial Transformation and Upgrading Index of Yangtze River Economic Belt（2023-2024）

Ma Shuang / 134

Abstract: This report systematically and comprehensively evaluates the industrial transformation and upgrading level of 126 cities in the Yangtze river economic belt from the four dimensions: structural optimization, quality improvement, industrial innovation and environmental friendliness. According to the comprehensive index and four special indexes, the 126 cities and the top 20 key cities are analyzed. Research has shown that the level of industrial transformation and upgrading in the Yangtze river economic belt exhibits a spatial characteristic of high in the east and low in the west, with clusters aggregation. The industrial transformation and upgrading performance of Shanghai and 19 other key cities are relatively outstanding.

Keywords: Industrial Innovation; Industrial Transformation and Upgrading; Yangtze River Economic Belt

Abstract: This report takes 126 prefecture-level and above administrative units within the entire Yangtze River Economic Belt as samples. By constructing a social development index for the Yangtze River Economic Belt that includes social undertakings, social security, people's living standards, and social vitality, it comprehensively analyzes the regional development dynamics of the Yangtze River Basin over the past year. Compared with the previous year, the social development index of the Yangtze River Economic Belt has fluctuated, with varying paces of social and economic recovery in different places after the end of the epidemic. In terms of regional disparities, the gap between the upper, middle, and lower reaches continues to widen, especially between the upper and lower reaches. Looking at the sub-indicators, the development of social undertakings in the entire Yangtze River Economic Belt is relatively stable, with relatively balanced urban and rural development. Although social security is improving, there is still much room for progress. Overall, the three provinces and one municipality in the lower Yangtze River Delta continue to lead the entire region by a wide margin, forming a stepped gap with the middle and upper reaches. Cities in the upper and middle reaches still lag significantly in the field of social security and need to take targeted measures to promote comprehensive social development.

Keywords: Yangtze River Economic Belt; Social Development; Social Development Index

Abstract: The Yangtze River Economic Belt (YREB) is a key strategic

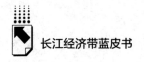

region for achieving regional balanced growth and common prosperity in China. This paper takes the 11 provinces and cities of the YREB as the research objects, constructing a multi-dimensional evaluation framework to systematically analyze the level of common prosperity and regional differences in the YREB. Based on political, economic, and social macro-dimensions, along with fairness and sustainability, this study quantitatively assesses the level of common prosperity across different regions. The results show that the downstream regions of the YREB exhibit strong performance in economic development and social investment, the middle reaches are steadily improving, while the upstream regions still face challenges in social investment and sustainable development. Targeting the disparities among the upstream, middle, and downstream regions of the YREB, this paper proposes multi-level policy recommendations to advance the comprehensive realization of common prosperity. The study provides scientific support for policymakers and theoretical and empirical foundations for high-quality development of the YREB.

Keywords: Common Prosperity; Regional Disparities; Yangtze River Economic Belt

Ⅲ   Industry Reports

B.9   Report on Agricultural Development of Yangtze

River Economic Belt (2023-2024)   *Dai Weijuan / 202*

Abstract: The agriculture in the Yangtze River Economic Belt region has an industrial structure similar to the national average. The region produces over 35% of the country's grain with about 24% of agricultural land, contributed over 43% of the country's agricultural added value, and absorbing 44% of agricultural employment. Based on the situation in the upper, middle, and lower reaches of the Yangtze River Economic Belt, over half of agricultural employment is concentrated in the upper reaches, while the number of agricultural workers in the middle and lower reaches is decreasing rapidly; The proportion of upstream agricultural added value is relatively high, and compared with the added value, the proportion of grain production in the middle and lower reaches is larger; The development speed of upstream, midstream, and downstream tends to be consistent, but the speed has significantly declined. From the perspective of agricultural modernization development level, the mechanization level in the middle and upper reaches of the Yangtze River Economic Belt is accelerating; The level of facility construction in upstream and downstream areas has improved rapidly; The agricultural labor productivity is still lower than the national average level, and the improvement in upstream areas is slow; As a major producer of grains and rapeseed, the Yangtze River Economic Belt region, especially downstream areas, has a relatively high yield per unit of land. In 2024, the Yangtze River Economic Belt region will continue to promote more policies, resources, and efforts to tilt towards agriculture and rural areas. The agricultural development in the Yangtze River Economic Belt region will mainly focus on stabilizing and increasing the production of agricultural products, developing the entire industry chain of "local" and "special" industries, agricultural technology and innovation, deep processing of agricultural products, and integrated development of agriculture, culture, and tour

Keywords: Yangtze River Economic Belt; Modern Agriculture; Agricultural Modernization

B. 10　Report on Industry Development of Yangtze River
　　　Economic Belt (2023-2024)　　　*Zhang Meixing* / 225

Abstract: For many years, the Yangtze River Economic Belt has been the main battlefield for my country's large-scale industrial construction and an important area for development. As China's major urban agglomeration area, industrial agglomeration area and growth agglomeration area, the Yangtze River Economic Belt has a strong industrial foundation for advanced manufacturing, a

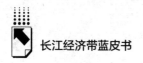
complete industrial system and a complete industrial chain. The total economic output accounts for "half of the country" and is an important "growth pole" for my country's regional economic development. In 2023, the industrial economy of the Yangtze River Economic Belt will be under pressure, the quality of development will be steadily improved, and industrial investment will maintain rapid growth, but the economic efficiency of industrial enterprises above designated size will decline significantly, and industrial assets will grow steadily. From the perspective of the development level of key industries, the computer, communication and other electronic equipment manufacturing industry has fallen slightly, the revenue of chemical raw materials and chemical products manufacturing industry has grown steadily but the profit margin has declined slightly, the electrical machinery and equipment manufacturing industry has grown steadily, the automobile manufacturing industry has developed steadily, and the output of new energy vehicles has further increased. 2023 is the first year for the full implementation of the spirit of the 20th National Congress of the Communist Party of China. Further promoting the high-quality development of the Yangtze River Economic Belt and better supporting and serving Chinese-style modernization will be the core goals and key tasks of all provinces and cities in the future. Provinces and cities along the Yangtze River Economic Belt will accelerate the construction of modern industrial systems, promote the stable operation of the manufacturing industry, lead industrial upgrading with technological innovation, cultivate and strengthen strategic emerging industries, and promote high-quality economic development.

Keywords: Yangtze River Economic Belt; Industrical Economy; Transformation and Upgrading

B.11　Report on Digital Economy Development of Yangtze

　　River Economic Belt（2023-2024）　　　　*Xu Limei* / 248

Abstract: In 2023, the scale of China's digital economy reached 53. 9

trillion yuan, accounting for 42. 8% of GDP. The digital economy of the Yangtze River Economic Belt also experienced significant growth during 2023. Regions such as Shanghai, Zhejiang, Jiangsu, Hubei, and Sichuan demonstrated outstanding performance, positioning them in the first tier of digital economic development in China. Meanwhile, Chongqing, Anhui, Jiangxi, Hunan, and Guizhou saw steady growth, placing them in the second tier. Yunnan's digital economy development lagged slightly, falling into the third tier. In the electronic information manufacturing sector, some provinces experienced rapid growth, with growth rates as high as 39. 5%, while others saw declines of up to 10. 2%. The software and information technology services industry in the Yangtze River Economic Belt also exhibited stable growth, with six of its 11 provinces ranking among the top ten nationwide for software business revenue. Additionally, industries such as e-commerce, big data, cloud computing, and artificial intelligence in the region are advancing at the forefront of the nation. Looking ahead to 2024, the development environment for the digital economy in the Yangtze River Economic Belt is expected to improve further, high-quality and in-depth development of digital industry clusters will accelerate, artificial intelligence will undergo deep integration with traditional industries, and the digital economy will continue to drive the green and low-carbon transformation of industries.

Keywords: Digital Economy; Big Data; Cloud Computing; Artificial Intelligence; Yangtze River Economic Belt

B. 12 Report on Tourism Industry Development of Yangtze River Economic Belt (2023−2024)

Yu Qiuyang, Meng Xingyu / 271

Abstract: The Yangtze River Economic Zone serves as the core region and a vital source for China's economic development, occupying a strategic position of paramount importance in promoting high-quality economic and social

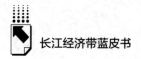

development. The cultural and tourism industry has infused fresh vitality and growth points into the Yangtze River Economic Zone, gradually emerging as a crucial pillar underpinning the sustained prosperity of the economic zone. In recent years, the 11 provinces and municipalities along the Yangtze River Economic Zone have engaged in profound cooperation in various aspects, including the in-depth exploitation of cultural and tourism resources, the transformation and upgrading of traditional tourism industries, and the cultivation of emerging cultural tourism formats, demonstrating remarkable synergy. Nevertheless, disparities in tourism development levels persist among regions within the economic zone, and the depth and breadth of inter-regional cooperation necessitate further enhancement. This paper, in light of the new trends in tourism development, analyzes the current status of tourism in the Yangtze River Economic Zone, and based on the new situation facing the industry, offers corresponding suggestions for further stimulating tourism consumption demand, fostering new integrated formats of cultural and tourism in the Yangtze River Economic Zone, and promoting green tourism.

Keywords: Yangtze River Economic Belt; Tourism; Cultural Heritage; Relic and Museum Tourism

B.13 Report on the Development of Transportation Industry of Yangtze River Economic Belt (2023-2024)

Wang Xiaojuan / 294

Abstract: In recent years, the construction of the comprehensive three-dimensional transportation corridor in the Yangtze River Economic Belt has accelerated, and the transportation capacity has been greatly enhanced. The development momentum of multimodal transportation such as river sea intermodal transportation and iron rail intermodal transportation is strong, and the volume of goods and passengers continues to grow. The transportation industry has achieved high-quality development. Based on various statistical data such as traffic mileage, traffic fixed assets investment, port construction and traffic volume, this report analyzes the development of transportation industry in the Yangtze River Economic Belt in 2023 from multiple perspectives, compares the development of upstream, midstream and downstream, and finally puts forward corresponding suggestions and prospects for the future development of transportation industry in the Yangtze River Economic Belt.

Keywords: Transportation Industry; High Quality Development; Yangtze River Economic Belt

皮 书

智库成果出版与传播平台

❖ 皮书定义 ❖

皮书是对中国与世界发展状况和热点问题进行年度监测，以专业的角度、专家的视野和实证研究方法，针对某一领域或区域现状与发展态势展开分析和预测，具备前沿性、原创性、实证性、连续性、时效性等特点的公开出版物，由一系列权威研究报告组成。

❖ 皮书作者 ❖

皮书系列报告作者以国内外一流研究机构、知名高校等重点智库的研究人员为主，多为相关领域一流专家学者，他们的观点代表了当下学界对中国与世界的现实和未来最高水平的解读与分析。

❖ 皮书荣誉 ❖

皮书作为中国社会科学院基础理论研究与应用对策研究融合发展的代表性成果，不仅是哲学社会科学工作者服务中国特色社会主义现代化建设的重要成果，更是助力中国特色新型智库建设、构建中国特色哲学社会科学"三大体系"的重要平台。皮书系列先后被列入"十二五""十三五""十四五"时期国家重点出版物出版专项规划项目；自2013年起，重点皮书被列入中国社会科学院国家哲学社会科学创新工程项目。

皮书网

（网址：www.pishu.cn）

发布皮书研创资讯，传播皮书精彩内容
引领皮书出版潮流，打造皮书服务平台

栏目设置

◆关于皮书

何谓皮书、皮书分类、皮书大事记、
皮书荣誉、皮书出版第一人、皮书编辑部

◆最新资讯

通知公告、新闻动态、媒体聚焦、
网站专题、视频直播、下载专区

◆皮书研创

皮书规范、皮书出版、
皮书研究、研创团队

◆皮书评奖评价

指标体系、皮书评价、皮书评奖

所获荣誉

◆2008年、2011年、2014年，皮书网均
在全国新闻出版业网站荣誉评选中获得
"最具商业价值网站"称号；

◆2012年,获得"出版业网站百强"称号。

网库合一

2014年，皮书网与皮书数据库端口合
一，实现资源共享，搭建智库成果融合创
新平台。

皮书网

"皮书说"
微信公众号

权威报告·连续出版·独家资源

皮书数据库
ANNUAL REPORT(YEARBOOK)
DATABASE

分析解读当下中国发展变迁的高端智库平台

所获荣誉

- 2022年，入选技术赋能"新闻+"推荐案例
- 2020年，入选全国新闻出版深度融合发展创新案例
- 2019年，入选国家新闻出版署数字出版精品遴选推荐计划
- 2016年，入选"十三五"国家重点电子出版物出版规划骨干工程
- 2013年，荣获"中国出版政府奖·网络出版物奖"提名奖

皮书数据库　　　"社科数托邦"
　　　　　　　　微信公众号

成为用户

　　登录网址www.pishu.com.cn访问皮书数据库网站或下载皮书数据库APP，通过手机号码验证或邮箱验证即可成为皮书数据库用户。

用户福利

- 已注册用户购书后可免费获赠100元皮书数据库充值卡。刮开充值卡涂层获取充值密码，登录并进入"会员中心"—"在线充值"—"充值卡充值"，充值成功即可购买和查看数据库内容。
- 用户福利最终解释权归社会科学文献出版社所有。

社会科学文献出版社 皮书系列
SOCIAL SCIENCES ACADEMIC PRESS (CHINA)

卡号：218153241961
密码：

数据库服务热线：010-59367265
数据库服务QQ：2475522410
数据库服务邮箱：database@ssap.cn
图书销售热线：010-59367070/7028
图书服务QQ：1265056568
图书服务邮箱：duzhe@ssap.cn

S 基本子库
SUB DATABASE

中国社会发展数据库（下设 12 个专题子库）

紧扣人口、政治、外交、法律、教育、医疗卫生、资源环境等 12 个社会发展领域的前沿和热点，全面整合专业著作、智库报告、学术资讯、调研数据等类型资源，帮助用户追踪中国社会发展动态、研究社会发展战略与政策、了解社会热点问题、分析社会发展趋势。

中国经济发展数据库（下设 12 专题子库）

内容涵盖宏观经济、产业经济、工业经济、农业经济、财政金融、房地产经济、城市经济、商业贸易等 12 个重点经济领域，为把握经济运行态势、洞察经济发展规律、研判经济发展趋势、进行经济调控决策提供参考和依据。

中国行业发展数据库（下设 17 个专题子库）

以中国国民经济行业分类为依据，覆盖金融业、旅游业、交通运输业、能源矿产业、制造业等 100 多个行业，跟踪分析国民经济相关行业市场运行状况和政策导向，汇集行业发展前沿资讯，为投资、从业及各种经济决策提供理论支撑和实践指导。

中国区域发展数据库（下设 4 个专题子库）

对中国特定区域内的经济、社会、文化等领域现状与发展情况进行深度分析和预测，涉及省级行政区、城市群、城市、农村等不同维度，研究层级至县及县以下行政区，为学者研究地方经济社会宏观态势、经验模式、发展案例提供支撑，为地方政府决策提供参考。

中国文化传媒数据库（下设 18 个专题子库）

内容覆盖文化产业、新闻传播、电影娱乐、文学艺术、群众文化、图书情报等 18 个重点研究领域，聚焦文化传媒领域发展前沿、热点话题、行业实践，服务用户的教学科研、文化投资、企业规划等需要。

世界经济与国际关系数据库（下设 6 个专题子库）

整合世界经济、国际政治、世界文化与科技、全球性问题、国际组织与国际法、区域研究 6 大领域研究成果，对世界经济形势、国际形势进行连续性深度分析，对年度热点问题进行专题解读，为研判全球发展趋势提供事实和数据支持。

法律声明

"皮书系列"（含蓝皮书、绿皮书、黄皮书）之品牌由社会科学文献出版社最早使用并持续至今，现已被中国图书行业所熟知。"皮书系列"的相关商标已在国家商标管理部门商标局注册，包括但不限于LOGO（▧）、皮书、Pishu、经济蓝皮书、社会蓝皮书等。"皮书系列"图书的注册商标专用权及封面设计、版式设计的著作权均为社会科学文献出版社所有。未经社会科学文献出版社书面授权许可，任何使用与"皮书系列"图书注册商标、封面设计、版式设计相同或者近似的文字、图形或其组合的行为均系侵权行为。

经作者授权，本书的专有出版权及信息网络传播权等为社会科学文献出版社享有。未经社会科学文献出版社书面授权许可，任何就本书内容的复制、发行或以数字形式进行网络传播的行为均系侵权行为。

社会科学文献出版社将通过法律途径追究上述侵权行为的法律责任，维护自身合法权益。

欢迎社会各界人士对侵犯社会科学文献出版社上述权利的侵权行为进行举报。电话：010-59367121，电子邮箱：fawubu@ssap.cn。

社会科学文献出版社